新时代
技术
新未来

Predictive Model Practice
With R, SPSS, and Stata

预测模型实战
基于R、SPSS和Stata

武松 编著

清華大学出版社
北 京

内 容 简 介

本书从生物医药三种建模讲起，引出临床预测模型，系统介绍了临床预测模型的基本思想与理论体系，并配合 SPSS、Stata 和 R 语言实战，让读者全面掌握临床预测模型的建模、评价、验证与展示技术，从而轻轻松松进行临床预测模型研究，顺利发表 SCI（Science Citation Index，科学引文索引）论文。

本书分为 7 章，涵盖临床预测模型基础、模型构建相关问题、SPSS 临床预测模型实战、Stata 诊断模型实战、Stata 预后临床预测模型实战、R 语言诊断临床预测模型实战以及 R 语言预后临床预测模型实战。对于每个软件，基本由一个案例从建模到区分度、校准度、临床决策曲线评价，再到 Nomo 图展示以及合理性分析的完整流程，让学员体验真正实操案例教学。作者自编的一些自动分析插件以及自动制表代码，极大提升读者数据处理和论文发表的能力。

本书内容通俗易懂，实用性强，适用人群为生物医药领域医生、护士、硕博士研究生、医学高校教师，特别适合临床预测模型的入门读者和进阶读者阅读，另外，本书也适合作为相关培训机构的教材使用。

图书在版编目 (CIP) 数据

预测模型实战：基于 R、SPSS 和 Stata / 武松编著 . —北京：清华大学出版社，2023.11
（新时代·技术新未来）
ISBN 978-7-302-63941-1

Ⅰ . ①预… Ⅱ . ①武… Ⅲ . ①预测－模型 Ⅳ . ① G303

中国国家版本馆 CIP 数据核字 (2023) 第 115797 号

责任编辑：刘 洋
封面设计：徐 超
版式设计：方加青
责任校对：王凤芝
责任印制：丛怀宇

出版发行：清华大学出版社
　　　网　　　址：http://www.tup.com.cn，http://www.wqbook.com
　　　地　　　址：北京清华大学学研大厦 A 座　　　　　　邮　　编：100084
　　　社 总 机：010-83470000　　　　　　　　　　　　邮　　购：010-62786544
　　　投稿与读者服务：010-62776969，c-service@tup.tsinghua.edu.cn
　　　质 量 反 馈：010-62772015，zhiliang@tup.tsinghua.edu.cn
印 装 者：大厂回族自治县彩虹印刷有限公司
经　　销：全国新华书店
开　　本：187mm×235mm　　　印　　张：19.25　　　字　　数：420 千字
版　　次：2023 年 11 月第 1 版　　　印　　次：2023 年 11 月第 1 次印刷
定　　价：118.00 元

产品编号：093650-01

说来惭愧！当年松哥（指作者本人）本科毕业，就到一所大学当统计学课程老师，好多问题自己还没搞懂，就战战兢兢走上了讲台，刚工作的几年，下课从来不敢在教室逗留，因为害怕学生问问题，自己好不容易有点明白，别被问糊涂了！但作为统计学课程老师，别人会认为你做统计肯定很厉害，所以总会被咨询各种统计问题，甚至也被直接委托分析，就这样边教书、边学习、边拿别人数据练手。

　　2009年中国疾病预防控制中心博士毕业后，再次回到高校教书，生活回归恬淡安然。出于对统计的热爱，2013年3月5日，松哥注册了一个微信公众号，取名"精鼎统计"，寓意"精益求精，敬畏为鼎"，开启统计科普之旅，眨眼也有10年了。有时回头想想，还挺佩服自己的耐力和坚持。粉丝量从几十名、几百名、几千名、几万名，到现在已经近20万名。10年来，几乎每天撰写统计推文，回答后台的统计咨询，这是对自己刮骨吸髓的知识榨取，也迫使自己不停地学习：从大学课堂基础的统计知识，到更接近科研、更接近实战的各种统计方法，从当初的SPSS，到SAS、Stata、R、Revman、Medcalc、Graphpad Prism、Winsteps、PASS、JMP、Citespace等；从某些领域的一知半解，到系统完备的知识体系。

　　一路走来，虽然是一名大学统计学老师，但也深感自学统计学的艰辛，深感"书到用时翻不到"，或者过多的原理解释而不给解决方案的困惑，遂萌生了自己写书的想法，于是第一本合著《SPSS统计分析大全》诞生了，该书至今依旧雄踞京东和当当同类图书排行榜前列。2017年，松哥突然萌发独自撰写一本书的大胆想法，于是2018年闭关一年，独著51万字的《SPSS实战与统计思维》，并于2019年1月1日在各平台发行，至今有近3万册的销量。当该书截稿之时，备受一年来静坐著书导致颈椎、腰椎、头晕眼花之苦，决定再也不独自写书了，因为觉得写书乃非常人所能忍之事。

　　眨眼三年过去了，似乎忘了当年的腰椎与颈椎之苦，在处理临床预测模型数据，而苦于无系统资料可查时，肚中的那只书虫又蠢蠢欲动了。

　　好吧，那就让过去过去，让开始开始！吾以吾书敬流年吧！于是查阅、整理资料，花了一年多的时间，看了不下几百篇文献，采用了SPSS、Stata和R三种统计软件，并且在几家医院进行几期的预测模型培训，根据培训学员学习效果与反馈，进行了完善并形成最终的写作方案。

　　因为所有案例与材料已经具备，写起来还是非常顺利的。本书采取了案例式一镜到底式写法，即围绕一个案例建模，到区分度、校准度、决策曲线验证与Nomo展示，再到模型效果再评估，而不是机械地实现每一种孤立的方法。截至写此序之时，耗时3月有余，对于独著而言，应该算非常快了，但是这种快，不是不负责任文字堆砌，而是一年多来的厚积薄发！相信这本书将会是国内学者研究临床预测模型的一本值得拥有的参考书。

然而一己之力毕竟有限，老眼昏花之时，疏漏难免，虽极力避免，恐难十全，希瑕不掩瑜，以微薄之力，为您解决心中之惑！如发现一些瑕疵，请通过公众号和松哥反馈，同时给予一定的包容吧！另外，方法总在更新，技术总在进步，也许您在阅读本书之时，一些新的方法与技术又出现了，那就请关注松哥的公众号吧，更新内容肯定比出书要快捷一些！

感恩父母，感恩贤妻，感谢长子文博和幼子宸宇的陪伴和鼓励！本书的撰写亦受到安徽省教育厅质量工程项目（2020jyxm1037）、安徽中医药大学研究生教学改革研究项目（2019YJG005）支持，特此表示感谢！

武松

安徽·合肥

第 6 章 R 语言诊断临床预测模型实战 / 129

第 7 章　R 语言预后临床预测模型实战 / 216

第 1 章
临床预测模型基础

本书认为统计可以分三个维度：即初级统计说一说——描述性分析（指标、图表）、中级统计比一比——差异性分析（假设检验）、高级统计找关系——关系性分析（统计模型）。高级统计找关系，也就是构建统计学模型，是统计学的集大成，是统计探索复杂事物背后规律的至高境界。

临床预测模型属于高级统计找关系，因此，学习需要一定初级和中级的基础，同时相对于常规模型而言，临床预测模型更加注重构建模型后的验证和评价，其有自己独特的建模策略和评价指标体系。本章将为大家做一个系统的介绍。

1.1　三种建模策略解读

生物医药领域构建模型，根据研究目的的不同，可以有三种模型：①风险因素发现模型，其目的是探索某疾病或某健康事件发生的可能风险因素，研究重点放在可能的多个影响因素 X；②风险因素验证模型，其目的是验证某因素在某疾病或健康事件发生中的作用大小，研究重点放在某个需要证明其作用大小的某个 X；③临床预测模型，其目的是通过构建一个多因素模型，预测某疾病发生或某预后结局发生的概率，研究重点放在 Y，放在模型的预测效果，希望构建一个预测更加准确有效的模型。三种模型的目的不同，因此，构建模型时的建模策略也不尽相同。

1.1.1　风险因素发现模型

风险因素发现模型常采用的是"先单后多策略"，即对专业上认为可能有意义的风险因素进行单因素分析，对单因素分析有统计学意义的风险因素，再进行多因素分析，最终以 $P < 0.05$ 为判断标准，确定某疾病最终的风险因素。先单后多有两种方法：一是单因素分析采用差异性分析的假设检验，如图 1-1 所示，差异性分析发现 7 个可能的风险因素，然后将 7 个可能的风险因素一起纳入模型进行多因素分析 PK，如图 1-2 所示；二是直接采用单因素回归分析，选择有意义的因素，再一起纳入多因素回归分析，如图 1-3 所示。国内文章以第一种居多，近年有向第二种转变的趋势，而 SCI 论文往往以第二种居多。

项 目		例数	口渴感评分 ($\bar{x}\pm s$)	t/F	P
性别	男	69	6.18±1.02	0.143	0.887
	女	39	6.11±1.09		
年龄（岁）	47~	67	6.17±1.40	0.107	0.915
	61~88	41	6.10±1.42		
疾病	呼吸系统	51	6.19±1.33	0.028	0.994
	循环系统	27	6.13±1.29		
	神经系统	19	6.10±1.32		
	其他	11	6.18±1.31		
APACHE-II评分（分）	0~	61	6.15±1.05	0.036	0.965
	10~	39	6.09±1.14		
	20~26	8	6.12±1.13		
入住ICU天数（d）	1~	22	6.12±1.23	0.047	0.954
	4~	45	6.14±1.28		
	7~23	41	6.21±1.30		
呼吸衰竭类型	I 型	64	6.16±1.24	0.164	0.871
	II 型	44	7.08±1.26		
先制机械通气频次	首次	85	6.17±1.67	5.716	0.000
	非首次	23	4.95±1.21		0.000
机械通气时间（h）	0~	108	5.59±1.13	43.666	0.000
	4~	108	6.78±1.39		
	8~12	108	7.21±1.42		
呼吸机类型	双水平	45	6.12±1.21	0.124	0.902
	非双水平	63	6.18±1.19		
呼吸型态	张口	52	6.09±1.24	5.131	0.000
	闭口	56	5.89±1.19		
吸入潮气量（mL/kg）	6.2~	23	5.98±1.24	4.474	0.014
	8.0~	55	6.42±1.26		
	10.0~16.7	30	7.01±1.30		
呼吸频率（次/min）	8~	13	5.99±1.02	10.530	0.000
	12~	41	6.59±1.78		
	20~39	54	6.97±1.90		
温化温度（℃）	32~	49	6.10±1.42	1.499	0.137
	35~37	35	5.88±1.31		
溢气量（mL/次）	9~	41	5.88±1.31	4.954	0.009
	50~	32	6.31±1.56		
	100~348	35	6.98±1.71		
面罩舒适度	好	51	4.95±1.05	31.958	0.000
	一般	42	6.45±1.14		
	差	15	7.02±1.13		

图 1-1　单因素分析（差异性检验）

变量	β	SE	Waldχ^2	P	OR	95%CI
是否首次使用	-2.196	1.095	4.019	0.045	0.111	0.013~0.952
呼吸型态	2.185	1.027	4.526	0.033	8.891	1.188~66.551
机械通气时间	1.470	0.604	5.920	0.015	4.350	1.331~14.218
面罩舒适度	1.245	0.576	4.661	0.031	3.472	1.122~10.746
溢气量	1.428	0.626	5.206	0.023	4.169	1.223~14.214
呼吸频率	1.291	0.575	5.043	0.025	3.636	1.178~11.220
吸入潮气量	1.264	0.614	4.223	0.040	3.539	1.062~11.797
常量	-12.311	3.696	11.096	0.001		

注：自变量赋值，是否首次使用1=是，2=否；呼吸型态1=张口，2=闭口；机械通气时间1=0~h，2=4~h，3=8~12 h；面罩舒适度1=好，2=一般，3=差；溢气量1=9~mL/次，2=50~mL/次，3=100~348 mL/次；呼吸频率1=8~次/min，2=12~次/min，3=20~39次/min；吸入潮气量1=6.2~mL/kg，2=8.0~mL/kg，3=10.0~16.7 mL/kg。

图 1-2　差异性分析后多因素分析

影响因素	B	S.E.	Wals	P	Exp(B)	95%CI for Exp(B) 低	高
年龄	-0.125	0.263	0.224	0.636	0.883	0.527	1.479
手术时间	-0.123	0.385	0.101	0.750	0.885	0.416	1.883
术中出血量	0.698	0.282	6.149	0.013	2.010	1.158	3.491
是否合并糖尿病	1.897	0.664	8.164	0.004	6.667	1.184	24.494
是否合并高血压	0.531	0.497	1.140	0.286	1.701	0.642	4.508
是否合并心脏病	0.769	1.240	0.384	0.535	0.464	0.041	5.269
是否合并肾功能不全	1.713	0.801	4.573	0.032	5.543	1.154	26.635
是否合并COPD	-0.058	0.840	0.005	0.945	0.943	0.182	4.894
术后血红蛋白水平	-0.912	0.265	11.825	0.001	0.402	0.239	0.676
术后白蛋白水平	-0.873	0.246	12.56	0.000	0.418	0.258	0.677
肿瘤分期	0.473	0.388	1.488	0.222	1.605	0.751	3.432

影响因素	B	S.E.	Wals	P	Exp(B)	95%CI for Exp(B) 低	高
术中出血量	0.864	0.338	6.550	0.010	2.373	1.224	4.599
是否合并糖尿病	1.704	0.790	4.650	0.031	5.495	1.168	25.855
是否合并肾功能不全	2.248	0.994	5.109	0.024	9.467	1.348	66.463
术后血红蛋白水平	-0.689	0.285	5.854	0.016	0.502	0.287	0.877
术后白蛋白水平	-0.715	0.307	5.432	0.020	0.489	0.268	0.893

图 1-3　单因素回归与多因素回归分析

1.1.2　风险因素验证模型

验证风险模型建模常采用"抽丝剥茧策略"或"层层加码策略"。其建模首先进行该因素 X 与 Y 的单因素回归，其次逐渐往模型中添加不同的控制因素，以期发现在控制了若干可能的混杂因素之后，最后证明该因素 X 是否是 Y 的风险因素，并确定其风险大小。

如图 1-4 所示，该作者为了验证 serum sphingomyelin 与 CHD 发病的关系，先构建了 Model1，单独研究 serum sphingomyelin 与 CHD 发病关系得到 HR（常称为 crude HR 或 unadjusted HR），结果发现 serum sphingomyelin 每改变 1 个单位，CHD 发生风险增加44%（$P <$ 0.001）；然后在 Model1 的基础上构建 Model2，在 serum sphingomyelin 基础上，模型增加了性别、糖尿病发病年龄、糖尿病病程与吸烟，结果发现 serum sphingomyelin 依旧与 CHD 发

病有关，HR=1.24（P=0.038）；然后继续在 Model2 基础上增加变量构建 Model3，如此反复直至 Model8，最终在 Model8 中发现，serum sphingomyelin 与 CHD 发病风险并无关系，虽然 HR=1.16，但 P=0.18 已经无统计学意义，所以最终证明 serum sphingomyelin 可以"无罪释放"。

Model	Incident CHD	
	HR[a] (95% CI)	p value
Model 1: Serum sphingomyelin	1.44 (1.19, 1.73)	<0.001
Model 2: Model 1 + sex + age of diabetes onset + diabetes duration + smoking	1.24 (1.01, 1.52)	0.038
Model 3: Model 2 + systolic blood pressure	1.21 (0.98, 1.49)	0.07
Model 4: Model 3 + HDL-cholesterol	1.21 (0.99, 1.48)	0.06
Model 5: Model 4 + triacylglycerols	1.17 (0.96, 1.43)	0.13
Model 6: Model 5 + BMI	1.18 (0.96, 1.44)	0.11
Model 7: Model 6 + HbA$_{1c}$	1.13 (0.92, 1.39)	0.24
Model 8: Model 3 + BMI + HbA$_{1c}$	1.16 (0.94, 1.43)	0.18

The incidence of CHD was 8.2 per 1000 person-years
[a] Reported HR increase corresponds to a 1 SD increase in sphingomyelin level

图 1-4　serum sphingomyelin 与 CHD 发病风险验证

通过这种在要验证的核心 X 基础上"逐层加码"，对 X 与 Y 之间的关系进行"抽丝剥茧"，最终对 X 是否是导致 Y 发生的风险因素进行验证，从某种程度上，松哥认为比风险因素发现模型要更具价值，因为这类模型可以对某 X 进行"最终审判"；图 1-5 也展示了这种验证风险模型的构建策略。

	B	Wald	P	OR	95%CI	
					下限	上限
Model1	0.038	5.607	0.018	1.039	1.007	1.072
Model2	0.040	5.971	0.015	1.040	1.008	1.074
Model3	0.043	6.691	0.010	1.044	1.011	1.079
Model4	0.046	5.593	0.018	1.047	1.008	1.088
Model5	0.274	0.818	0.366	1.315	0.726	2.384

注：Model 1：校正前
　　Model 2：校正 Sex、Age
　　Model 3：校正 Sex、Age、BMI、WHR
　　Model 4：校正 Sex、Age、BMI、WHR、SBP、DBP
　　Model 5：校正 Sex、Age、BMI、WHR、SBP、DBP、TG、TC、HDL-C、LDL

图 1-5　验证性风险因素建模展示

1.1.3　临床预测模型

临床预测模型是指利用多因素模型估算患有某病的概率或将来某结局的发生概率，主要分为诊断模型（diagnostic model）和预后模型（prognostic model）。

诊断模型主要基于研究对象的临床特征，预测当前患有某种疾病的概率，多见于横断面研究，病例对照研究；预后模型则是针对患有某种疾病的研究对象，预测将来疾病复发、死亡、伤残等转归的概率，多见于纵向研究。

临床预测模型建模策略依旧采用的是"先单后多策略"，但是其重点在于对 Y 预测的准确性，即不再对模型中每一个 X 是否 $P < 0.05$ 纠结，只要模型整体预测效果好，可以包容 $P > 0.05$ 的 X 在模型内的存在，此时模型优劣判定往往按照 AIC 准则进行，图 1-6 和图 1-7 反映了预测模型先单后多的建模策略。

Identification of predictive factors at hospital admission for pharmacist interventions with a clinical impact. Laboratory results, clinical characteristics and medication data were analyzed with univariate and multivariable regression.

Variable	Univariate model			Multivariate model		
	OR	95%CI	P-value	OR	95%CI	P-value
Nervous system drug class on BPMH	2.33	1.17–4.64	0.02			ns
Cardiovascular drug class on BPMH	2.49	1.20–5.14	0.01			ns
Number of medication on BPMH ≥ 5	4.67	2.01–10.83	<0.001	3.03	1.29–7.51	0.01
Charlson Comorbidity index score ≥ 2	4.36	2.12–8.96	<0.001	3.13	1.49–6.71	<0.01

ATC = anatomic therapeutic chemical; BPMH = Best Possible Medication History; CI = confidence interval; ns = nonsignificant; OR = odds ratio.

图 1-6　临床预测模型先单后多 Logistic 回归建模策略展示

	Univariate analysis			Multivariate analysis		
	HR	95%CI	P	HR	95%CI	P
Gender (female vs. male)	1.099	0.565–2.137	0.782			
Age (≥69 vs. <69; y)	1.997	0.905–4.408	0.087	3.253	1.353–7.825	0.008
Tumor size (≥4.2 vs. <4.2; cm)	2.945	1.376–6.304	0.005			
TNM Stage (III–IV vs. I–II)	4.396	2.230–8.664	0.000	4.712	2.272–9.770	0.000
IgG (≥12.51 vs. <12.51; g/L)	0.457	0.225–0.926	0.030	0.385	0.176–0.840	0.017
IgA (≥1.97 vs. <1.97; g/L)	1.474	0.773–2.812	0.239			
IgM (≥1.09 vs. <1.09; g/L)	0.538	0.273–1.060	0.073			
C3 (≥1.05 vs. <1.05; g/L)	1.924	0.967–3.830	0.062			
C4 (≥0.22 vs. <0.22; g/L)	1.582	0.773–3.235	0.209			
BF (≥0.47 vs. <0.47; g/L)	2.087	0.876–4.968	0.097			
CRP (≥3.78 vs. <3.78; mg/L)	1.621	0.722–3.638	0.241			
WBC(≥4.95 vs. <4.95; 10⁹/L)	0.467	0.218–1.003	0.051			
LMR (≥4.15 vs. <4.15)	0.243	0.110–0.539	0.001	0.408	0.177–0.940	0.035
PLR (≥177.86 vs. <177.86)	2.205	0.913–5.325	0.079			
NLR (≥1.61 vs. <1.61)	0.682	0.351–1.328	0.261			

HR, Hazard ratio; 95% CI, 95% confidence interval; TNM, tumor/node/metastasis; IgG, immunoglobulin G; IgA, immunoglobulin A; IgM, immunoglobulin M; C3, Complement 3; C4, Complement 4; BF, B factor; CRP, C-reactive protein; WBC, white blood cell count; LMR, lymphocyte-to-monocyte ratio; PLR, platelet-to-lymphocyte ratio; NLR, neutrophil-to-lymphocyte ratio; OS, overall survival

图 1-7　临床预测模型先单后多 COX 回归建模策略展示

临床预测模型的建模，有一个"门当户对"原则，这个虽然统计教材中没有说，但确实是数据处理的经验累积。"门当户对"是指，我们研究的变量从性质而论，有定量与定性两类，建模时尽量满足因变量与自变量的定量对定量，定性对定性。这就是"门当户对"原则。

临床预测模型中 Logistic 回归的因变量为二分类变量（注意临床预测模型中的 Logistic 回归只是 Binary Logistic regression，其他多项和有序资料的临床预测模型方法尚不成熟）；COX 回归的因变量是二分类＋时间；所以构建模型时的自变量（风险因素或预测因子）如果是定性则会较好，因为满足"门当户对"的原则，如果 Logistic 或 COX 回归中，纳入的是定量变量，也许统计上有意义，也能解释，但是专业上可能不太容易解释。

比如说年龄，如果直接代入，那结果解释则为年龄每增加 1 岁，发生某种疾病或结局的风险增加多少，统计上没问题，但是试问大家，哪种疾病只要增加 1 岁，就会增加专业上有意义的风险呢？所以，为什么大家经常看到，很多文章会把年龄进行分组，如小于 60 岁和大于等于 60 岁等。

故而，您再看上面的图 1-6 和图 1-7，其中的那么多原本是定量的指标，均根据专业进行了变量降维，从定量降维为定性，如图 1-7 中的年龄，分为大于等于 69 岁和小于 69 岁。看到这您也许会心存困惑，为什么年龄降维分组，在不同文献中往往不一样呢？是的，年龄的降维分组，文献中不下 10 种方法，没有固定的套路，需要您根据自己的专业或者数据的特征进行降维，具体的请看本书相关章节。

1.2　临床预测模型分类与分型

根据研究目的的不同、建模与验证数据集的不同，临床预测模型可以有不同的分类。

1.2.1　预测模型目的分类

如果预测模型是为了预测研究对象是否患有某种疾病，采用的是 Logistic 回归建模，数据来源于横断面的研究，我们称之为诊断预测模型，如图 1-8 所示；如果我们建模是为了预测某病患者将来某种预后结局的发生风险，采用的是 COX 回归建模，数据来源于队列研究，我们称之为预后预测模型，如图 1-9 所示。

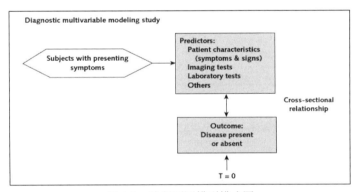

图 1-8　诊断预测模型模式图

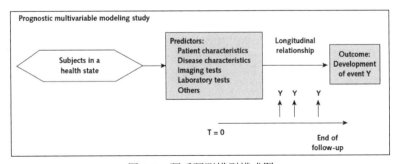

图 1-9　预后预测模型模式图

1.2.2 预测模型数据来源分类

临床预测模型区别于普通模型的要点之一在于验证，就是将构建的模型代入某数据集进行预测，以评价其表现。根据数据集的不同，预测模型又有如下不同的分型，如图 1-10 和图 1-11 所示。

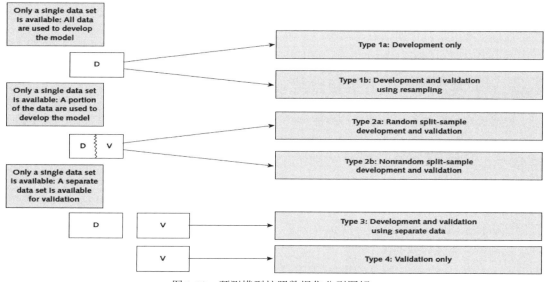

图 1-10　预测模型按照数据集分型图解

Analysis Type	Description
Type 1a	Development of a prediction model where predictive performance is then directly evaluated using exactly the same data (apparent performance).
Type 1b	Development of a prediction model using the entire data set, but then using resampling (e.g., bootstrapping or cross-validation) techniques to evaluate the performance and optimism of the developed model. Resampling techniques, generally referred to as "internal validation", are recommended as a prerequisite for prediction model development, particularly if data are limited (6, 14, 15).
Type 2a	The data are randomly split into 2 groups: one to develop the prediction model, and one to evaluate its predictive performance. This design is generally not recommended or better than type 1b, particularly in case of limited data, because it leads to lack of power during model development and validation (14, 15, 16).
Type 2b	The data are nonrandomly split (e.g., by location or time) into 2 groups: one to develop the prediction model and one to evaluate its predictive performance. Type 2b is a stronger design for evaluating model performance than type 2a, because allows for nonrandom variation between the 2 data sets (6, 13, 17).
Type 3	Development of a prediction model using 1 data set and an evaluation of its performance on separate data (e.g., from a different study).
Type 4	The evaluation of the predictive performance of an existing (published) prediction model on separate data (13).

Types 3 and 4 are commonly referred to as "external validation studies." Arguably type 2b is as well, although it may be considered an intermediary between internal and external validation.

D = development data; V = validation data.

图 1-11　各型预测模型解读

Type1a：仅仅在训练集中构建临床预测模型。大家是否发现，这与我们前面所谓的风险因素发现模型高度相似？

Type1b：在训练集中进行建模，然后利用重抽样的方法，在训练集中抽取样本进行验证。

Type2a：将研究数据集随机拆分为训练集和验证集，然后用训练集建模，用验证集进行验证。

Type2b：将研究数据集进行非随机拆分为训练集和验证集，然后用训练集建模，用验证集进行验证。如在某医院，搜集前 2 年的数据作为训练集，搜集后 1 年的数据用于验证。

Type3：用不同的数据集进行建模和验证，如用某医院的数据建模，用另外一家医院的数据进行验证。

Type4：仅进行验证。如别人已经构建了一个临床预测模型并且发表了文章，你用该模型在自家医院进行验证。

另从撰写角度，围绕某个临床主题，预测模型撰写的过程如下：①人无我有，即目前尚无临床预测模型，新建一个用于预测；②人有我优，即别人发表了一个临床预测模型，你可以对该模型进行改良和优化；③人有我验，即对别人发表的预测模型，你可以用自己的数据进行验证；④人多我比，即已经有多个临床预测模型，你可以用自己的数据，对多个模型的表现进行比较。

1.2.3　数据集分类

临床预测模型建模和验证的数据集称为训练集和验证集。如果验证集是来自训练集来源的同一人群，则称为内部验证；如果验证集来自外部数据，则称为外部验证，如图 1-12 所示。

图 1-12　预测模型数据集与验证区分

很多时候，我们对数据进行拆分，分为训练集和验证集，用训练集建模，然后用验证集进行验证，注意此时也是内部验证，因为验证集与训练集是同一批数据被拆分开的；同样在某单位搜集前 2 年的数据作为训练集，后 1 年的数据作为验证集，这种情况也属于内部验证，因为也是来自同一家机构的。外部验证是指验证集来自不同于训练集的数据，比如 A 医院建模，而采用 B 医院数据进行验证，这就属于外部验证。

另从统计分析方法上，同一数据进行拆分为训练集和验证集，与 A 医院数据建模，B 医院数据验证，在统计实现方法上是一样的，均属于统计学上的外部验证；而对研究全部数据进行建模，然后采用 Bootsrap 或交叉验证的方法验证，都属于统计学上的内部验证。这个容易混淆，一个是统计学上的内部验证与外部验证，另一个是数据集上的内部验证与外部验证。

1.3 区分度 -C 指数

区分度（Discrimination）是指预测模型把发生与未发生某结局事件的受试对象区分开来的能力。简单来说就是把患者与非患者区分开的能力，反映模型是否能"明辨是非"。区分度是模型对结局事件的一种定性判断。

区分度评价常用指标包括：AUC/C-index、NRI、IDI（NRI 和 IDI 用于新旧模型区分度的比较），对于诊断预测模型和预后预测模型也稍有区别。诊断预测模型 Logistic 回归指标包括：AUC、ROC、NRI、IDI；预后预测模型 COX 回归区分度指标包括：C-index、Time-ROC、NRI、IDI，Time_AUC，其中对于预后模型，C-index 是针对整个模型的，其他都可以分时间点，如 1year、3year 和 5year ROC，以及对应时点的 NRI 和 IDI。Time_AUC 是将要研究的各个时间点的 Time-ROC 曲线下面积绘制一条曲线，可以综合反映模型的总体区分度的情况。本节我们先学习 C-index。

C-index 常写为 Harrell concordance index、C statistics、C-indices、Concordance indices，对于 Logistic 回归，C-index 就是 ROC 分析的 AUC（Area Under Curve）。C 指数的一般判定标准如下。

- C-index：0.5   完全不一致
- C-index：1.0   完全一致
- C-index：0.5-0.7   较低区分度
- C-index：0.71-0.90   中等区分度
- C-index：> 0.90   高度区分度

图 1-13 为诊断预测模型区分度 ROC 曲线，其中左为训练集，右为验证集，每个 ROC 曲线中又包含 3 条 ROC 曲线，那是因为构建了 3 个模型，将 3 个模型的 ROC 曲线进行了合并绘制。

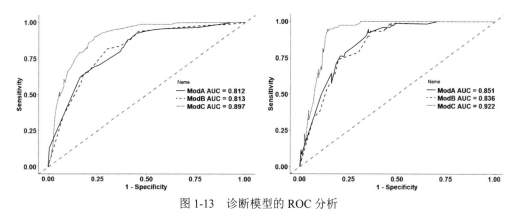

图 1-13　诊断模型的 ROC 分析

对于预后模型，区分度评价可以计算模型整体的 C-index 以及绘制时点 ROC 曲线，如图 1-14 和图 1-15 所示。图 1-14 左图和图 1-14 右图分别为训练集和验证集 6 个月、12 个月和 24 个月 ROC 曲线，并且给出各自的 AUC。

　　图 1-15 上面 3 幅为训练集 1、3、5 年时点 ROC，图 1-15 下面 3 幅为验证集 1、3、5 年时点 ROC，图中的两条 ROC 曲线是作者构建的 Nomogram 模型和 TNM stage 模型，以及各自模型的 AUC。

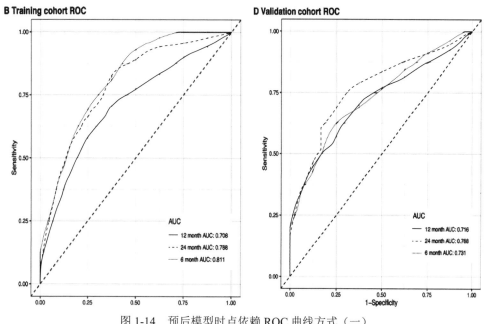

图 1-14　预后模型时点依赖 ROC 曲线方式（一）

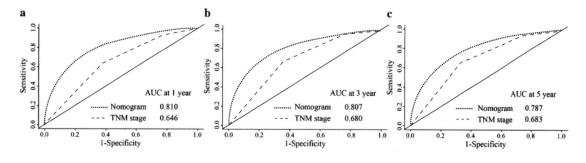

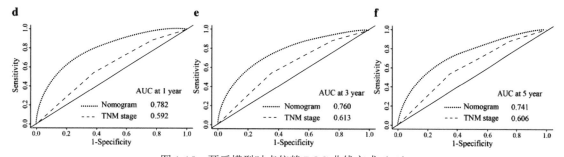

图 1-15　预后模型时点依赖 ROC 曲线方式（二）

上面仅展示了诊断与预后模型共同的区分度展示方法，即 ROC 曲线及 AUC，对于预后模型，还可以计算模型整体区分度评价指标 C-index，我们在后面的实践中再展示其魅力吧！

1.4 净重新分类指数

NRI（Net Reclassification Index，净重新分类指数），Logistic 回归新旧模型比较只有一个 NRI 和一个 IDI，而 COX 回归针对不同时点可有多个时点的 NRI 和 IDI。

AUC 作为区分度的评价指标，虽然广泛用于预测模型的区分度评价，但其为一个综合指标，其考虑了所有预测概率作为界值的一个综合判定。而实际应用中，我们只会选取一个适宜的诊断切点，关注该切点下的诊断能力，而非所有切点构成的 AUC。

同时当我们比较两个模型的预测能力时，或者模型引入新的指标预测改善情况，我们需要一个比较两个模型预测能力的指标：NRI。

NRI 原理如下：首先将研究对象按照真实的患病情况分为两组，即患者组和非患者组，然后分别在这两个分组下，根据新、旧模型的预测分类结果（根据某个切点），整理成两个 2×2 表格，如图 1-16 所示。

患者组（N1）	新模型	
旧模型	阴性	阳性
阴性	A1	B1
阳性	C1	D1

非患者组（N2）	新模型	
旧模型	阴性	阳性
阴性	A2	B2
阳性	C2	D2

图 1-16　NRI 计算格式演示

我们主要关注被重新分类的研究对象，从图中可以看出，在患者组（总数为 N1），新模型分类正确而旧模型分类错误的有 B1 个人，新模型分类错误而旧模型分类正确的有 C1 个人，那么新模型相对于旧模型来说，正确分类提高的比例为（B1−C1）/N1，即对角线上的比例 − 对角线以下的比例。

同理，在非患者组（总数为 N2），新模型分类正确而旧模型分类错误的有 C2 个人，新模型分类错误而旧模型分类正确的有 B2 个人，那么新模型相对于旧模型正确分类提高的比例为（C2−B2）/N2，即对角线以下的比例 − 对角线以上的比例。

最后，综合患者组和非患者组的结果，新模型与旧模型相比，净重新分类指数 NRI=（B1−C1）/N1+（C2−B2）/N2。若 NRI ＞ 0，则为正改善：说明新模型的预测能力比旧模型有所改善；若 NRI ＜ 0，则为负改善，新模型的预测能力下降；若 NRI=0，则认为新模型没有改善。

然而我们上面计算的 NRI 是基于一个样本计算出来的统计量，可能是抽样误差导致的结果，因此，需要对其进行假设检验，我们可以通过计算 *Z* 统计量，来判断 NRI 与 0 相比是否具有统计学显著性，统计量 Z 近似服从正态分布，公式如下：

$$Z = \frac{NRI}{\sqrt{\dfrac{B_1 + C_1}{N_1^2} + \dfrac{B_2 + C_2}{N_2^2}}}$$

假设某研究纳入的样本中有患者 200 例，非患者 300 例，研究者拟评价，在旧模型的基础上加入新的生物标志后，新模型预测能力的改善情况，数据如图 1-17 所示。

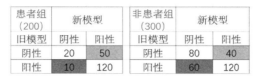

图 1-17 NRI 演示数据

根据 NRI 计算公式：

NRI=（B_1-C_1）/N_1+（C_2-B_2）/N_2=（50-10）/200+（60-40）/300=26.7%

代入检验公式，可得 Z=5.225，P < 0.05，差异具有统计学意义，提示加入了新的标志物后，新模型的预测能力有所改善，正确分类的比例提高了 26.7%。

NRI 比 AUC 更加敏感，当两个模型的 AUC 差异比较无统计学显著性时，提示模型的区分能力（Discrimination）相近，但是进一步计算 NRI 后，可能会发现，新模型正确再分的能力（Reclassification）有显著提高，因此需要我们将 AUC 和 NRI 综合起来进行判断。

AUC 相当于综合实力，相当于团体赛；NRI 相当于个人的单项赛，整体比不过你，但是以某个界值为切点，我还是可以超过你的。

NRI 可以分为分类 NRI 和连续 NRI，见表 1-1，展示了分类 NRI、连续性 NRI 以及后面将介绍的 IDI 的计算。分类 NRI 需要结合专业上给的阈值，才能判定分类；连续 NRI 无须事先给出阈值，直接取新旧模型预测概率差值的符号；而 IDI 则是直接新旧模型概率的差值，同时计算时注意发生与未发生结局事件组的符号（可以简单理解为，在发生结局事件组，用新模型减去旧模型，而在未发生结局事件组，用的是旧模型减去新模型）。

表 1-1 NRI 和 IDI 模式表

编 号	是否发生事件	原 模 型	新 模 型	阈 值	重分类指标计算（事件组）		
					分类 NRI	连续 NRI	IDI
1	是	0.07	0.09	0.08	+1	+1	+0.02
2	是	0.09	0.07	0.08	−1	−1	−0.02
3	是	0.09	0.10	0.08	0	+1	+0.01
4	是	0.11	0.09	0.08	0	−1	−0.02.
5	否	0.07	0.09	0.08	−1	−1	−0.02

上表引自：文玲子，王俊峰，谷鸿秋 . 临床预测模型：新预测因子的预测增量值 [J]. 中国循证心血管医学杂志，2020，12(6)：655-659.

1.5 综合判别改善指数

NRI 主要用于在设定好的切点水平下判断和比较新旧模型的预测能力是否有所提高，在实际临床中容易计算，易于理解。但 NRI 的不足在于只考虑了某专业切点处的改善情况，却不能考虑模型的整体改善情况。于是一个综合判定改善情况的指标 IDI 应运而生，IDI（Integrated Discrimination Improvement，综合判别改善指数）。

IDI 的计算公式为：

$$IDI=(Pnew,events-Pold,events)-(Pnew,non\text{-}events-Pold,non\text{-}events)$$

其中，Pnew,events-Pold,events 是指患者组中，新模型预测概率的均值 – 旧模型预测概率的均值，表示预测概率提高的变化量。对于患者而言，预测概率越高，模型越准确，因此，该差值越大，提示新模型越好。

Pnew,non-events-Pold,non-events 是指非患者组，新模型预测概率的均值 – 旧模型预测概率的均值。对于非患者，预测概率越低，模型越准确，因此，差值越小则新模型越好。两部分相减，则可得 IDI。

图 1-18 中，分组代表受试对象的真实情况，PRE_1 和 PRE_2 代表旧模型和新模型的预测概率，PRE_1_1 和 PRE_2_1 代表旧模型和新模型在 0.5 切点下的分类，"0"代表未发病，"1"代表发病。利用分组分别 PRE_1_1 和 PRE_2_1 构建交叉表，就可以估算 NRI，利用分组、PRE_1_1 和 PRE_2_1，就可以计算 IDI。本章为理论，实战见后面章节。

分组	PRE_1	PRE_2	PRE_1_1	PRE_2_1
0	.14760	.04488	.00	.00
0	.09912	.05062	.00	.00
0	.65407	.32536	1.00	.00
0	.14760	.04225	.00	.00
0	.32831	.22785	.00	.00
0	.65407	.33936	1.00	.00
0	.13283	.05177	.00	.00
0	.20799	.13432	.00	.00
1	.96032	.99976	1.00	1.00
1	.89197	.98761	1.00	1.00
1	.65407	.95191	1.00	1.00
1	.34053	.12922	.00	.00
1	.49007	.99314	.00	1.00
1	.34053	.67778	.00	1.00

图 1-18 NRI 和 IDI 资料格式

IDI 也可以通过 Z 统计量来检验，以判断 IDI 与 0 相比是否具有统计学显著性，统计量 Z 近似服从正态分布，公式如下：

$$Z = \frac{IDI}{\sqrt{(SE_{events})^2 + (SE_{non\text{-}events})^2}}$$

其中 SEevents 为 Pnew,events-Pold,events 的标准误，首先在患者组，计算新、旧模型对每个个体的预测概率，求得概率的差值，再计算差值的标准误。同理，SEnon-events 为 Pnew,non-events-Pold,non-events 的标准误，是在非患者组，计算新、旧模型对每个个体的预测概率，求得概率的差值，再计算差值的标准误即可。

1.6　校准度

校准度（calibration）是评价一个预测模型预测未来某个个体发生结局事件概率准确性的重要指标，反映模型预测风险与实际发生风险的一致程度，也称为一致性。可以如下方式理解区分度和校准度。

区分度：定性，你能预测出来吗？（预测出来你考试过不过）

校准度：定量，你预测出来和实际一样吗？（预测出来考了多少分）

对于基于 Logistic 回归的诊断模型，校准度可以进行 H-L（Hosmer-Lemeshow）检验和绘制校准曲线（calibration plot）；对于基于 COX 回归的预后模型，校准度评价主要采用校准曲线，在校准曲线中，有一些可以评价的指标，包括截距、斜率、Brier score 等。

1.6.1　Hosmer-Lemeshow 检验

Hosmer-Lemeshow 检验是将模型预测概率分组，然后对各组的实际发生数与预测发生数进行卡方拟合优度检验，如果 $P > 0.05$，说明实际发生的频数与模型预测发生的频数比较吻合，说明模型预测得准，P 越大，说明模型表现越好。步骤如下：

（1）模型预测出概率。

（2）从小到大排序，10 分位数分组。

（3）计算每组实际观测数和模型预测数。

（4）计算卡方值，得到 P 值。

（5）P 越大，说明预测模型校准度越高，若 $P < 0.05$，则说明模型预测值与实际值存在一定的差异，校准度较差。

1.6.2　Calibration plot

校准图是对实际发生频数与模型预测发生频数相关性图，常用三种形式：①散点图，如图 1-19 所示；②柱状图，如图 1-20 所示；③线图或折线图，如图 1-21 所示。

对于 Logistic 回归的诊断模型，训练集和验证集的 H-L 和校准曲线都需要做；对于 COX 回归的预后模型，训练集和验证集的校准曲线都要做，如图 1-22 和图 1-23 所示。

图 1-23 上面两幅为训练集的校准曲线，图 1-23 下面两幅为验证集的校准曲线；图 1-24 左图为训练集 1、3、5 年校准曲线，图 1-24 右图为验证集 1、3、5 年校准曲线。

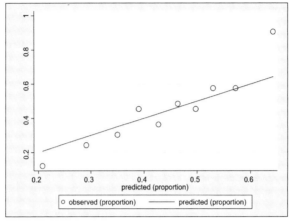

图 1-19　校准散点图

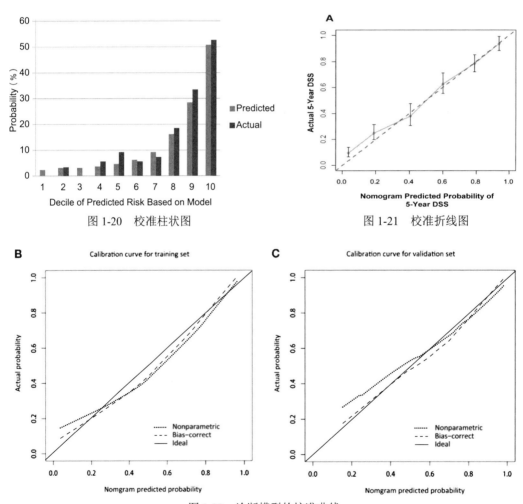

图 1-20　校准柱状图

图 1-21　校准折线图

图 1-22　诊断模型的校准曲线

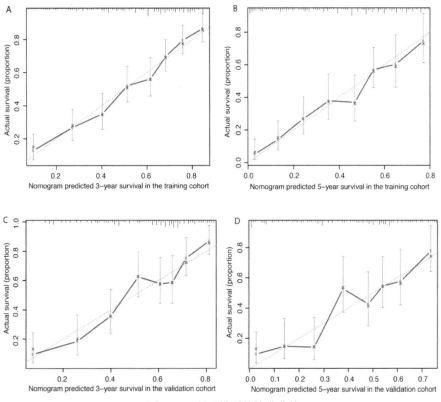

图 1-23　预后模型的校准曲线

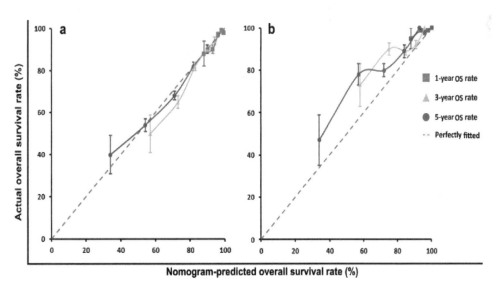

图 1-24　预后模型校准曲线（多时间点）

校准曲线上点的分布，也可以反映区分度和校准度，如图 1-25 所示。图 1-25 左上图上各点反映的是较好的区分度，但是准确度很差，因为图中两个点能够明显区分，但是不准，都没有落在参考线上；图 1-25 右上图上各点反映的是很好的准确度，但是有较差的区分度，图中各点均在参考线上，但是过于密集，区分有一定的难度。

图 1-25 左下图反映了很好的区分度和很好的准确度，点与点之间可以很好地区分，而且均在参考线上；图 1-25 右下图反映了最

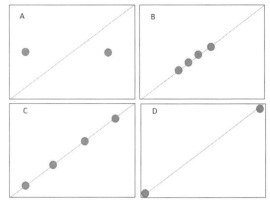

图 1-25 区分度与校准度的评价

理想的区分和准确度，两点得到最大的区分，而且都落在参考线上。

1.7 临床决策曲线

决策曲线分析法（Decision Curve Analysis，DCA）是临床预测模型是否能够落地应用的"最后一公里"。临床上，我们通过 ROC 曲线来寻找诊断试验的切点，主要是将特异性和敏感性作为同等重要的权重进行考虑，但这种考虑真的合理吗？患者就一定受益吗？

如通过某个生物标志物预测研究对象是否患病，无论选择哪个界值，都会遇到假阳性和假阴性的可能；有时候避免假阳性受益更大，有时候则更希望避免假阴性，既然两种情况都无法避免，那就两害相权取其轻，两利相权取其重，我们就选择对患者最有利的，也就是净受益最大的方法，这就是临床效用的问题。

一个病人，如果是 X 病，做手术可延长 6 年寿命，如果不是 X 病，做手术会缩短 3 年寿命，那么某个患者经过模型预测有 40% 可能是 X 病，到底做不做手术呢？临床决策曲线就是考虑在模型各个阈值情况下，模型真正获益的净人数，如图 1-26 所示。

横坐标为阈值概率：在风险评价工具中，患者诊断为 X 病的概率为 P_i；当 P_i 达到某个阈值（P_t），就界定为阳性，采取治疗措施。此时会有病人治疗的获益，也有非病人治疗的伤害以及病人未治疗的损失。而纵坐标就是利减去弊之后的净获益（Net Benefit，NB）。

横线：代表所有样本都是阴性（$P_i < P_t$），所有人都不治疗，净获益为 0。

斜线：代表所有样本都是阳性，所有人都接受了治疗，净获益是个效率为负值的反斜线。

DCA 结果解读见图 1-27，假定选择预测概率为 40% 诊断为 X 病并进行治疗，那么每 100 人使用此模型的患者，大约有 42 人能从中获益而不损伤任何其他人的利益（其实是有人利益受损，只是 DCA 曲线分析校正了这部分人群的损失）。

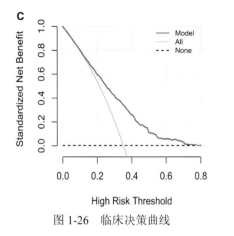

图 1-26　临床决策曲线

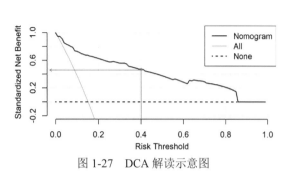

图 1-27　DCA 解读示意图

对于基于 Logistic 回归的诊断模型，训练集和验证集均需绘制 DCA 曲线，如图 1-28。而对于基于 COX 回归的预后模型，则需要绘制不同时点的 DCA 曲线，如图 1-29 所示，如 1 年、3 年、5 年等，而且也需要训练集和验证集都要绘制，如图 1-30 所示。

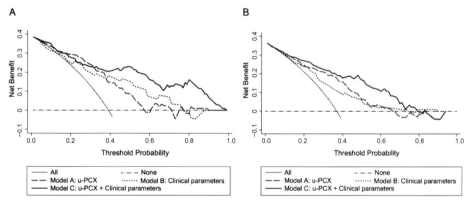

图 1-28　诊断预测模型 DCA 曲线

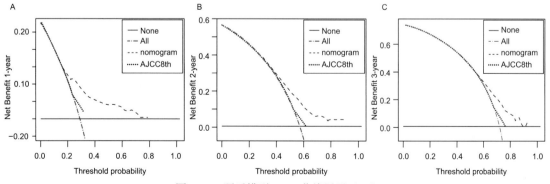

图 1-29　预后模型 DCA 曲线展示（一）

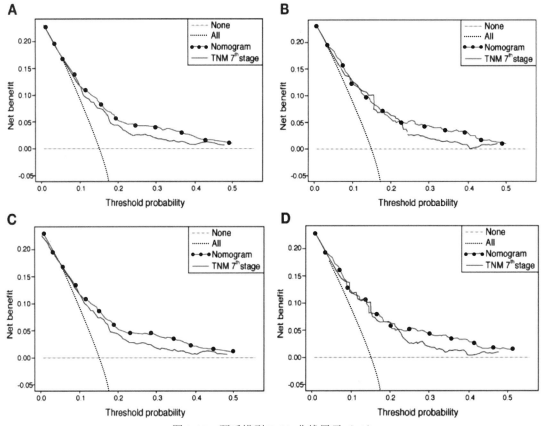

图 1-30　预后模型 DCA 曲线展示（二）

图 1-29 中 A、B、C 分别代表 1 年、2 年和 3 年的决策曲线（DCA），每张图中的两条线代表两个不同的模型。

图 1-30 中，A 和 B 代表训练集的 OS 和 CSS 的 DCA 曲线，C 和 D 代表验证集 OS 和 CSS 的 DCA 曲线。内部的两条线代表两个不同的模型。

初学临床预测模型，很多人对数据集的应用心存困惑，关于哪些指标训练集要做，哪些指标验证集要做，松哥给大家做一个总结。

训练集和验证集都要做的是：区分度（C-index 或 ROC/AUC）、校准度（校准曲线和 / 或 H-L 检验）、临床决策曲线（DCA）；Nomogram（诺莫图）只针对训练集做。而上述所有这些都是基于模型计算出来的 P，有 P 就有临床预测模型的一切。

1.8　模型可视化（Visualization）

模型可视化是指将数理模型以评分量表、网页工具或 Nomogram（诺莫图）等方式进行可视化应用。本节只介绍 Nomogram，Nomo 图非常合适在论文中展示发表。

Nomo 图的解读如图 1-31 所示，该 Nomo 图展示了一个具有 5 个因素的模型，分别为工龄、每周工作时长、年龄、文化程度和种族。

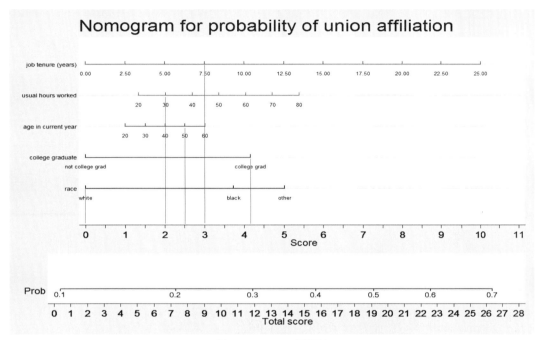

图 1-31　Nomo 图解读

如果某人工龄为 7.5 年，则对应评分为 3 分；每周工作时长为 30 小时，对应评分为 2 分；当前年龄为 50 岁，对应评分为 2.5 分；文化程度为大学毕业，对应评分为 4.2 分；种族为白色人种，对应评分为 0 分，则总共合计为 11.7 分。

图 1-32 为图 1-31 的底部部分，总分 11.7 分对应的概率约为 0.28 ～ 0.29，则说明具备上述情况的受试者，发生该病的概率为 28% ～ 29%。

图 1-32　总分与概率对应图

Nomo 图中的评分规则，是对模型中的回归系数进行标化，具体过程稍有点复杂，好在有软件直接帮助实现，松哥也将在软件实战中讲解 Nomo 的过程。

1.9　交叉验证

交叉验证属于内部验证，往往是在我们研究的数据量不足的情况下，对建模的训练集进行分组拆分，然后进行交叉验证的过程。包括简单交叉、K 折交叉验证和留一法交叉验证。

1.9.1 简单交叉验证（Simple Cross Validation）

所谓的简单，是相对于其他交叉验证方法而言的。首先，我们随机地将样本数据分为两部分（比如：70% 的训练集，30% 的测试集），然后用训练集来训练模型，在测试集上验证模型及参数，如图 1-33 所示。松哥称之为"留一块"。

图 1-33　简单交叉验证模式图

1.9.2 *K* 折交叉验证（*K*-Folder Cross Validation）

和第一种方法不同，*K* 折交叉验证会把样本数据随机地分成 *K* 份，每次随机选择 *K*-1 份作为训练集，剩下的 1 份做测试集。当这一轮完成后，重新随机选择 *K*-1 来训练数据。若干轮（小于 *K*）之后，选择损失函数评估最优的模型和参数，如图 1-34 所示为 10 折交叉验证模式。

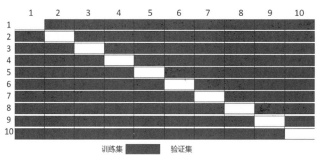

图 1-34　10 折交叉验证模式图

1.9.3 留一法交叉验证（Leave-one-out Cross Validation）

它是第二种情况的特例，此时 *K* 等于样本数 *N*，这样对于 *N* 个样本，每次选择 *N*-1 个样本来训练数据，留一个样本来验证模型预测的好坏。此方法主要用于样本量非常少的情况，比如 *N* 小于 50 时，一般采用留一法交叉验证。

一句话总结：如果我们只是对数据做一个初步的模型建立，而不做深入分析，那么简单交叉验证就可以了，否则就用 *K* 折交叉验证。在样本量少的时候，使用 *K* 折交叉验证的特例留一法交叉验证。

1.10　自助抽样法

Bootstrap 是美国斯坦福大学统计学教授 Bradley Efron 于 1979 年在论文"Bootstrap methods: another look at the jackknife"中提出。Bootstrap 的本意为靴带，Bootstrap 法来源于民间谚语："to pull oneself up by one's bootstrap"，说的是有一个人掉泥潭里了，然后自己拉

自己的靴带出来了，这是一个玩笑。翻译成中文就是自己帮助自己的自助法、自助抽样法、拔靴法。

简单而言，就是在建模的训练集中，进行多次有放回的小样本抽样，对每一个样本进行分析，再对若干次分析结果进行合并的分析方法，其模式图如图 1-35 所示。

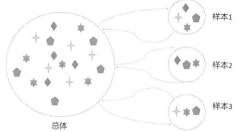

为了从单个样本中产生多个样本，Bootstrapping 作为交叉验证的一个替代方法，在原来的样本中进行有放回的随机采样，从而得到新的样本。

图 1-35　自助抽样法模式图

Bootstrap 得到的样本比交叉验证的样本重叠更多，因此它们的估计依赖性更强，被认为是小数据集进行重采样的最好方法。Bootstrap 次数可以 50 次、200 次、500 次、1000 次，发表文章一般 500 次和 1000 次抽样较多。

1.11　LASSO 回归

LASSO 是由 Robert Tibshirani 于 1996 年首次提出的，全称 Least absolute shrinkage and selection operator，是一种采用了 L1 正则化（L1-regularization）的线性回归方法。该方法是一种压缩估计。它通过构造一个惩罚函数得到一个较为精练的模型，由此压缩一些回归系数，即强制系数绝对值之和小于某个固定值，同时设定一些回归系数为零，因此保留了子集收缩的优点，是一种处理具有复共线性数据的有偏估计。下面用一个故事来讲解一下。

这是一个人类触碰"黑暗森林法则"而引发的故事：

公元 3275 年，地球科技异常发达，但是对于外星人而言，我们还是不堪一击的低等生物。由于人类对宇宙好奇，不断向外太空发射信号，期望寻找地外文明。

在宇宙中有个卡拉达星球，因为卡拉达人的资源掠夺和战争，该星球已经不再适合居住，他们便派出涉猎人在宇宙中寻找适合居住的星球。某一天，一个外星涉猎人在银河系附近，突然收到来自人类的"问候"信号，便立马将信号的宇宙坐标汇报回卡拉达星球，并请求卡拉达星球立即派出星际战舰来征服地球，然而这段通信信号，也同样被地球文明接收到。

地球立马召开多国首脑会议，商讨应对策略。最终决定，逃离地球，全部移民到人类于 3015 年发现的斯塔特星球。斯塔特星球生存环境恶劣，地球人将死囚犯送至该星球，让其自生自灭，然而大难临头之际，人类不得不逃往这一星球。

由于时间紧迫，人类的运载能力只能将 3 万人运达斯塔特星球，虽然多国总部给各国一定的指标，一些人获得消息，也暴力前往星际通航基地，最终有 10 万人进入基地。为了防止更多的人进入基地，基地开启封锁隐藏模式，与外界隔绝。

然而这 10 万人也远远超过运载能力，战舰舰长必须做出决策，让其中 3 万人乘坐战舰离开，然而这 10 万人并不知道，战舰可以带多少人离开。

在喧闹争吵之中，舰长在战舰内决定采用惩罚规则，对着 10 万人进行筛选，通过广播传达登舰规则。

第一条：凡是登舰者，必须交纳 1000 万元星际交通费，如果后面规则不符合，1000 万元不退。此规则直接筛掉 2 万人，尚有 8 万人。

第二条：有血缘关系的人，只能 1 人入选。此条颁布出，经过漫长的等待，各个有血缘关系的家族，各自推举 1 人登舰，此时还剩 6 万人。

第三条：夫妻二人者，只能一人登舰。还剩 5 万人。

第四条：愿意登舰者，达到斯塔特星球，必须做 3 年苦役！此时还剩 3 万人。

第五条：愿意登舰者，签署协议，如果航行过程中，食物短缺，愿意被随机抽中，作为大家的食物（有点残忍），还剩 1 万人。

第六条：为了表示诚信，先自愿剁去 1 个小指。还剩 5000 人。

第七条：自愿再剁去 1 个小指者，可以先进入候舰大厅，还剩 1000 人。

第八条：自愿承受一次休克式单击，能够自行苏醒者，直接登舰。此时没人同意，最终 0 人入选。

LASSO 回归是一种带有惩罚规则的回归，不是你想加入模型就可以加入的，进入就必须付出代价。对所有候选 X 实施逐渐加大的惩罚，以让 X 表忠心，最终让每个 X 牺牲自己的生命，也就是 X 的回归系数为 0。

在逐渐加大惩罚的过程中，Y 也就测试出了每个 X 对自己的忠心程度。如图 1-36，左边喧闹烦嚣，随着惩罚加重，逐个陨落，X 的系数逐渐投向 0 的怀抱，最终在最右边，陷入一片死寂，大家终究是个 0。

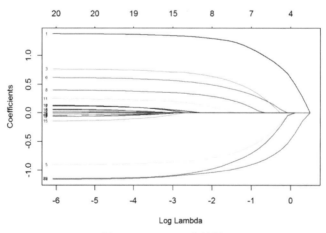

图 1-36　LASSO 路径图

然而，在此过程中，Y 就对 X 的忠心一目了然。越右边的对自己就越忠心，所以，如果要移民他星，要带着自己的团队，那么根据自己能带几个人的能力，从右边往左边选就可以了，这就是 LASSO 的变量筛选规则。

可是，选团队，带团队，并不是完全靠对自己忠心的，而是既忠心，同时这几个人组合起来的战斗力还要最强。

那么这么一来，这个团队就有若干种组合，我们会排列出几种组合，然后 PK，选取一种最优组合，而这就是 LASSO 交叉验证（CV-LASSO）。

通常我们会进行 5 重交叉，或者 10 重交叉。讲简单点就是进行 5 种或 10 种组合，然后找到最佳。

如何寻找呢？我们会做一个交叉验证的图，图中 MSE 就是误差的意思，我们可以找到误差最小的点（图 1-37 左侧虚线）。这个最小点的组合，就是我们要确定的最终入选的团队。

有人认为按照这个最小的点来选，有点没有人性，太严格了，就像考试得了 59.5 分都不给过一样，于是适当放大了 1 个 SE，如图 1-36 的右侧虚线。

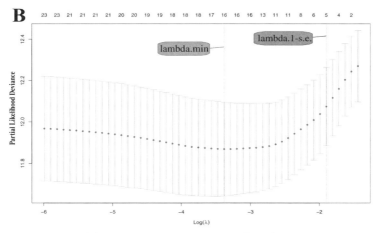

图 1-37　CV-LASSO（LASSO 交叉验证）

这就是 LASSO。统计学习应先学思想，再学软件操作，LASSO 是一种加载，就像你买了车，自行安装导航一样。所以，我们可以进行线性回归的 LASSO，逻辑回归的 LASSO，COX 回归的 LASSO，Probit 回归的 LASSO，等等。这点很重要，但很多人弄不清楚。

另外，采用 LASSO 之后，必须交叉验证，这两套技术是双胞胎，不然你无法选择出最优的团队！

1.12　临床预测模型报告规范

预测疾病状态（诊断）或未来疾病进程（预后）的发生概率对于开展个体化的精准诊疗尤为重要，临床预测模型的应用是促成临床研究转化为临床实践的有利途径。临床专家协作组于 2015 年发布了《个体预后或诊断的多变量预测模型透明报告》（*Transparent Reporting of a Multivariable Prediction Model for Individual Prognosis or Diagnosis*，TRIPOD），用以规范预测模型的报告过程。

TRIPOD 报告规范包括标题和摘要、前言、研究方法、结果、讨论和其他信息 6 个部分，共 22 个条目，适用于模型开发、验证、增量值等研究类别，具体清单如表 1-2 所示。

表 1-2 TRIPOD 清单

部 分	条 目	建立 / 验证	条 目 细 节
标题与摘要			
标题	1	D;V	应明确为：多因素预测模型的建立和 / 或验证，目标人群，以及预测结果
摘要	2	D;V	摘要研究对象、研究设计、研究场所、研究对象、样本量、预测指标、结局指标、统计分析方法、结果和结论
前言			
背景和目标	3a	D;V	阐述研究背景（包括诊断和预后）和多因素预测模型建立和验证的原理，并参阅已有的预测模型
	3b	D;V	明确研究目标，包括本研究是建立模型还是验证模型，还是两者都有
研究方法			
数据来源	4a	D;V	描述研究设计或数据来源（如 RCT、队列或注册研究数据等），并应分别描述建立和 / 或验证模型的数据集
	4b	D;V	明确研究的日期信息，包括开始时间、结束时间和随访时间（如果有随访）
研究对象	5a	D;V	明确研究对象的关键信息（如初级医疗保健、二级医疗保健或普通人群等，也包括研究中心的数量和位置）
	5b	D;V	描述研究对象的入选和排除标准
	5c	D;V	如果干预与模型有关，详述干预的细节
结局指标	6a	D;V	清晰定义预测模型的预测结局，包括如何测量以及何时测量预测指标
	6b	D;V	报告对预测结局盲法评价的所有细节
预测指标	7a	D;V	清晰定义预测模型用到的所有指标，包括如何测量以及何时测量预测指标
	7b	D;V	报告对预测结局盲法评价的所有细节
样本量	8	D;V	解释研究的样本量是如何确定的
缺失数据	9	D;V	描述缺失数据的处理手段（如仅分析完整数据、单一插补和多重插补等）和插补方法的细节
统计方法	10a	D	描述统计分析中预测指标的处理手段
缺失数据	9	D;V	描述缺失数据的处理手段（如仅分析完整数据、单一插补和多重插补等）和插补方法的细节
	10a	D	描述统计分析中预测指标的处理手段
	10b	D	明确模型类型、建立过程（包括预测指标的选择）和内部验证方法
统计方法	10c	V	描述模型验证中的预测值的计算方法
	10d	D;V	明确模型预测效果的评估方法，并可比较不同的预测模型
	10e	V	描述验证模型后模型的更新（如校正等）

续表

部　　分	条　　目	建立 / 验证	条 目 细 节
风险分层	11	D;V	如果做了风险分层，提供风险分层的细节
数据集比较	12	D	识别验证数据集与建立数据集在研究场所、入排标准、结局指标和预测指标上的任何不同
结果			
研究对象	13a	D;V	描述研究对象参与研究的过程，包括有结局和无结局的研究对象的数量以及随访情况，建议画流程图
	13b	D;V	描述研究对象特征，包括人口学特征、临床指标和预测指标情况以及预测指标和结局指标缺失的研究对象数量
	13c	V	比较验证数据集和建立数据集在重要变量上的分布差异，如人口学资料，预测指标和结局指标
模型建立	14a	D	明确每次分析的研究对象和结局事件的数量
	14b	D	如果做了分析，可报告未校正的每个候选预测指标与结局指标的关系
模型规范	15a	D	提供可对个体进行预测的完整预测模型，如所有的回归系数、模型常数项或某时点的基线生存情况等
	15b	D	阐述如何使用预测模型
模型表现	16	D;V	报告预测模型的预测效果参数和可信区间
模型更新	17	V	如果做了更新，报告模型更新的结果，即模型参数和模型预测的结果
讨论			
局限性	18	D;V	讨论研究的局限性，如非随机抽样、预测指标平均事件数不足、缺失数据等
阐释	19a	V	与建立数据集或其他预测数据集的预测效果对比，讨论验证数据集的预测效果等
	19b	D;V	结合研究目的、局限性、其他类似研究结果或相关证据，对研究结果进行总体讨论
预示	20	D;V	讨论模型的潜在临床应用和未来研究设想
其他信息			
补充信息	21	D;V	提供补充资料和信息，如研究方案、网页计算器和数据集
资助	22	D;V	提供研究资金来源和资助方在本研究中的角色

原文可以在医学论文报告规范组织机构：EQUATOR Network（提高卫生研究质量和透明度协作网）查询，该组织以 CONSORT 工作组为框架，在全球推广使用各种医学研究报告规范，提高论文质量和透明度，促进卫生研究质量提升，在该网站几乎可以获得所有医学研究论文的报告规范。

第 2 章
模型构建相关问题

多因素分析是消除混杂、控制误差非常重要的方法，回归模型是多因素分析的主要形式，然而自变量进入模型的形式与进入模型的策略较为复杂。单变量进入模型一般根据"先专业后统计"的原则，即先从专业上判断该变量与因变量是否有关系，如果有则考虑纳入，无则不纳入。虽然专业上考虑纳入，但最终采取何种形式纳入以及是否能够留在模型中，得结合统计和专业共同决定。

2.1 单变量进入模型的形式

2.1.1 数值变量进入模型的形式

数值变量包含的数据信息较多，进入模型的方式也最为复杂。进入模型前，先对该变量做一个分布图，看是否基本对称或者正态，如果过度偏态，可以考虑进行正态性变换，以变换后的形式进入模型。具体进入的形式有如下几种方案可供选择：

（1）原始数据形式

线性回归时，以原始数据形式进入模型较为常见，也更有专业意义。如研究身高（cm）对体重（kg）的影响，身高为自变量 X，体重为因变量 Y，此时 X 的系数为身高每改变一个单位，Y 的平均改变量，意即身高每增高 1cm，体重增加多少公斤。

而对于 Logistic 回归或 COX 回归，主要目的是评价自变量对因变量发生的风险 OR 或 HR，身高每增加 1cm，对因变量发生的风险影响往往很小，或者专业上没有实际的意义。比如身高较高的老人更容易发生摔倒，此时建立 Logistic 回归，得到身高每升高 1cm，发生风险增加多少倍，此时很难得出结论，或者结论非常微弱，无多大实际意义。

再如我们研究某细胞因子 X（mg/L）对某疾病复发的影响，建立 COX 回归，虽然专业上认为该因子确实影响疾病的复发，但是细胞因子每增加 1mg/L，就增加多大的风险，基本上也没啥专业指导意义。

故数值变量以原始数据值的形式进入模型，对于线性回归来说较好实施，且有专业与实际应用意义，但对于以风险探讨研究的 OR 或 HR 为效应指标的 Logistic 回归或 COX 回归来说，效果不佳。

（2）尺度放大形式

为了弥补数值变量以原始数据形式进入模型对 Logistic 回归和 COX 回归效果不佳的影

响，我们可以从统计上增大数值变量的效应，以期从专业上更加便于解释。目前增大效应常用的方法如下：

①单位改变法：如细胞因子，不再以 mg/L 为单位，将原始数据除以 1000，变为 g/L，此时的回归系数 β 将会被放大 1000 倍，那么此时的 OR 值或 HR 值将会增大。也可以根据专业将原始数据除以 2、除以 5 等进行相应倍数的扩大，如 Bansal N 研究中采用 per20 pg/ng，即将单位增大了 20 倍。

② Per 1sd 法：鉴于数值变量原始数据刻度太小，对因变量影响较弱，国外很多文献采用 Per 1sd。意即将原始数据进行标准化，将标准化后的变量代入模型。我们知道数据标准化后，均值为 0，标准差为 1，代入模型后，自变量每改变 1 个单位正好为 1 个标准差。标化后变量代入模型的解释就是每增加 1 个标准差风险增加多少倍。

（3）数值变量变换为等级变量

数值变量包含信息丰富而细腻，当因变量为等级或分类变量时，X 过于细腻反而不便于对因变量 Y 的预测或解释。因此，构建模型时，根据专业也可以考虑将数值变量转化为等级变量进行分析。具体转换方法有：

①依据专业：

如常见的年龄，不再以 1 岁为单位，而以 10 岁为单位，最终解释变为，年龄每增加 10 岁疾病发生的风险，此时回归系数 β 被放大 10 倍，P 值不变，OR 也被放大。或如体质指数（BMI）以 BMI < 18.5 为消瘦组，18.5 ≤ BMI < 25.0 为正常组，以 25 ≤ BMI < 30 为超重组，以 BMI ≥ 30 为肥胖组。

②依据统计：

常见的有将原始数值变量数据进行四分位数分组，分组后以等级 1、2、3 和 4 代入模型，也可以进行三分位数分组或五分位数分组。

（4）数值变量变换为分类变量形式

数值变量也可以变换为分类变量，然后设置哑变量进行分析。如体质指数（BMI）本身是数值变量，依据专业可以分为 BMI < 18.5 为消瘦组，18.5 ≤ BMI < 25.0 为正常组，以 25 ≤ BMI < 30 为超重组，以 BMI ≥ 30 为肥胖组。BMI（消瘦、正常、超重和肥胖）从营养状况来看，似乎倾向于等级变量，但从健康角度，也可以看作无序分类。关键看研究目的与统计属性确定。如研究 BMI 与高脂血症的关系，此时似乎将 BMI 当作等级变量更为合适。而研究 BMI 与某肿瘤发病的关系，似乎将 BMI 当作分类变量，以 18.5 ≤ BMI < 25.0 为正常组作为参照设置哑变量进行分析就更为合适。

2.1.2　等级变量进入模型的形式

等级变量包含的数据信息低于数值变量却高于分类变量。等级变量进入模型可以考虑两种形式，即等级变量原有的等级形式与降为无序分类。

经验做法为先以等级变量的形式代入模型，看回归系数是否可以通过检验，如①通不过检验，此时当作分类变量设置哑变量进行分析，②通过检验，说明具有等级关系，此时得到的 P 值，就是经常文献中报道的 P for trend。继续再以最低级别为参照进行哑变量设置分析，比较回归系数的变化确实呈现等比例的变化，那么当作等级变量较为合适。

如发现哑变量之间的系数变化不成比例且相差悬殊，说明 X 每改变 1 个等级对因变量 Y 影响不一，那么此时当作无序分类进入模型比较合适。经验看法是，当作无序分类变量虽未必好，但不会错；而当作等级变量则需要验证，在实际科研中，虽然是等级变量，但每升高一个等级对因变量的影响往往不是等比例的，因此需要验证。

2.1.3　分类变量进入模型的形式

分类变量是否要进入模型，首先第一步是专业判断，看该变量从专业上看是否与因变量有关系，如果有则可以考虑进入，比如疾病的类型与疾病的预后，肺癌（鳞癌、腺癌、小细胞肺癌和大细胞肺癌）与肺癌的预后是有关系的，则肺癌类型可以进入模型。反之则不考虑进入。

分类变量进入模型的形式，相对于等级变量与数值变量而言最为简单。分类变量中的二分类，可以赋值后（如 1= 男，0= 女）直接进入模型；多项无序分类则相对复杂些，以血型（1=A、2=B、3=O、4=AB）对某种疾病复发的影响为例（复发 / 不复发）。虽然录入数据是数字 1、2、3、4，但这些数字仅是血型的代码，数字本身并无数值的意义。血型并不是数值变量，本来属性为无序分类。因此，此时回归系数每改变一个单位，Y 的平均改变量没有实际意义。

此时，需要对无序分类变量设置哑变量，在 4 种血型中，选出一个作为参照，其他三个与其相比较，构成 3 对二分类的变量，这种操作在统计学上称为"哑变量"设置。比如本例以"O 型血"为参照，则产生 A/O、B/O、AB/O 三个哑变量。

分类变量在统计分析时，到底选择哪种水平作为参照，要根据专业和统计两个原则。专业原则是指选择一个专业上有意义的水平作为参照。比如肺癌类型（鳞癌、腺癌、小细胞肺癌和大细胞肺癌）与预后关系的研究，基于专业，在四种类型的癌症中，一般鳞癌的危险程度较低，我们可以选择鳞癌作为参照，当然也可以选择最重的作为参照，这样的好处在于得到的结果在专业上很容易解释。再如 BMI（消瘦、正常、超重和肥胖），我们可以以正常为参照，设置其他 3 种类型相对于正常的 3 个哑变量进行分析。

如果专业上不能确定，原则上选择哪种作为参照都可以，但一般选择回归系数最小或者最大的，以方便进行统计学上的解释。同时为了保证统计结果的稳定性，尽量选择频数较多的为参照，如血型 A=80 人，B=60 人，AB=5 人，O=70 人，那么理论上选择 A-B-O 较好，但不能选择 AB，因为将会得到非常不稳定的回归系数。

2.2　模型构建策略探讨

上面讨论的是单个变量到底该采取何种形式进入模型，然而在做多因素分析时，往往要将多个变量纳入模型进行分析。那么多个变量到底如何竞争与筛选，确定最终的模型呢？首先要分析的变量从专业上看一定要与因变量有关系，在众多有关系的自变量中，目前常用的有如下方法。

2.2.1　先单后多法

先单后多的意思是，先将单个变量纳入模型进行分析，经过单因素分析后，将有意义的多个单变量共同纳入模型进行相互 PK，留取有意义（$P < 0.05$）的因素，纳入最终模型。

为了在单变量分析筛选的过程中，尽量留取可能有意义的变量，防止错漏，做单变量分析时，检验水准一般不设定为 0.05，常将检验水准升至 0.1、0.2 甚至更高，以保证有意义变量不被错杀，以免其不能参与后续分析。

2.2.2　全部进入法

尽管将单变量检验水准升至 0.3，但也不敢保证所有有意义的变量均能被留下进入后续分析，于是很多专家提出，只要专业上认为有意义的变量都应该全部放入模型进行真刀真枪的当面 PK，选择有意义的变量纳入最终模型。

采用全部进入法时自变量 X 相对较多，对样本量要求相对也较多。当样本量充足时，这种做法可以实现且结果稳定，但当样本量不足时，全部进入法将导致模型不稳定。正是基于此，当样本量不足时，才有"先单后多法"的用武之地。因为做单因素分析时已经剔除了不少变量，纳入模型的变量个数已经不多，因此相对于全部纳入法，先单后多法在样本量上具有实际应用上的优势。

2.2.3　百分之十改变量法

在进行相关性研究时，要验证某因素 X 对因变量 Y 的作用大小，但 X 对 Y 的作用会受到其他干扰因素 Z 的影响。那么此时在 X 与 Y 的模型中，是否纳入某个干扰变量 Z，不再看 Z 代入模型后的 P 值，而是看 Z 代入模型后对变量 X 的影响大小，一般常用 10% 改变量原则。即当 Z 代入模型后，X 的系数 β 改变量 $\geqslant 10\%$，则此时 Z 就应该代入方程。

2.2.4　LASSO 回归法

套索方法，又称 LASSO（Least Absolute Shrinkage and Selection Operator），近年来回归分析中的一个重大突破是引入了正则化回归（Regularized Regression）的概念，而最受关注和广泛应用的正则化回归是 1996 年由现任斯坦福教授的 Robert Tibshirani 提出的 LASSO 回归。

LASSO 这种方法是在最小二乘基础上增加了一个惩罚项来对估计参数进行压缩，当参数缩小到小于一个阈值的时候，就令它变为 0，从而选择出对因变量影响较大的自变量并计算出相应的回归系数，最终能得到一个比较精简的模型。LASSO 方法在处理存在多重共线性的样本数据时有明显的优势。

2.3   统计建模

在生物医药领域，统计学建模有三种常见目的：危险因素筛选、危险因素验证以及风险模型预测。不同建模目的，其建模策略也不相同。

2.3.1   危险因素筛选模型

使用该模型主要是发现影响 Y 的风险因素。常用建模策略为"先单后多"和"ALL IN"原则。用"先单后多"原则筛选出单因素之后，选出的单因素全部放入模型，相互 PK，留取有意义的预测因子作为最终模型。

2.3.2   风险因素验证模型

使用风险因素验证模型是为了验证某个风险因素 X 与 Y 的关系。因此常采用的模型构建策略为"逐级加码"原则。先构建 X 与 Y 的单因素模型，然后再在模型中加入 $X1$、$X2$ 和 $X3$ 等协变量（如人口学特征指标），然后再加入 $X4$、$X5$ 和 $X6$ 等协变量（如病情相关指标等），直至消除专业上认为有干扰的协变量为止。如果此时 X 依旧对 Y 有影响，那么就可以证明 X 是 Y 的独立影响因素，并且根据其效应量的大小及其 95%CI，评价其对 Y 的最终影响。

2.3.3   临床预测模型

使用临床预测模型是为了准确预测，因此自变量是否有意义已经变得不太重要，这里更多关注的是模型的效果，重点评价的是 AIC 和 BIC。

第 3 章
SPSS 临床预测模型实战

对于科研人员来说，谈到统计多少都有点心存敬畏，知道统计很重要，但是曾经的统计学习和分析数据的经历，在心中留下了黑暗的阴影。"统计难、统计烦、统计实在不好玩。"对于统计的学习，存在着"难教、难学、难应用"的魔咒。然而，SPSS 这款统计软件的出现，却给了被迫统计分析人员一份希望。SPSS 易学、易用、易普及，其菜单式、窗口式操作，对绝大多数非统计专业人员而言，避免了编写代码的不便，故最为国人所熟悉。

临床预测模型是医学领域刚兴起的一个研究领域，2015 年才正式发布了临床预测模型的报告规范——《个体预后或诊断的多变量预测模型透明报告》（*Transparent Reporting of a Multivariable Prediction Model for Individual Prognosis or Diagnosis*，TRIPOD），对于国人来说，临床预测模型的理论和方法还在接受和推广阶段。

SPSS 虽然可以完成医药领域常规的 85% 的统计分析，但是对于临床预测模型，还是有点跟不上步伐，尤其对于临床预测模型的验证，但是其在临床预测模型的构建上，依旧有着不错的表现。因为 SPSS 是国人掌握和使用得最好的一款专业的统计软件，因此，将 SPSS 纳入临床预测模型进行讲解。从某种程度上来说，您也可以直接用 SPSS 构建模型，然后用 Stata 或 R 来进行验证。

3.1　SPSS 在诊断模型中的应用

下面用一个稍微简单的案例来进行诊断模型构建的讲解。某医生研究肺癌发生的诊断预测模型，搜集了 344 例研究对象，结局变量为肺癌发生与否，自变量包括 gender、age、BMI、COPD、smoke。格式如图 3-1 所示。

各位以后拿到数据，要有建模集和验证集的概念。如果您的试验设计是有外部验证的，那就自然具备训练集和验证集；如果是回顾性研究，样本量不大，尤其是结局目标事件数量不满足 10EPV 原则，那么您的数据最好不要进行简单拆分，直接全部拿来建模即可；如果样本量较大，可以对原数据进行拆分，分为训练集和验证集，拿训练集进行建模，验证集用于验证即可。

本例共 344 个个案，肺癌发生 85 例，非肺癌 259 例，那么有效样本量为 85 例，最多可以纳入约 8 个变量，模型自变量总共 5 个，全部数据足以建模，但是缺乏验证数据，如果按照随机 7 ∶ 3 拆分，理论上约 60 个病例被分入训练集，依旧可以容纳 6 个因素，而我们只有 5 个因素，因此，我们可以考虑进行 7 ∶ 3 拆分。如果拆分后训练集有效样本较少，也可以按照 8 ∶ 2 比例适当扩展训练集样本量。所以文献中经常报道 5 ∶ 5、6 ∶ 4、7 ∶ 3 和 8 ∶ 2 等拆分形式，这是要根据自身条件选择的。

	ID	sex	age	BMI	COPD	smoke	cancer	random	group
1	1	0	34	0	2	1	0	0.14	1.00
2	2	1	32	0	2	0	1	0.43	1.00
3	3	0	27	0	2	1	1	0.61	1.00
4	4	1	28	0	2	1	0	0.29	1.00
5	5	1	29	0	2	0	0	0.16	1.00
6	6	0	60	0	3	0	0	0.70	1.00
7	7	1	29	0	1	1	1	0.35	1.00
8	8	1	29	1	2	1	1	0.45	1.00
9	9	1	37	0	2	0	0	0.05	1.00
10	10	0	17	0	1	1	0	0.10	1.00
11	11	0	20	0	1	1	1	0.14	1.00
12	12	1	35	0	1	0	0	0.04	1.00
13	13	0	17	1	1	1	0	0.62	1.00
14	14	0	29	0	3	1	0	0.15	1.00
15	15	1	32	0	1	0	0	0.72	0.00

图 3-1　肺癌案例数据格式

3.1.1　数据拆分

我们通过 SPSS 菜单转换—计算，生成一个随机数字变量：random，如图 3-2 所示，然后将 random 进行重新编码，见图 3-3，按照随机 7 ∶ 3 拆分生成 group 变量，见图 3-4。对划分的训练集和验证集的病例构成做交叉表，结果见图 3-5。

由图 3-5 可见，拆分的训练集 245 例（71.2%）和验证集 99 例（28.8%），近似符合 7 ∶ 3 拆分；训练集 245 例，肺癌 60 例（24.5%），基本可以容纳 6 个预测因子，本例共 5 个预测因子，因此，模型数据拆分基本可以满足需求。

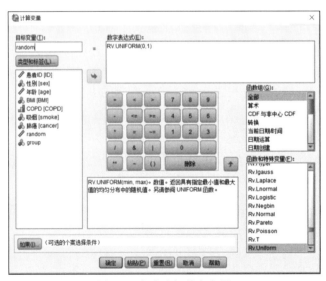

图 3-2　生成随机数字变量

图 3-3　随机数字重新编码

图 3-4　按照 7 ∶ 3 拆分数据

group * 肺癌 Crosstabulation

			肺癌		
			非肺癌	肺癌	Total
group	0.00	Count	74	25	99
		% within group	74.7%	25.3%	100.0%
		% within 肺癌	28.6%	29.4%	28.8%
	1.00	Count	185	60	245
		% within group	75.5%	24.5%	100.0%
		% within 肺癌	71.4%	70.6%	71.2%
Total		Count	259	85	344
		% within group	75.3%	24.7%	100.0%
		% within 肺癌	100.0%	100.0%	100.0%

图 3-5　训练集和验证集病例构成

3.1.2　统计建模

对于建模集，如果符合 10EPV 原则，可以直接进行多因素分析，否则一般采用"先单后多"原则；对于 Logistic 回归和 COX 回归，还有一种关于样本量的说法为样本量是自变量个数的 10 ～ 20 倍。多因素分析直接纳入，简单粗暴；先单后多虽然被很多专家所诟病，但依旧是目前主流的建模策略。

单因素分析有两种方法：①差异性分析，即采用卡方检验、t 检验、非参数秩和检验对训练集的肺癌组和非肺癌组各预测因子比较，见表 3-1；②单因素回归，是直接进行回归分析，每次纳入一个因子，遍历所有预测因子，见表 3-2；做单因素分析时，要选择训练集进行建模。

表 3-1   单因素差异性分析

变　量	级　　别	肺　癌	非肺癌	$X2/t$	P
gender	女	21（17.6）	98（82.4）	5.859	0.015
	男	39（31.0）	87（69.0）		
BMI	正常	34（24.8）	103（75.2）	0.018	0.893
	超重 / 肥胖	26（24.1）	82（75.9）		
COPD	无	18（18.8）	78（81.3）	6.240	0.044
	轻度	16（21.6）	58（78.4）		
	中重度	26（34.7）	49（65.3）		
smoke	否	12（13.2）	79（86.8）	10.002	0.002
	是	48（31.2）	106（68.8）		
age	岁	39.05±14.05	38.21±11.82	0.459	0.647

表 3-2   单因素回归分析

变　量	B	S.E.	Wald	Sig.	Exp(B)	95% C.I.for Exp(B)	
						Lower	Upper
gender	0.738	0.308	5.737	0.017	2.092	1.144	3.827
age	0.005	0.012	0.212	0.646	1.005	0.982	1.029
BMI	−0.040	0.300	0.018	0.893	0.961	0.534	1.728
COPD	0.422	0.181	5.416	0.020	1.525	1.069	2.176
smoke	1.092	0.355	9.450	0.002	2.981	1.486	5.982

单因素分析采用差异性分析和采用单因素回归分析，理论上会得到一致的结果，比如本例，两种单因素分析均发现 gender、COPD 和 smoke 与肺癌发病相关。但是当遇到非规范数据，有时也会有差异，比如连续变量的异常值、过度偏态、分类变量出现某些组合频数过少或频数为零等情况。

做单因素分析时，检验水准往往要适当放大，比如以 $P < 0.1$ 为纳入标准，$P < 0.1$ 变量才纳入多因素分析，本例单因素分析有意义的 3 个变量纳入多因素分析，采用向后 LR 法（预测模型常用），得到最终的模型如表 3-3 所示。

表 3-3   多因素分析

变　量	B	S.E.	Wald	Sig.	Exp(B)	95% C.I.for Exp(B)	
						Lower	Upper
性别	0.972	0.33	8.682	0.003	2.644	1.385	5.049
COPD	0.547	0.197	7.707	0.005	1.729	1.175	2.545

续表

变　量	B	S.E.	Wald	Sig.	Exp(B)	95% C.I.for Exp(B)	
						Lower	Upper
吸烟	1.408	0.382	13.565	0.000	4.089	1.933	8.653
Constant	-3.746	0.637	34.551	0.000	0.024		

SPSS 操作如下：

（1）打开"吸烟与肺癌 .sav"数据

（2）选择训练集进行分析

菜单—数据—选择个案，如图 3-6 和图 3-7 所示。

（3）单因素差异性分析

选择分析—描述统计—交叉表，如图 3-8 设置，同时单击"统计"按钮后选择"卡方"，单击"单元格"按钮后选择"行百分比"，单击"确定"按钮运行。

由图 3-9、图 3-10 结果可见，最小期望计数 T=29.14 > 5，因此，选择第一行 Pearson Chi-Square 结果，x^2=5.859，P=0.015。同理，请大家对 BMI、COPD 和 smoke 按照同样的操作分析，因为它们都是分类变量。

对数值变量"年龄"，我们可以采用两组独立样本做 t 检验。分析—比较均值—独立样本 t 检验，如图 3-11 所示。

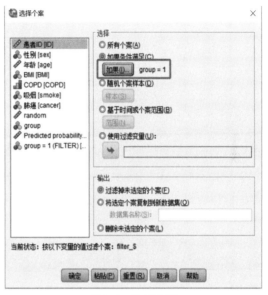

图 3-6　选择个案

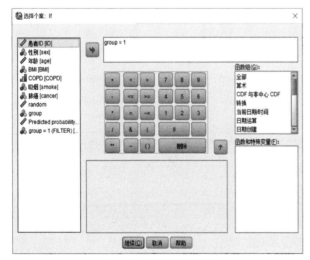

图 3-7　设置选择条件

图 3-8　交叉表

性别 * 肺癌 Crosstabulation

			肺癌		
			非肺癌	肺癌	Total
性别	女	Count	98	21	119
		% within 性别	82.4%	17.6%	100.0%
	男	Count	87	39	126
		% within 性别	69.0%	31.0%	100.0%
Total		Count	185	60	245
		% within 性别	75.5%	24.5%	100.0%

图 3-9　性别与肺癌交叉表

Chi-Square Tests

	Value	df	Asymptotic Significance (2-sided)	Exact Sig. (2-sided)	Exact Sig. (1-sided)
Pearson Chi-Square	5.859[a]	1	0.015		
Continuity Correction[b]	5.161	1	0.023		
Likelihood Ratio	5.938	1	0.015		
Fisher's Exact Test				0.018	0.011
Linear-by-Linear Association	5.835	1	0.016		
N of Valid Cases	245				

a. 0 cells (0.0%) have expected count less than 5. The minimum expected count is 29.14.

b. Computed only for a 2x2 table

图 3-10　性别与肺癌卡方检验结果

图 3-11　独立样本 t 检验设置

图 3-12 上面部分为两组年龄的样本量、均数和标准差；下面部分左框为方差齐性检验，$P=0.243$，方差齐，可以直接做两组独立样本 t 检验，结果选择下面右框结果，$t=0.459$，$P=0.647$。

将分类变量卡方检验结果和数值变量独立样本 t 检验结果进行整理，成为可发表格式，见表 3-1。

Group Statistics

肺癌		N	Mean	Std. Deviation	Std. Error Mean
年龄	肺癌	60	39.05	14.052	1.814
	非肺癌	185	38.21	11.817	0.869

Independent Samples Test

		Levene's Test for Equality of Variances		t-test for Equality of Means					95% Confidence Interval of the Difference	
		F	Sig.	t	df	Sig. (2-tailed)	Mean Difference	Std. Error Difference	Lower	Upper
年龄	Equal variances assumed	1.369	0.243	0.459	243	0.647	0.845	1.842	-2.783	4.472
	Equal variances not assumed			0.420	87.685	0.676	0.845	2.011	-3.153	4.842

图 3-12　两组年龄独立样本 t 检验结果

（4）单因素回归分析

单因素回归分析步骤如下：菜单分析—回归—二元 Logistic 回归，将肺癌放入因变量，将 sex 放入协变量，如图 3-13。在"选项"中勾选"EXP(B) 置信区间"，单击"继续"—单击"确定"。结果见图 3-14。

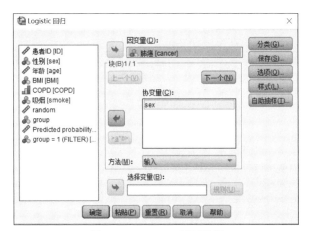

图 3-13　Logistic 界面设置

Variables in the Equation

		B	S.E.	Wald	df	Sig.	Exp(B)	95% C.I.for EXP(B) Lower	Upper
Step 1[a]	性别	0.738	0.308	5.737	1	0.017	2.092	1.144	3.827
	Constant	-1.540	0.240	41.038	1	0.000	0.214		

a. Variable(s) entered on step 1: 性别.

图 3-14　性别单因素 Logistic 回归结果

由图 3-14 可见，性别与肺癌发生的相关性，$P=0.017$，男性发生肺癌的风险是女性的 2.092 倍，95% C.I.for Exp(B) 为 1.144 ～ 3.827。图 3-15 ～图 3-18，依次为各指标单因素回归分析。

Variables in the Equation

		B	S.E.	Wald	df	Sig.	Exp(B)	95% C.I.for EXP(B) Lower	Upper
Step 1[a]	年龄	0.005	0.012	0.212	1	0.646	1.005	0.982	1.029
	Constant	-1.337	0.484	7.616	1	0.006	0.263		

a. Variable(s) entered on step 1: 年龄.

图 3-15　年龄单因素回归分析

Variables in the Equation

		B	S.E.	Wald	df	Sig.	Exp(B)	95% C.I.for EXP(B) Lower	Upper
Step 1[a]	BMI	-0.040	0.300	0.018	1	0.893	0.961	0.534	1.728
	Constant	-1.108	0.198	31.402	1	0.000	0.330		

a. Variable(s) entered on step 1: BMI.

图 3-16　BMI 单因素回归分析

Variables in the Equation

		B	S.E.	Wald	df	Sig.	Exp(B)	95% C.I.for EXP(B) Lower	Upper
Step 1[a]	COPD	0.422	0.181	5.416	1	0.020	1.525	1.069	2.176
	Constant	-1.965	0.403	23.789	1	0.000	0.140		

a. Variable(s) entered on step 1: COPD.

图 3-17　COPD 单因素回归分析

Variables in the Equation

		B	S.E.	Wald	df	Sig.	Exp(B)	95% C.I.for EXP(B) Lower	Upper
Step 1[a]	吸烟	1.092	0.355	9.450	1	0.002	2.981	1.486	5.982
	Constant	-1.885	0.310	36.998	1	0.000	0.152		

a. Variable(s) entered on step 1: 吸烟

图 3-18 吸烟单因素回归分析

（5）多因素分析

将单因素分析有意义的，如性别、COPD 和吸烟 3 个因素，同时纳入 Logistic 回归，选择向后 LR 法，见图 3-19。"选项"选择 EXP(B) 置信区间，结果见图 3-20。

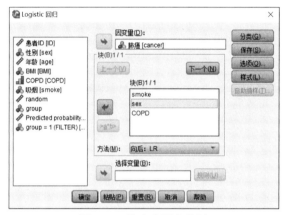

图 3-19 肺癌多因素分析

Variables in the Equation

		B	S.E.	Wald	df	Sig.	Exp(B)	95% C.I.for EXP(B) Lower	Upper
Step 1[a]	吸烟	1.408	0.382	13.565	1	0.000	4.089	1.933	8.653
	性别	0.972	0.330	8.682	1	0.003	2.644	1.385	5.049
	COPD	0.547	0.197	7.707	1	0.005	1.729	1.175	2.545
	Constant	-3.746	0.637	34.551	1	0.000	0.024		

a. Variable(s) entered on step 1: 吸烟, 性别, COPD.

图 3-20 肺癌多因素回归结果（向后 LR 法）

由多因素分析结果可见，3 个因素均与肺癌发病相关，P 值与 OR 值与单因素分析均发生了些许变化，那是因素与因素之间相互影响的结果。图 3-14 ～图 3-18 的结果，整理后见表 3-2。图 3-20 整理之后为多因素 Logistic 回归结果，见表 3-3。

3.1.3 模型评价

模型验证评价包括区分度、校准度和决策曲线，SPSS 对于 Logistic 回归可以做区分度和校准曲线分析，然而 DCA 分析和 Nomo 图不能实现。

模型验证需要对构建的模型在训练集和验证集中进行概率预测，然后对预测的概率进行后续的模型验证。SPSS 分析可以直接在训练集进行概率预测，并保存预测概率至数据集。但是要对验证集进行预测，需要一点点的小技术操作。

　　SPSS—分析—回归—二元 Logistic 回归，在弹出的 Logistic 回归中，如图 3-21 所示，将肺癌放入因变量，将 gender、COPD、smoke 放入协变量，方法选择向后 LR 法，更为关键是在下面的选择变量框中，设置 group=1，那么软件就会以 group=1，也就是训练集进行建模，但是后续预测则会直接根据训练集构建的模型，对验证集进行预测，如图 3-21 所示；选项中勾选 EXP(B) 及置信区间，和 Hosmer-Lemeshow 检验，如图 3-22 所示。

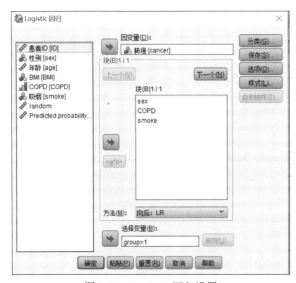

图 3-21　Logistic 回归设置

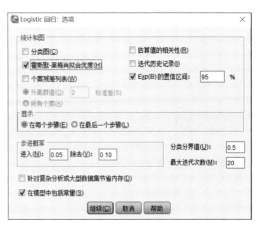

图 3-22　选项设置

（1）校准度分析

　　结果显示，Hosmer-Lemeshow 检验 x^2=10.298，P=0.172＞0.05，说明预测比较准，如图 3-23 所示。校准度分析表格如图 3-24 所示。针对图 3-24，我们可以绘制折线图、柱状图或者散点图，来反映预测值与实际值的吻合程度，下面演示如何绘制校准度散点图。

　　双击 SPSS 结果，如图 3-24 所示，选择右侧肺癌数据的 Observed 和 Expected 两列数据，重新构建一个新 SPSS 数据集，然后将数据复制过去，并编辑成如下格式，如图 3-25 所示。其上半部分为复制的数据，下部分又复制了 2 份的 Observed，目的是用其生成参考线。

　　单击图形—旧对话框—点状散点图，如图 3-26 所示。生成散点图，如图 3-27 所示。

Contingency Table for Hosmer and Lemeshow Test

		肺癌 = 非肺癌		肺癌 = 肺癌		
		Observed	Expected	Observed	Expected	Total
Step 1	1	27	25.674	0	1.326	27
	2	27	25.158	1	2.842	28
	3	23	26.564	8	4.436	31
	4	31	29.444	6	7.556	37
	5	15	18.899	10	6.101	25
	6	21	20.810	9	9.190	30
	7	17	16.676	8	8.324	25
	8	17	15.310	10	11.690	27
	9	7	6.465	8	8.535	15

Hosmer and Lemeshow Test

Step	Chi-square	df	Sig.
1	10.298	7	0.172

图 3-23　Hosmer-Lemeshow 检验结果　　　　　　图 3-24　Hosmer-Lemeshow 表格数据

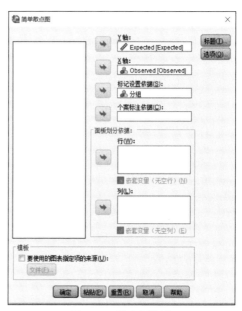

图 3-25　校准曲线绘制数据　　　　　图 3-26　散点图制作

	分组	Observed	Expected
1	1	0.00	1.33
2	1	1.00	2.84
3	1	8.00	4.44
4	1	6.00	7.56
5	1	10.00	6.10
6	1	9.00	9.19
7	1	8.00	8.32
8	1	10.00	11.69
9	1	8.00	8.54
10	2	0.00	0.00
11	2	1.00	1.00
12	2	8.00	8.00
13	2	6.00	6.00
14	2	10.00	10.00
15	2	9.00	9.00
16	2	8.00	8.00
17	2	10.00	10.00
18	2	8.00	8.00

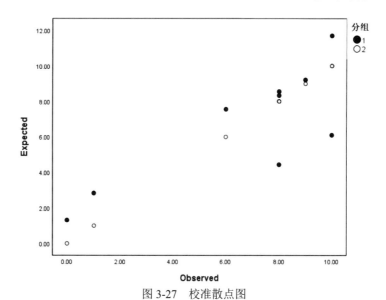

图 3-27　校准散点图

双击图 3-27，弹出图表编辑窗口，添加子组拟合线，并去除标签，如图 3-28 所示；然后再调整对角参考线上的圆圈为无色，调整模型拟合线为虚线，即可得到构建模型的校准散点图，如图 3-29 所示。

（2）区分度验证

回到数据视图，在数据集的最右边产生了一个预测概率 P 值，而且训练集和验证集都有，区分度分析对于 Logistic 回归就是 ROC 及 AUC。我们对数据进行拆分，按照训练集和验证集进行拆分，选择 SPSS 菜单—数据—拆分文件，弹出界面如图 3-30 所示，按照 group 拆分，拆分后，后续的分析就是按照训练集和验证集分开进行分析。

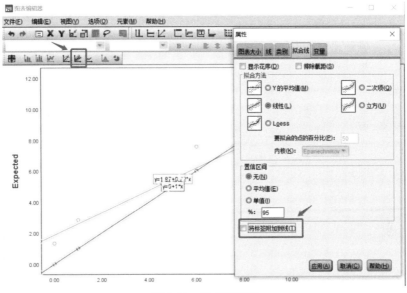

图 3-28　散点图编辑

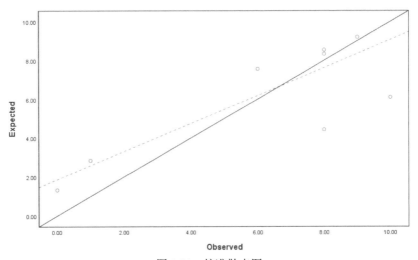

图 3-29　校准散点图

　　点击菜单—分析—分类—ROC 曲线，弹出界面如图 3-31 所示，按图中所示设置，单击"确定"按钮。在结果输出窗口，可以找到 ROC 曲线分析结果，如图 3-32 和图 3-33 所示，分别绘制了训练集与验证集的 ROC 曲线以及它们各自的 AUC 及 95% 可信区间。

　　这样就完成了预测模型基于 SPSS 的区分度和校准度的评价。然而 SPSS 目前就只能做到这一步了，也许以后 SPSS 会增加临床预测模型的模块。

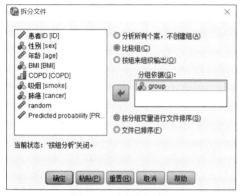

图 3-30　拆分文件

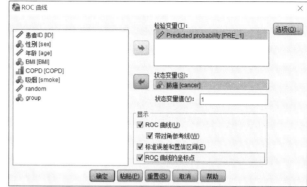

图 3-31　ROC 曲线绘制

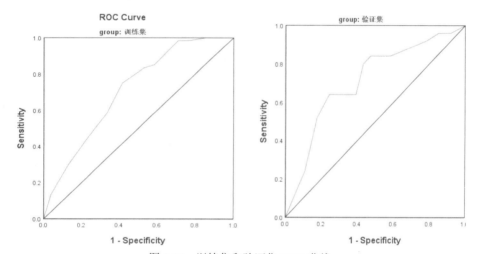

图 3-32　训练集和验证集 ROC 曲线

Area Under the Curve[a,d]

Test Result Variable(s): Predicted probability

group	Area	Std. Error[b]	Asymptotic Sig.[c]	Asymptotic 95% Confidence Interval	
				Lower Bound	Upper Bound
验证集	0.712	0.060	0.002	0.595	0.830
训练集	0.707	0.035	0.000	0.639	0.776

图 3-33　训练集和验证集的 AUC 及 95% 可信区间

3.2　SPSS 在预后模型中的应用

预后模型数据来源于队列随访数据，因此模型构建需要用到生存分析 COX 回归模型。对于预后模型，SPSS 可以进行建模，但是没有办法进行任何区分度、校准度、决策曲线以及 Nomo 图的绘制。因此，本节只能讲解先单后多法 COX 模型构建。

我们以一组肝癌数据为例，探讨肝癌的预后风险因素。其中 dead 为因变量，time 为随访时间，单位为月，group 为分组变量（1= 训练集，0= 验证集），其他变量为自变量，如图 3-34 所示。数据见 liver_cancer.sav。

	ID	Sex	Age	age66	HBV	HCV	A1c	burden	CTP	PS	NewAFP	DM	GFR60	group	dead	time
1	6	1	81	1	1	0	0	3	0	4	0	0	1	0	1	2
2	9	1	79	1	0	0	0	2	0	4	1	1	0	1	1	2
3	15	1	79	1	1	0	0	3	0	4	0	0	1	0	1	1
4	20	0	72	1	0	0	0	3	0	3	0	1	1	1	0	36
5	25	1	60	0	0	1	1	3	0	4	1	0	0	1	1	3
6	26	1	56	0	1	0	0	3	0	4	0	0	1	0	1	3
7	27	1	80	1	0	0	0	3	1	4	0	0	1	0	1	3
8	43	1	85	1	0	0	0	3	0	3	0	1	0	1	1	2
9	53	1	87	1	1	0	0	3	2	3	0	0	0	0	0	1
10	71	1	64	0	0	1	0	2	2	3	1	0	1	1	1	2
11	79	1	82	1	0	0	0	2	1	4	0	0	0	0	1	1
12	81	0	43	0	0	0	0	3	2	4	1	0	1	1	1	2
13	87	1	66	0	0	0	0	3	0	3	1	0	1	0	1	19
14	103	0	87	1	0	1	0	3	1	4	1	0	1	0	1	1
15	124	1	47	0	0	0	0	1	2	1	0	0	1	0	1	52

图 3-34　liver_cancer 数据

该数据 Age 为数值变量，burden（疾病负担）和 PS（performance score）为等级变量，其他均为二分类（0-1）变量。构建模型时，二分类变量是最简单的变量，直接纳入模型无须做任何考虑。数值变量有时需要根据专业进行降维，比如本例对于年龄依据是否大于 66 岁，降维为二分类变量 age66。单因素分析是 Age 和 age66 可分别进行分析，如果两个都有统计学意义，在多因素分析的时候，也只能选择一个变量进行分析，因为，毕竟它俩属于同一个变量。

我们直接采用单因素 COX 回归模型，对每一个自变量进行 COX 回归，去筛选可能有意义的变量。

单击菜单—分析—生存分析—COX 回归，弹出界面如图 3-35 所示，如图设置，同时"选项"中勾选"Exp(B) 置信区间"，单击"确定"按钮运行，得到单因素 COX 结果，见图 3-36。

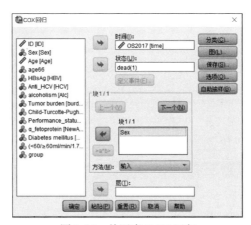

图 3-35　单因素 COX 回归

Variables in the Equation

	B	SE	Wald	df	Sig.	Exp(B)	95.0% C.I. for Exp(B) Lower	Upper
Sex	-0.016	0.128	0.015	1	0.904	0.985	0.766	1.266

图 3-36　Sex 单因素 COX 结果

对性别进行单因素分析发现，其 $P=0.904 > 0.1$，因此，性别与肝癌患者的死亡关系不显著。Age 与肝癌死亡分析，$P=0.098 < 0.1$，可以考虑纳入后续分析，见图 3-37；age66 分析发现，$P=0.136 > 0.1$，后续分析将不考虑纳入，见图 3-38。

Variables in the Equation

	B	SE	Wald	df	Sig.	Exp(B)	95.0% C.I. for Exp(B) Lower	Upper
Age	-0.006	0.004	2.745	1	0.098	0.994	0.987	1.001

图 3-37　Age 单因素 COX 结果

Variables in the Equation

	B	SE	Wald	df	Sig.	Exp(B)	95.0% C.I. for Exp(B) Lower	Upper
age66	-0.160	0.108	2.221	1	0.136	0.852	0.690	1.052

图 3-38　age66 单因素 COX 结果

如此继续，直至全部分析完，单因素分析结果见表 3-4。

表 3-4　单因素 COX 结果

变　量	B	S.E.	Wald	Sig.	Exp(B)	95% C.I.for Exp(B) Lower	Upper
sex	−0.016	0.128	0.015	0.904	0.985	0.766	1.266
age	−0.006	0.004	2.745	0.098	0.994	0.987	1.001
age66	−0.160	0.108	2.221	0.136	0.852	0.690	1.052
HBsAg	−0.253	0.109	5.428	0.020	1.288	1.041	1.593
Anti_HCV	−0.006	0.117	0.003	0.957	1.006	0.800	1.265
alcoholism	−0.240	0.128	3.555	0.059	1.272	0.991	1.633
Tumor burden	−0.674	0.083	65.625	0.000	1.962	1.667	2.309
Child-Turcotte-Pugh	−0.182	0.071	6.611	0.010	1.199	1.044	1.377
Performance_status	−0.262	0.071	13.794	0.000	1.299	1.132	1.492
α_fetoprotein	−0.545	0.111	23.939	0.000	1.724	1.386	2.145
Diabetes mellitus	−0.115	0.120	0.914	0.339	0.891	0.704	1.128
GFR60	−0.167	0.108	2.402	0.121	0.846	0.685	1.045

将单因素分析 $P < 0.1$ 的变量，纳入多因素分析，选择向后 LR 法，如图 3-39 所示，得到最终模型，如图 3-40 所示。

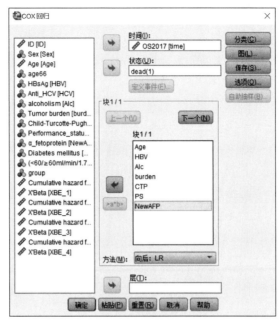

图 3-39　多因素 COX 回归

Variables in the Equation

	B	SE	Wald	df	Sig.	Exp(B)	95.0% C.I. for Exp(B) Lower	Upper
HBsAg	0.260	0.112	5.366	1	0.021	1.297	1.041	1.616
Tumor burden	0.565	0.088	41.490	1	0.000	1.759	1.481	2.089
Child-Turcotte-Pugh	0.281	0.079	12.708	1	0.000	1.324	1.135	1.546
Performance_status	0.204	0.072	8.030	1	0.005	1.226	1.065	1.412
α_fetoprotein	0.278	0.116	5.704	1	0.017	1.321	1.051	1.659

图 3-40　多因素 COX 回归结果

　　结果是，共发现 5 个因素共同构建了肝癌死亡的预后风险模型。然而，对于预后模型 SPSS 只能伴随至此，无法进行预后模型的验证。SPSS 建模简单，各位可以利用 SPSS 建模，然后用其他软件进行验证。虽然 SPSS 无法完成预测模型的全程，但本章的目的只是让读者先了解预测模型的构建策略。

第4章
Stata 诊断模型实战

Stata 软件是由 Stata 公司在 1985 年推出的，具有强大的数据处理和分析功能，被广泛地应用于统计学、经济学、生物学、医药学、社会学、人口学等领域，功能十分强大。松哥于 2006 年读博期间，当时复旦大学赵耐青教授给我们上统计课，讲的就是 Stata，但只是作为课程结业考试之用。

随着系统评价与 Meta 分析在生物医药领域的崛起，松哥再次关注这个软件，目前大家也普遍认为 Stata 是处理 Meta 分析最权威的软件之一。当临床预测模型开始进入国人的视线之后，松哥发现 Stata 处理临床预测模型竟然也是那么出色，但是目前国内尚无一本专著对此有系统的介绍，这激发了松哥的撰写兴趣，也算稍微改变一下"书到用时翻不到"的现状吧！

本书以 Stata16.0 为演示版本，Stata 实现临床预测模型的评价与验证，需要一些特定的包，松哥已经将其全部整理好，放在 ado 文件夹中，在给大家的数据中，找到 ado 文件夹，复制到 C: 的根目录下即可。如果您是 mac 版本，那么输入指令 sysdir，把松哥提供的 ado 中 plus 和显示出的 plus 文件替换就可以了。

4.1　Logistic 回归模型构建

临床预测模型目前主流的有两种：诊断类预测模型（基于 Logistic 回归）和预后类预测模型（基于 COX 回归）。诊断类的预测模型相对于预后类预测模型较为容易，Stata 实现也较为容易，下面松哥以一个案例全程串讲吧！

这是一个低血糖的数据，结局因变量为是否发生低血糖，其他均是自变量 X，其中的 dataset 为数据集区分变量（1= 训练集，0= 验证集），数据中的变量已经根据专业上的参考界值进行了分类化，具体赋值见 SPSS 文件。其中的婚姻状态为无序多分类。

4.1.1　先单因素分析

单因素分析是指单独研究一个自变量与结局因变量之间的关系，有两类实现方法：一是差异性分析（卡方检验、t 检验、非参数检验）；二是直接进行单因素回归。国人常用差异性分析，而 SCI 论文常采用单因素回归，松哥也喜欢采用单因素回归，不是崇洋媚外，也不是向 SCI 靠近，而是因为回归处理单因素确实比较便捷。

我们先进行几个单因素 Logistic 回归的展示，本例自变量太多，做太多不必要的重复也没什么意思。先打开 hypoglycemia.dta 数据文件。

（1）病程的单因素 Logistic 回归

```
logit hypoglycemia course_of_disease if dataset==1,or
```

logit：指进行 Logistic 回归

hypoglycemia：结局变量（因变量）

course_of_disease：单独研究的自变量，病程

if dataset==1：选择分析的分析集是 dataset==1 的训练集

or：指结果展示为 OR 值及 95%CI 形式，如果除去"，"和"or"，则为普通 β 回归系数的格式

由如下结果可见，病程（course_of_disease）单因素 Logistic 回归，如图 4-1 所示，$P=0.004$，说明病程与低血糖发病有关。

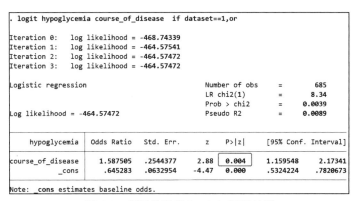

```
. logit hypoglycemia course_of_disease  if dataset==1,or

Iteration 0:   log likelihood = -468.74339
Iteration 1:   log likelihood = -464.57541
Iteration 2:   log likelihood = -464.57472
Iteration 3:   log likelihood = -464.57472

Logistic regression                     Number of obs    =      685
                                        LR chi2(1)       =     8.34
                                        Prob > chi2      =   0.0039
Log likelihood = -464.57472             Pseudo R2        =   0.0089

      hypoglycemia │ Odds Ratio   Std. Err.      z    P>|z|     [95% Conf. Interval]
course_of_disease │  1.587505    .2544377     2.88   0.004     1.159548    2.17341
             _cons │   .645283    .0632954    -4.47   0.000     .5324224   .7820673

Note: _cons estimates baseline odds.
```

图 4-1　病程单因素 Logistic 回归结果

（2）高血脂的单因素 Logistic 回归

```
logit hypoglycemia  hyperlipidemia if dataset==1,or
```

高血脂与低血糖发生的关系单因素分析的结果，如图 4-2 所示，由结果可见，$P=0.005$，说明高血脂与低血糖发病亦有关联。

```
. logit hypoglycemia  hyperlipidemia  if dataset==1,or

Iteration 0:   log likelihood = -468.74339
Iteration 1:   log likelihood =  -464.7455
Iteration 2:   log likelihood = -464.74319
Iteration 3:   log likelihood = -464.74319

Logistic regression                     Number of obs    =      685
                                        LR chi2(1)       =     8.00
                                        Prob > chi2      =   0.0047
Log likelihood = -464.74319             Pseudo R2        =   0.0085

   hypoglycemia │ Odds Ratio   Std. Err.      z    P>|z|     [95% Conf. Interval]
 hyperlipidemia │   .62468     .1048106    -2.80   0.005     .4496147   .8679099
          _cons │  .8893443    .0829842    -1.26   0.209     .7407041   1.067813

Note: _cons estimates baseline odds.
```

图 4-2　高血脂单因素 Logistic 回归结果

（3）治疗时间的单因素 Logistic 回归

```
logit hypoglycemia treat_time if dataset==1,or
```

治疗时间与低血糖发生关系的分析结果如图 4-3 所示，由结果可见，$P=0.002$，说明治疗时间与低血糖的发生有关系。

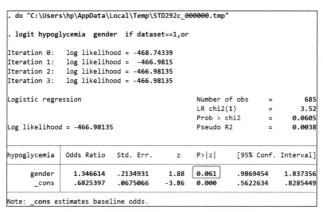

图 4-3　治疗时间单因素 Logistic 回归结果

（4）性别的单因素 Logistic 回归

```
logit hypoglycemia  gender  if dataset==1,or
```

性别与低血糖发生的关系的分析结果如图 4-4 所示，由结果可见，$P=0.061 > 0.05$，说明性别与低血糖的发生无关。但是此处要注意，我们做单因素分析时，P 值可以放大，如 $P < 0.1$ 即可纳入多因素分析，从这个角度来说，性别也可以纳入多因素考虑。

```
. do "C:\Users\hp\AppData\Local\Temp\STD292c_000000.tmp"

. logit hypoglycemia  gender  if dataset==1,or

Iteration 0:   log likelihood = -468.74339
Iteration 1:   log likelihood =  -466.9815
Iteration 2:   log likelihood = -466.98135
Iteration 3:   log likelihood = -466.98135

Logistic regression                      Number of obs   =       685
                                         LR chi2(1)      =      3.52
                                         Prob > chi2     =    0.0605
Log likelihood = -466.98135              Pseudo R2       =    0.0038
```

hypoglycemia	Odds Ratio	Std. Err.	z	P>|z|	[95% Conf. Interval]	
gender	1.346614	.2134931	1.88	0.061	.9869454	1.837356
_cons	.6825397	.0675066	-3.86	0.000	.5622634	.8285449

Note: _cons estimates baseline odds.

图 4-4　性别单因素 Logistic 回归结果

（5）高血压的单因素 Logistic 回归

```
logit hypoglycemia  hypertension  if dataset==1,or
```

高血压与低血糖发生的关系的分析结果如图 4-5 所示，由结果可见，$P=0.285 > 0.05$，说明高血压与低血糖的发生无关。

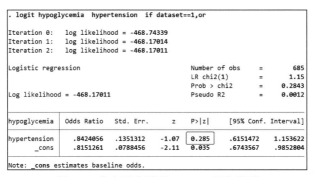

```
. logit hypoglycemia  hypertension  if dataset==1,or

Iteration 0:   log likelihood = -468.74339
Iteration 1:   log likelihood = -468.17014
Iteration 2:   log likelihood = -468.17011

Logistic regression                             Number of obs   =       685
                                                LR chi2(1)      =      1.15
                                                Prob > chi2     =    0.2843
Log likelihood = -468.17011                     Pseudo R2       =    0.0012

hypoglycemia │  Odds Ratio  Std. Err.     z    P>|z|    [95% Conf. Interval]
─────────────┼──────────────────────────────────────────────────────────────
hypertension │   .8424056   .1351312   -1.07   0.285    .6151472    1.153622
       _cons │   .8151261   .0788456   -2.11   0.035    .6743567    .9852804

Note: _cons estimates baseline odds.
```

图 4-5　高血压单因素 Logistic 回归结果

（6）婚姻状况的单因素 Logistic 回归

我们再介绍一个婚姻状况，其为无序多分类变量，因此在进行分析的时候，要设置哑变量，在进行 Logsitic 回归的 SPSS 统计分析的时候，可以直接设置哑变量，其实 Stata 设置哑变量更加简单，只要在无序多变量前面加上"i."即可，如将 marital_status 改为 i.marital_status，Stata 就会自动以其婚姻状况的第一个水平为参照设置哑变量，看结果。marital_status 变量水平设置为（1= 结婚，2= 单身，3= 丧偶，4= 离异），结果如图 4-6 所示。

```
logit hypoglycemia  i.marital_status if dataset==1,or
```

由结果发现 2-3-4 以 1 为参照进行的哑变量分析。但是此处有点问题，因为水平 3 软件没有计算，为什么呢？看表格上面说了水平 3 被删除了，软件怎么会自作主张删除呢？我们做个频数分布看看，如图 4-7 所示。

```
note: 3.marital_status != 0 predicts failure perfectly
      3.marital_status dropped and 3 obs not used

Iteration 0:   log likelihood = -467.0331
Iteration 1:   log likelihood = -466.76009
Iteration 2:   log likelihood = -466.76005

Logistic regression                         Number of obs   =       682
                                            LR chi2(2)      =      0.55
                                            Prob > chi2     =    0.7611
Log likelihood = -466.76005                 Pseudo R2       =    0.0006

  hypoglycemia │ Odds Ratio  Std. Err.    z    P>|z|   [95% Conf. Interval]
───────────────┼──────────────────────────────────────────────────────────
marital_status │
             2 │  1.016446   .3711861   0.04  0.964   .4968694   2.079344
             3 │      1   (empty)
             4 │  1.568229   .9578261   0.74  0.461   .4737199   5.191552
               │
         _cons │  .7651934   .061084   -3.35  0.001   .6543669   .8947899

Note: _cons estimates baseline odds.
```

```
. table marital_status if dataset==1

marital_s │
tatus     │          Freq.
──────────┼───────────────
        1 │           639
        2 │            32
        3 │             3
        4 │            11
```

图 4-6　婚姻状况单因素 Logistic 回归结果　　　图 4-7　婚姻状况频数分布

```
table marital_status if dataset==1
```

table：绘制频数表

marital_status：选择 marital_status 这个变量

if dataset==1：指定分析的数据集

原来，丧偶的人数只有 3 人，实在太少，因此模型为了稳健考虑，就删除了水平 3。这点和 SPSS 一样，SPSS26.0 版本的交叉表选项中，也有隐藏频数较少项的选项。

4.1.2　后多因素分析

后多因素就是对单因素分析有统计学意义的因素，将其一起纳入模型进行多因素分析，也就是把多个因素放在一个模型里进行 PK，能者留，庸者去，构建最终的模型。多因素分析相互 PK 有不同的方法，我们称之为建模策略，采用不同的建模策略，构建的最终模型可能不同。

何为单因素有意义？通常理解为 $P < 0.05$，然而在进行单因素分析的时候，我们往往会放宽标准，如以 $P < 0.1$ 为入选标准，这样会让可能有意义的因素都有机会进入多因素 PK 的阶段，防止错杀一些有意义的核心要素。这就像研究生招生一样，如果招生名额为 5 名，那么进入复试的人数往往要大于 5 名，如按照上线人数 1：2 或 1：3 进入复试，最终选定 5 名。

由上述 6 个单因素分析的结果发现，前 3 个 $P < 0.05$，性别（gender）$P=0.061$，高血压（hypertension）$P=0.285$，婚姻状态各哑变量 $P > 0.1$。我们以 $P < 0.1$ 为入选标准，则可以纳入 4 个因素，然后让这 4 个因素进行 PK 即可。下面我们采用 Enter 法进行强制回归，结果如图 4-8 所示。

```
logit hypoglycemia course_of_disease hyperlipidemia treat_time gender if
dataset==1,or
```

图 4-8　多因素分析结果

由采用 Enter 法得到的结果发现，4 个单因素分析时入选的变量，gender 的 $P=0.148 > 0.05$，已经没有统计学意义。但是要注意一点，我们构建临床预测模型，最终模型的判定并不是是否 $P < 0.05$，而是选择整个模型的 AIC（赤池准则）最小的时候，因为此时模型预测的结果的表现是最好的。

这就像我们组建一个突击队打入敌人势力范围，我们的期望是组建的这支战队是综合实力最强的，并不要求每个人都是神枪手，将个别杀敌能力较弱但野外生存能力非常强的纳入战队，也可以提高战队的整体战斗力。

　　上文演示了利用 Stata 进行单因素 Logistic 回归分析，然后将单因素分析有意义的变量，再一起纳入模型进行多因素分析的思路和过程。这个低血糖案例中，自变量有 30 多个，为了节约篇幅，这里就做 6 个展示一下。大家自己做的时候，注意无序多分类一定要设置哑变量，二分类变量设不设置结果都一样，因此不用设置更加方便。对于等级变量，松哥建议按照无序多分类放入，除非你可以证明每改变一个等级风险变化是按照等级变化的。

　　下面利用 SPSS 单因素分析的结果筛选的因素，进行多因素多种建模策略的 PK。

4.1.3　正式后多因素分析

　　我们在 SPSS 建模过程中，筛选了 15 个有统计学意义的因素，下面就开始进行多种建模策略的模型构建。

　　（1）Enter 法（强制回归法）

　　单因素分析有意义的变量，不管自变量 X 在多因素模型中的表现，全部纳入模型进行分析。

```
logit hypoglycemia course_of_disease hyperlipidemia treat_time education
gender tg hdlc ins c_peptide age bun rbg grf fbg bmi if dataset==1
```

　　logit：指进行 Logistic 回归

　　Hypoglycemia：指定因变量

　　course_of_disease-bmi：纳入的自变量

　　if dataset==1：指定分析数据集为训练集

　　结果如图 4-9 所示，单因素分析有意义的变量中，很多变量在多因素的 PK 中，P 值已经不再有统计学意义。但是也不能剔除，因为，您采用的就是强制回归，有无意义也得放在模型中。

```
Logistic regression                          Number of obs    =       685
                                             LR chi2(15)      =     72.45
                                             Prob > chi2      =    0.0000
Log likelihood = -432.51849                  Pseudo R2        =    0.0773

  hypoglycemia |    Coef.    Std. Err.     z      P>|z|    [95% Conf. Interval]
---------------+------------------------------------------------------------------
course_of_disease | .2091228   .184463    1.13    0.257    -.1524181    .5706637
 hyperlipidemia | -.2522472   .181682   -1.39    0.165    -.6083373    .1038429
     treat_time |  .6277212   .191956    3.27    0.001     .2514942   1.003948
      education | -.1835465   .1217932  -1.51    0.132    -.4222567    .0551638
         gender |  .1216943   .1881826   0.65    0.518    -.2471368    .4905253
             tg | -.3684121   .4402659  -0.84    0.403    -1.231317    .4944932
           hdlc |  .4440532   .207976    2.14    0.033     .0364277    .8516787
            ins | -.3535622   .1686493  -2.10    0.036    -.6841088   -.0230156
      c_peptide | -.3435862   .1851721  -1.86    0.064    -.7065168    .0193444
            age | -.1237487   .1939686  -0.64    0.523    -.5039201    .2564228
            bun |  .3068371   .2345109   1.31    0.191    -.1527959     .76647
            rbg | -1.647862   .7917999  -2.08    0.037    -3.199761   -.0959626
            grf | -.1348854   .2861462  -0.47    0.637    -.6957215    .4259508
            fbg | -.5698007   .1849003  -3.08    0.002    -.9321987   -.2074027
            bmi | -.1735082   .1471631  -1.18    0.238    -.4619426    .1149262
          _cons |  2.119721   .8889692   2.38    0.017     .3773734   3.862069
```

图 4-9　Enter 法多因素分析

`est store s1`　　将回归结果存储为 s1，用于后续展示与比较。

（2）向前逐步法回归

向前法的意思是，模型中先纳入一个因素，然后再纳入第二个因素，如此反复，直至模型外所有有意义的变量均纳入模型，无意义的丢在模型外面即可。

```
sw,pe(0.1):logit hypoglycemia course_of_disease hyperlipidemia treat_time
education gender tg hdlc ins c_peptide age bun rbg grf fbg bmi if dataset==1,or
    est store s2
```

sw：stepwise 逐步回归的缩写

pe（0.1）：指采用向前逐步回归，以 $P < 0.1$ 为纳入标准

est store s2：指将结果存储为 s2

向前法最终纳入模型 9 个因素，如图 4-10 所示。

```
Logistic regression                          Number of obs    =        685
                                             LR chi2(9)       =      67.73
                                             Prob > chi2      =     0.0000
Log likelihood = -434.87961                  Pseudo R2        =     0.0722

hypoglycemia  | Odds Ratio   Std. Err.      z    P>|z|     [95% Conf. Interval]

        fbg   |  .5425525    .0980209    -3.38   0.001     .3807663    .7730812
        hdlc  |  1.723865    .3450874     2.72   0.007     1.164415    2.552107
   treat_time |  1.856159    .3526041     3.26   0.001     1.279137    2.693476
hyperlipidemia|  .7416709    .1308775    -1.69   0.090     .5248143    1.048134
        rbg   |  .1868547    .1478814    -2.12   0.034     .0396134    .8813855
    c_peptide |  .6885721    .1261539    -2.04   0.042     .4808394    .9860498
   education  |  .7985617    .0882417    -2.04   0.042     .6430577    .9916695
        ins   |  .6920485    .1152535    -2.21   0.027     .4993185    .9591695
        bun   |  1.477712    .3283595     1.76   0.079     .9559738    2.284197
      _cons   |  7.730118    6.580293     2.40   0.016     1.457463    40.99914

Note: _cons estimates baseline odds.
```

图 4-10　向前法多因素回归

（3）向后逐步法回归

向后逐步法是先将全部单因素有意义的纳入模型，然后看哪个因素在模型中最没有意义，将其剔出模型，再看模型中剩下的变量是否都有意义，如果是则确定最终模型，如果不是，则继续将模型中最没有意义的踢出模型，再看模型中的变量是否都有意义；如此反复，直至模型中留下的变量都有统计学意义，就确定了最终的模型。

```
sw,pr(0.1):logit hypoglycemia course_of_disease hyperlipidemia treat_time
education gender tg hdlc ins c_peptide age bun rbg grf fbg bmi if dataset==1,or
    est store s3
```

sw：代表 stepwise 逐步

pr（0.1）：指方向向后

0.1：代表以 $P < 0.1$ 为纳入排除的标准

est store s3：指将结果存储为 s3

向后法最终纳入模型如图 4-11 所示。

```
Logistic regression                        Number of obs    =       685
                                           LR chi2(9)       =     67.73
                                           Prob > chi2      =    0.0000
Log likelihood = -434.87961                Pseudo R2        =    0.0722
```

hypoglycemia	Odds Ratio	Std. Err.	z	P>|z|	[95% Conf. Interval]	
fbg	.5425525	.0980209	-3.38	0.001	.3807663	.7730812
hyperlipidemia	.7416709	.1308775	-1.69	0.090	.5248143	1.048134
treat_time	1.856159	.3526041	3.26	0.001	1.279137	2.693476
education	.7985617	.0882417	-2.04	0.042	.6430577	.9916695
bun	1.477712	.3283595	1.76	0.079	.9559738	2.284197
rbg	.1868547	.1478814	-2.12	0.034	.0396134	.8813855
hdlc	1.723865	.3450874	2.72	0.007	1.164415	2.552107
ins	.6920485	.1152535	-2.21	0.027	.4993185	.9591695
c_peptide	.6885721	.1261539	-2.04	0.042	.4808394	.9860498
_cons	7.730118	6.580293	2.40	0.016	1.457463	40.99914

Note：_cons estimates baseline odds.

图 4-11　向后法多因素回归

（4）向前向后逐步法回归

向前向后又称为双向逐步，代码如下：

```
sw,pe(0.05)pr(0.1):logit hypoglycemia course_of_disease hyperlipidemia treat_time
education gender tg hdlc ins c_peptide age bun rbg grf fbg bmi if dataset==1,or
est store s4
```

向前向后法纳入因素模型如图 4-12 所示。

```
.
Logistic regression                        Number of obs    =       685
                                           LR chi2(9)       =     67.73
                                           Prob > chi2      =    0.0000
Log likelihood = -434.87961                Pseudo R2        =    0.0722
```

hypoglycemia	Odds Ratio	Std. Err.	z	P>|z|	[95% Conf. Interval]	
fbg	.5425525	.0980209	-3.38	0.001	.3807663	.7730812
hyperlipidemia	.7416709	.1308775	-1.69	0.090	.5248143	1.048134
treat_time	1.856159	.3526041	3.26	0.001	1.279137	2.693476
education	.7985617	.0882417	-2.04	0.042	.6430577	.9916695
bun	1.477712	.3283595	1.76	0.079	.9559738	2.284197
rbg	.1868547	.1478814	-2.12	0.034	.0396134	.8813855
hdlc	1.723865	.3450874	2.72	0.007	1.164415	2.552107
ins	.6920485	.1152535	-2.21	0.027	.4993185	.9591695
c_peptide	.6885721	.1261539	-2.04	0.042	.4808394	.9860498
_cons	7.730118	6.580293	2.40	0.016	1.457463	40.99914

Note：_cons estimates baseline odds.

图 4-12　向前向后法多因素回归

我们把 SPSS 向后 LR 法筛选的 9 个因素（如图 4-13 所示），构建模型进行后续比较。

```
logit hypoglycemia hyperlipidemia treat_time education hdlc ins c_peptide
bun rbg fbg if dataset==1
    est store s5
```

```
Logistic regression                        Number of obs   =      685
                                           LR chi2(9)      =    67.73
                                           Prob > chi2     =   0.0000
Log likelihood = -434.87961                Pseudo R2       =   0.0722

  hypoglycemia |    Coef.    Std. Err.      z     P>|z|    [95% Conf. Interval]

hyperlipidemia | -.2988497   .176463     -1.69   0.090    -.6447108   .0470114
    treat_time |  .6185093   .1899644     3.26   0.001     .2461858   .9908327
     education | -.2249431   .1105008    -2.04   0.042    -.4415208  -.0083654
          hdlc |  .5445689   .2001824     2.72   0.007     .1522186   .9369191
           ins | -.3680992   .1665397    -2.21   0.027    -.694511   -.0416485
     c_peptide | -.3731352   .1832109    -2.04   0.042    -.732222   -.0140484
           bun |  .390495    .222208      1.76   0.079    -.0450248   .8260147
           rbg | -1.677424   .7914247    -2.12   0.034    -3.228588  -.1262601
           fbg | -.6114704   .1806661    -3.38   0.001    -.9655695  -.2573713
         _cons |  2.045124   .8512539     2.40   0.016     .3766972   3.713551
```

图 4-13　SPSS 向后 LR 法筛选的 9 因素模型

我们把 SPSS 分析时向前法得到的 7 因素，也做一遍，用于后续模型比较。

```
logit hypoglycemia treat_time education hdlc ins c_peptide rbg fbg if
dataset==1
    est store s6
```

SPSS 向前 LR 法筛选的 7 个因素，如图 4-14 所示。

```
Logistic regression                        Number of obs   =      685
                                           LR chi2(7)      =    61.39
                                           Prob > chi2     =   0.0000
Log likelihood = -438.04915                Pseudo R2       =   0.0655

hypoglycemia |    Coef.    Std. Err.      z     P>|z|    [95% Conf. Interval]

  treat_time |  .6293877   .1889589     3.33   0.001     .259035    .9997404
   education | -.2471231   .1097022    -2.25   0.024    -.4621354  -.0321108
        hdlc |  .5528669   .1991001     2.78   0.005     .1626379   .9430959
         ins | -.3395836   .1641795    -2.07   0.039    -.6613694  -.0177977
   c_peptide | -.3591427   .1816953    -1.98   0.048    -.7152589  -.0030265
         rbg | -1.788791   .7902542    -2.26   0.024    -3.337661  -.2399216
         fbg | -.673713    .1784312    -3.78   0.000    -1.023432  -.3239943
       _cons |  2.18488    .8514508     2.57   0.010     .5160675   3.853693
```

图 4-14　SPSS 向前 LR 法筛选的 7 因素模型

4.1.4　模型比较

输出 AIC&BIC：

```
est stats s1 s2 s3 s4 s5 s6
```

多模型 AIC 展示如图 4-15 所示。

```
. est stats s1 s2 s3 s4 s5 s6

Akaike's information criterion and Bayesian information criterion

    Model        N    ll(null)   ll(model)     df        AIC         BIC

       s1      685   -468.7434   -432.5185      16    897.037    969.5077
       s2      685   -468.7434   -434.8796      10   889.7592    935.0534
       s3      685   -468.7434   -434.8796      10   889.7592    935.0534
       s4      685   -468.7434   -434.8796      10   889.7592    935.0534
       s5      685   -468.7434   -434.8796      10   889.7592    935.0534
       s6      685   -468.7434   -438.0491       8   892.0983    928.3336

Note: BIC uses N = number of observations. See [R] BIC note.
```

图 4-15　多模型 AIC 展示

AIC 比较：此处模型 AIC 就 3 种，s1、s2-s3-s4-s5、s6，进行如下比较，结果如图 4-16 所示。

```
lrtest s1 s5
lrtest s5 s6
lrtest s1 s6
```

```
. lrtest s1 s5

Likelihood-ratio test                            LR chi2(6)  =      4.72
(Assumption: s5 nested in s1)                    Prob > chi2 =    0.5799

.
end of do-file

. do "C:\Users\hp\AppData\Local\Temp\STD292c_000000.tmp"

. lrtest s5 s6

Likelihood-ratio test                            LR chi2(2)  =      6.34
(Assumption: s6 nested in s5)                    Prob > chi2 =    0.0420

.
end of do-file

. do "C:\Users\hp\AppData\Local\Temp\STD292c_000000.tmp"

. lrtest s1 s6

Likelihood-ratio test                            LR chi2(8)  =     11.06
(Assumption: s6 nested in s1)                    Prob > chi2 =    0.1982
```

图 4-16　多模型 AIC 比较

lrtest 为似然比检验，由图 4-16 可见，s1 和 s5 的 AIC 差异无统计学意义，$P=0.5799$，s5 和 s6 的 AIC 比较，差异有统计学意义；s1 和 s6 比较，差异无统计学意义，结合具体的 AIC 值，s5 模型应该为最优的模型。

4.1.5 最终模型

重跑一遍最终的模型，图 4-17 为 β 系数形式，图 4-18 为 OR 值形式。

```
logit hypoglycemia hyperlipidemia treat_time education hdlc ins c_peptide
bun rbg fbg if dataset==1
```

```
Logistic regression                          Number of obs   =       685
                                             LR chi2(9)      =     67.73
                                             Prob > chi2     =    0.0000
Log likelihood = -434.87961                  Pseudo R2       =    0.0722
```

hypoglycemia	Coef.	Std. Err.	z	P>|z|	[95% Conf. Interval]	
hyperlipidemia	-.2988497	.176463	-1.69	0.090	-.6447108	.0470114
treat_time	.6185093	.1899644	3.26	0.001	.2461858	.9908327
education	-.2249431	.1105008	-2.04	0.042	-.4415208	-.0083654
hdlc	.5445689	.2001824	2.72	0.007	.1522186	.9369191
ins	-.3680992	.1665397	-2.21	0.027	-.694511	-.0416875
c_peptide	-.3731352	.1832109	-2.04	0.042	-.732222	-.0140484
bun	.390495	.222208	1.76	0.079	-.0450248	.8260147
rbg	-1.677424	.7914247	-2.12	0.034	-3.228588	-.1262601
fbg	-.6114704	.1806661	-3.38	0.001	-.9655695	-.2573713
_cons	2.045124	.8512539	2.40	0.016	.3766972	3.713551

图 4-17　最终低血糖预测模型

```
logit hypoglycemia hyperlipidemia treat_time education hdlc ins c_peptide
bun rbg fbg if dataset==1,or
```

```
Logistic regression                          Number of obs   =       685
                                             LR chi2(9)      =     67.73
                                             Prob > chi2     =    0.0000
Log likelihood = -434.87961                  Pseudo R2       =    0.0722
```

hypoglycemia	Odds Ratio	Std. Err.	z	P>|z|	[95% Conf. Interval]	
hyperlipidemia	.7416709	.1308775	-1.69	0.090	.5248143	1.048134
treat_time	1.856159	.3526041	3.26	0.001	1.279137	2.693476
education	.7985617	.0882417	-2.04	0.042	.6430577	.9916695
hdlc	1.723865	.3450874	2.72	0.007	1.164415	2.552107
ins	.6920485	.1152535	-2.21	0.027	.4993185	.9591695
c_peptide	.6885721	.1261539	-2.04	0.042	.4808394	.9860498
bun	1.477712	.3283599	1.76	0.079	.9559738	2.284197
rbg	.1868547	.1478814	-2.12	0.034	.0396134	.8813855
fbg	.5425525	.0980209	-3.38	0.001	.3807663	.7730812
_cons	7.730118	6.580293	2.40	0.016	1.457463	40.99914

Note: _cons estimates baseline odds.

图 4-18　最终模型的 OR 值形式展示

4.1.6　预测概率

```
predict prob,pr
```
利用最终模型去预测最终的概率 P 值，用于后续分析，如图4-19所示。

	dbp	fbg	hba1c	tc	bmi	crp	_est_s1	_est_s3	_est_s4	_est_s5	_est_s6	_est_s2	prob
1	0	1	1	0	1	0	0	0	0	0	0	0	.1236096
2	0	1	1	0	0	1	0	0	0	0	0	0	.5781901
3	1	1	1	1	2	0	0	0	0	0	0	0	.3909677
4	1	1	1	1	1	0	0	0	0	0	0	0	.4255354
5	1	0	1	1	2	0	0	0	0	0	0	0	.5419571
6	0	1	1	0	2	0	0	0	0	0	0	0	.485824
7	0	1	1	1	0	0	0	0	0	0	0	0	.5608171
8	0	1	1	0	1	0	0	0	0	0	0	0	.6864688
9	1	1	1	0	0	0	0	0	0	0	0	0	.5808505
10	0	1	1	0	2	0	0	0	0	0	0	0	.3545863
11	0	1	1	0	2	0	0	0	0	0	0	0	.5419571
12	0	1	1	0	0	0	0	0	0	0	0	0	.4812221
13	0	1	1	1	1	1	0	0	0	0	0	0	.4456399
14	0	1	1	0	1	1	0	0	0	0	0	0	.4456399
15	0	1	1	0	2	0	0	0	0	0	0	0	.3909677
16	0	1	1	0	1	0	0	0	0	0	0	0	.3545863
17	0	1	1	0	2	0	0	0	0	0	0	0	.4324621
18	1	1	1	0	1	0	0	0	0	0	0	0	.1923378
19	1	1	1	0	2	1	0	0	0	0	0	0	.3065323
20	0	0	1	1	1	0	0	0	0	0	0	0	.4850569

图 4-19　低血糖预测模型预测概率值

4.2　Logistic 回归模型区分度评价

前面经过应用先单后多的建模策略，并对各模型的 AIC 进行比较，确定了构建的最终诊断临床预测模型。但要注意，这并不是说以后必须按照这样的建模策略操作，虽然这种建模策略比较常用，但是当样本量足够大，而自变量个数又不太多时，如满足 10EPV 的原则时，则可以忽略单因素分析的过程，直接将所有因素纳入进行多因素直接 PK。当自变量数较多，且存在一定的相关性，并且样本量又不太足够时，也可以采用 LASSO 进行变量筛选，对 LASSO 筛选后的自变量再进行多因素分析，总之，建模没有唯一标准，只有相对较优的建模策略。

在上一节，我们构建了最终的模型，并且用这个模型进行了低血糖发生概率的预测，得到了一个 prob 预测概率。对于临床预测模型，松哥常说的一句话是："有 P 就有一切！"我们构建了模型，并且预测了概率 P，那么，后面的所有验证就如鱼得水了！

本节我们讲解区分度，区分度是指构建的模型到底能不能把发生与不发生低血糖的患者区分开，对于 Logistic 回归模型，区分度采用的指标为 AUC（Area under curve），图示则为 ROC 曲线。

4.2.1 训练集的 AUC 分析

训练集 ROC 曲线分析的结果如图 4-20 所示，AUC=0.6869，可信区间 0.647 ～ 0.727。

```
roctab hypoglycemia prob if dataset==1
```

roctab：计算 ROC 结果

hypoglycemia：结局变量低血糖

prob：模型预测概率

if dataset==1：指定分析数据集为训练集

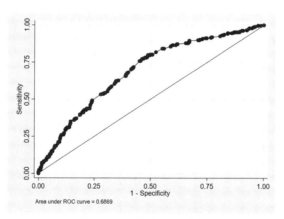

图 4-20　训练集 AUC 及可信区间

4.2.2 训练集 ROC 曲线分析

训练集 ROC 曲线图，如图 4-21 所示。

图 4-21　训练集 ROC 曲线

```
roctab hypoglycemia prob if dataset==1,graph
```

上述代码解释同前，graph 是指绘制 ROC 曲线。

Stata 统计分析虽然也是代码操作，但是其代码比 R 语言要简洁得多，解决同样的问题，几个代码搞定，绝不啰唆，这也是松哥喜欢 Stata 的一个原因。但是 Stata 作图貌似没有 R 语言漂亮，比如图 4-21，很多人不喜欢，其实 Stata 作的图都是可以调整的，如图 4-22 所示，Stata 具有图形编辑功能。

按照上图，单击"图形编辑"按钮后，图形就被激活，其中各个图形要素都可以被修改，这个大家自行尝试，松哥把调整后的图附上，如图 4-23 所示。

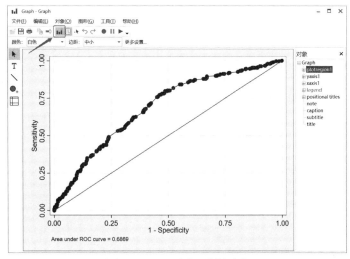

图 4-22　Stata 图形编辑功能

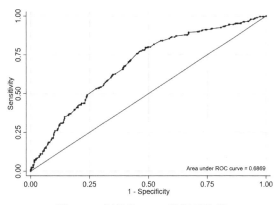

图 4-23　训练集 ROC 编辑后结果

4.2.3　验证集 AUC 分析

验证集 ROC 分析，如图 4-24 所示，AUC=0.697，95% 可信区间 0.641 ～ 0.754。

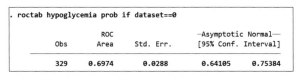

图 4-24　验证集 AUC 及可信区间

```
roctab hypoglycemia prob if dataset==0
```

roctab：ROC 分析表格

hypoglycemia：分析的因变量

prob：模型预测概率

if dataset==0：指定分析数据集为验证集

4.2.4 验证集 ROC 分析

验证集 ROC 曲线，如图 4-25 所示，公式解释同上，graph 代表绘制 ROC 曲线。

```
roctab hypoglycemia prob if dataset==0,graph
```

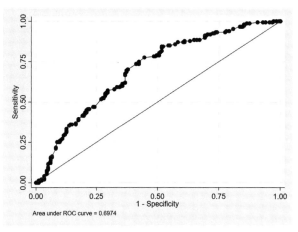

图 4-25 验证集 ROC 曲线

4.2.5 多条 ROC 曲线

为了演示多条 ROC 曲线，我们再构建一个新的模型，并用其预测一个概率为 prob2，然后进行两条 ROC 曲线的展示，训练集多条 ROC 曲线如图 4-26 所示，验证集多条 ROC 曲线如图 4-27 所示。

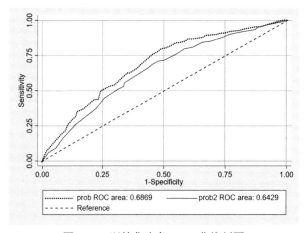

图 4-26 训练集多条 ROC 曲线制图

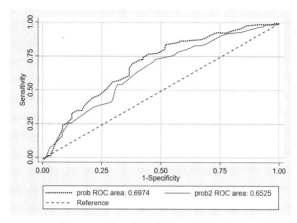

图 4-27　验证集多条 ROC 曲线制图

```
logit hypoglycemia hyperlipidemia treat_time education hdlc ins if dataset==1
predict prob2,pr
```

在训练集构建另外一个模型，并预测概率为 prob2。

```
roccomp hypoglycemia prob prob2 if dataset==1,graph
```

roccomp：ROC 曲线比较

hypoglycemia：因变量，二分类变量

prob prob2：两个模型的预测概率

if dataset==1：指定训练集

graph：指定绘制比较 ROC 曲线，曲线下面积越大，说明模型区分度越好

如果不添加 graph 选项，则上述代码会对两个模型曲线下面积 AUC 进行比较，给出具体的 P 值。

```
roccomp hypoglycemia prob prob2 if dataset==0,graph
```

4.3　Logistic 回归模型校准度评价：HL 检验与校准曲线

校准度是指模型预测得准不准，很多人不理解，认为上面区分度不就是模型区分发生低血糖与不发生低血糖，不就是是否准确吗？其实不是的。区分度有定性判定的性质，就是看你能不能分得开；而校准度是看你分得准不准。

诊断类预测模型的校准度有两种方法实现：一是 Hosmer-Lemeshow 检验；二是校准曲线。Stata 对诊断模型区分度，这两种实现都具备。

4.3.1　基于 HL 函数的校准度

（1）训练集 Hosmer lemeshow 检验的结果，如图 4-28 所示。由结果可见，Hosmer-Lemeshow

检验，x^2=12.60，*P*=0.2467 ＞ 0.05，说明实际值与预测值差异无统计学意义，说明准确度较高。

```
. hl hypoglycemia prob if dataset==1
Group        N    Obs (%)      Exp (%)     Min %    Max %      HL
   1        71   16 (22.5)    13.8 (19.5)   12.4     25.6     0.43
   2        68   13 (19.1)    18.8 (27.7)   25.7     30.2     2.51
   3        79   18 (22.8)    25.6 (32.4)   30.5     33.9     3.31
   4        56   20 (35.7)    20.3 (36.3)   34.3     38.8     0.01
   5        86   44 (51.2)    34.9 (40.6)   38.9     42.6     3.99
   6        52   26 (50.0)    23.3 (44.9)   42.7     46.7     0.55
   7        70   35 (50.0)    34.3 (49.0)   46.8     52.4     0.03
   8        66   36 (54.5)    35.7 (54.0)   52.4     56.5     0.01
   9        70   45 (64.3)    42.1 (60.1)   56.5     63.6     0.51
  10        67   44 (65.7)    48.1 (71.9)   63.6     92.8     1.27
Total      685  297 (43.4)   297.0 (43.4)   12.4     92.8    12.60

        number of observations =       685
        number of groups =               10
   Hosmer-Lemeshow chi2(10) =          12.60
              Prob > chi2 =           0.2467
```

图 4-28　HL 检验结果

hl hypoglycemia prob if dataset==1

hl：代表 Hosmer-Lemeshow 检验

hypoglycemia：为结局因变量

prob：为预测概率

if dataset==1：指定训练集

（2）训练集校准曲线 calibration plot，如图 4-29 所示。

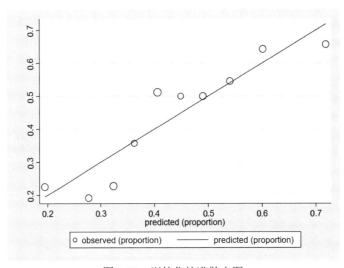

图 4-29　训练集校准散点图

hl hypoglycemia prob if dataset==1,plot

代码解释同上，plot 是指绘制校准散点图。

（3）验证集校准度 calibration，如图 4-30 所示，由结果可见，Hosmer-Lemeshow 检验，x^2=11.03，P=0.3552 > 0.05，说明实际值与预测值差异无统计学意义，说明准确度较高。

```
hl hypoglycemia prob if dataset==0
```

```
. hl hypoglycemia prob if dataset==0
Group       N      Obs (%)        Exp (%)     Min %    Max %       HL
    1      33     5 (15.2)      6.5 (19.7)     12.4     23.0     0.42
    2      33     7 (21.2)      8.6 (25.9)     23.3     28.5     0.38
    3      33     9 (27.3)     10.5 (31.8)     28.9     33.8     0.31
    4      35    12 (34.3)     12.9 (37.0)     33.9     39.0     0.11
    5      37    23 (62.2)     15.1 (40.7)     39.1     42.6     7.04
    6      27    12 (44.4)     12.0 (44.3)     42.7     46.7     0.00
    7      33    17 (51.5)     16.1 (48.7)     46.7     52.5     0.10
    8      34    19 (55.9)     18.8 (55.3)     52.8     57.9     0.01
    9      33    23 (69.7)     20.4 (61.8)     58.1     66.7     0.87
   10      31    20 (64.5)     23.2 (74.9)     67.1     90.4     1.79
Total     329   147 (44.7)    144.0 (43.8)     12.4     90.4    11.03

         number of observations =        329
            number of groups =            10
      Hosmer-Lemeshow chi2(10) =        11.03
              Prob > chi2 =           0.3552
```

图 4-30　验证集 HL 检验结果

（4）验证集校准度 calibration plot，如图 4-31 所示。

```
hl hypoglycemia prob if dataset==0,plot
```

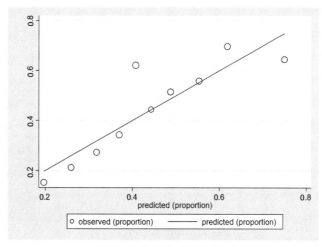

图 4-31　验证集校准散点图

4.3.2　校准曲线加强版

为了防止大家"半路出家"，也就是没有从上面的分析一路走来，而是直接从这里开始分析，因而，下面再把最终的模型重申一遍。

```
logit hypoglycemia hyperlipidemia treat_time education hdlc ins c_peptide
bun rbg fbg if dataset==1
```

```
predict prob,pr
```

* 利用模型计算预测概率

训练集加强版校准曲线，如图 4-32 所示，含可信区间的训练集加强版校准曲线，如图 4-33 所示。

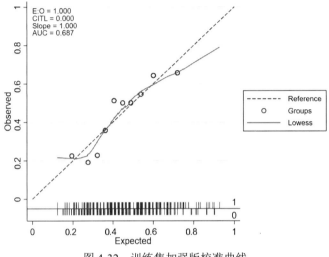

图 4-32　训练集加强版校准曲线

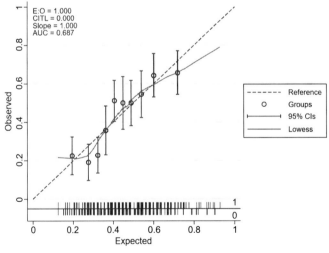

图 4-33　训练集加强版校准曲线（含可信区间）

```
pmcalplot prob hypoglycemia if dataset==1
```

pmcalplot：绘制校准曲线函数 predict model calibration plot 缩写

prob：模型预测概率

hypoglycemia：结局因变量

if dataset==1：指定训练集

注意这里的代码是预测概率在前，因变量在后，与其他代码有点区别。

图中 E ： O 是预测值与实际观测值的比值，越接近 1 越好；CITL 为线性截距，越接近 0 越好；Slope 为线性斜率，越接近 1 越好；AUC 就是 ROC 曲线下面积，越接近 1 越好。

```
pmcalplot prob hypoglycemia if dataset==1,ci
```

代码解释同上，ci 是指增加可信区间。

验证集加强版校准曲线，如图 4-34 所示，含可信区间的如图 4-35 所示。

```
pmcalplot prob hypoglycemia if dataset==0
```

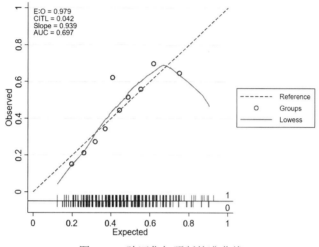

图 4-34 验证集加强版校准曲线

```
pmcalplot prob hypoglycemia if dataset==0,ci
```

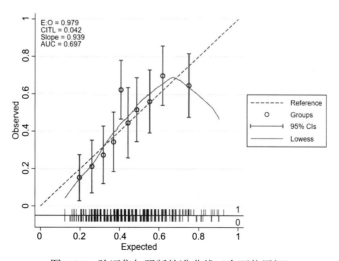

图 4-35 验证集加强版校准曲线（含可信区间）

更多模型修饰，除去 Spike 和 statistics，如图 4-36 所示，再除去图例，如图 4-37 所示。

```
pmcalplot prob hypoglycemia if dataset==1, ci nospike nostatistics
```

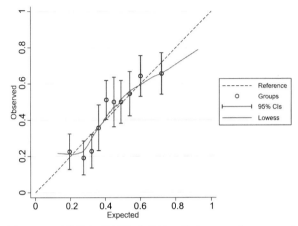

图 4-36　训练集加强版校准曲线（除去 Spike 和 statistics）

```
pmcalplot prob hypoglycemia if dataset==1, ci nospike nostatistics xtitle("Predicted
probability", size(medsmall)) ytitle("Observed frequency", size(medsmall)) legend(off)
```

xtitle：指定 x 轴标题

size：指定字体大小

ytile：指定 y 轴标题

legend（off）：不展示图例

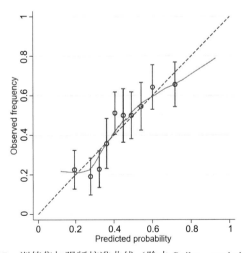

图 4-37　训练集加强版校准曲线（除去 Spike、statistics 和图例）

也可以根据临床已有的界值制作 calibration plot，如本例 0.05、0.15 和 0.5，如图 4-38 所示。

```
pmcalplot prob hypoglycemia if dataset==1, cut(.05 .15 .5) ci keep
```

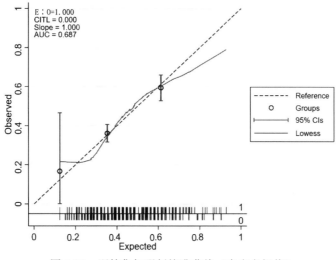

图 4-38　训练集加强版校准曲线（自定义阈值）

WARNING: Do not use the cut-point option unless the model has prespecified clinically relevant cut-points.

上述警告的意思是，不能随便自己定义阈值，而一定要结合临床进行。

4.3.3　Bootstrap 校准曲线

关于这个软件包可用其自带帮助手册进行校准曲线 Bootstrap 来讲解。

目前这个软件包还不能通过 ssc install bsvalidation 安装，大家可以这样操作：

search bsvalidation，弹出图 4-39，单击框中链接，弹出图 4-40，再单击安装即可。注意，bsvalidation 只能在 Stata16.0 及以上版本安装。

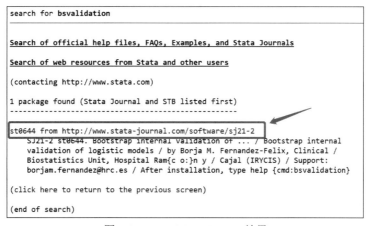

图 4-39　search bsvalidation 结果

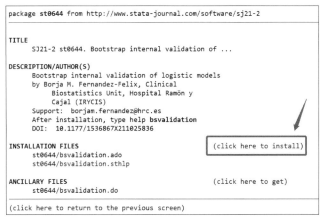

图 4-40　bsvalidation 安装包

`help bsvalidation`　　// 查询 bsvalidation 包的帮助手册，可以详细学习这个包的应用，主要是进行 Logistic 回归的 Bootstrap 校准曲线验证的，不可以做 COX 回归。

下面利用 help 中的数据进行简单演示：

Bootstrap internal validation from a prespecified final model

`. use http://www.stata-press.com/data/r16/lbw.dta`　　// 调用网络数据 lbw.dta

`. logistic low age lwt i.race smoke ptl ht ui`　　// 构建 Logit 回归

`. bsvalidation, rseed(123) graph`　　//bs 验证，结果如图 4-41 所示，图中指标解释同前

其中 Brier 是 Brier 评分，一般小于 0.25 或 25%，表示模型表现较好。

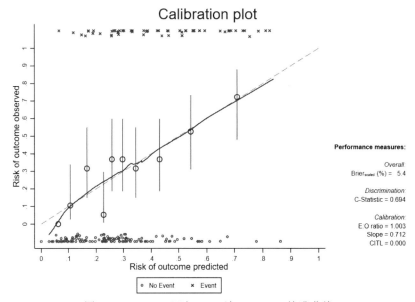

图 4-41　Logistic 回归 enter 法 Bootstrap 校准曲线

这个软件包也可以进行向后逐步回归的 Bootstrap：

Bootstrap internal validation from a final model using backward elimination p(0.1)

Maximum model:

```
logistic low lwt i.race smoke ht ui age ptl        // 全因子模型
```

Final model:

```
logistic low lwt i.race smoke ht ui        // 最后筛选后的模型
use http://www.stata-press.com/data/r16/lbw.dta, clear        // 调用网络低体重数据
logistic low lwt i.race smoke ht ui        //Logit 回归，写出最终模型
bsvalidation age ptl, rseed(123) reps(100) pr(0.1) graph        //age 和 ptl 为被
```

剔除的要写出来

rseed：设置随机数字种子

reps（100）：指 Bootsrap100 次

pr（0.1）：指向后以 0.1 为标准

graph：指作校准曲线图，如图 4-42 所示。

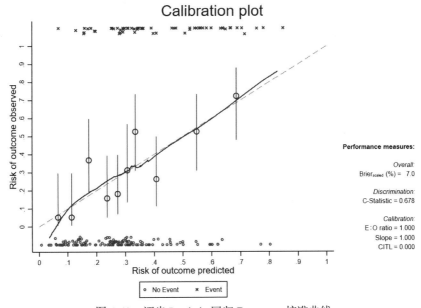

图 4-42　逐步 Logistic 回归 Bootstrap 校准曲线

4.4　Logistic 回归模型临床适用性评价：临床决策曲线（DCA）

决策曲线常称为临床决策曲线分析，松哥一直认为 DCA 是预测模型的"最后一公里"的问题。虽然你的模型区分度好、校准度佳，但是这个模型到底对临床患者有多大的益处

呢？而决策曲线就是解决这个问题，它告诉我们，如果采用这个模型进行决策，到底会有多少人获得净获益。

4.4.1 训练集临床决策曲线

首先安装 DCA 包：

```
ssc install dca
```

`dca hypoglycemia prob if dataset==1` 绘制训练集 DCA，如图 4-43 所示，由图可见，模型的预测概率在 0.3 ～ 0.6 区间时，都有正向净获益。

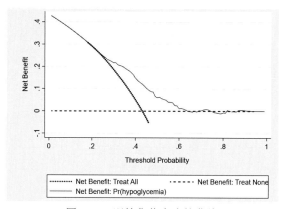

图 4-43 训练集临床决策曲线

4.4.2 验证集临床决策曲线

绘制验证集 DCA，如图 4-44 所示，可见模型的预测概率在 0.2 ～ 0.65 区间时，都有正向净获益。

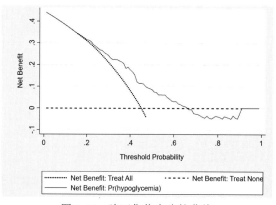

图 4-44 验证集临床决策曲线

```
dca hypoglycemia prob if dataset==0
```

4.4.3　决策曲线优化

训练集决策曲线优化，如图 4-45 所示。

```
dca hypoglycemia prob if dataset==1, smooth xstop(0.7) lcolor(black gs8 black)
lpattern(solid solid dash) title("Decision Curve Analysis Example", size(4) color(red))
```

smooth：指平滑

xstop（0.7）：X 轴刻度展示到 0.7

lcolor：线的颜色

lpattern：线的类型

title：图的标题

size：指文字大小

color：指定颜色

`scheme(s1mono)`　　指定主题为 s1mono：

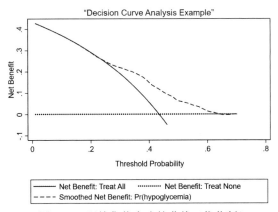

图 4-45　训练集临床决策曲线（优化版）

验证集决策曲线优化，如图 4-46 所示。

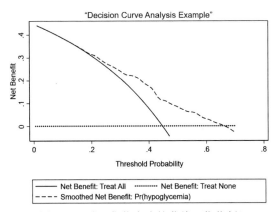

图 4-46　验证集临床决策曲线（优化版）

```
dca hypoglycemia prob if dataset==0, smooth xstop(0.7) lcolor(black gs8
black) lpattern(solid solid dash) title("Decision Curve Analysis Example",
size(4) color(red)) scheme(s1mono)
```

4.4.4　净减少曲线（Net Reduction）

训练集净减少曲线，如图 4-47 所示，验证集如图 4-48 所示。净减少曲线的意思是，比如在 40% 的概率阈值下，干预的净减少约为每 100 名患者 14 次。 换句话说，在这个概率阈值下，根据标记对患者进行治疗相当于一种将治疗降低 14% 且不会遗漏任何疾病的策略。一般发表文章很少报告净减少曲线。

```
dca hypoglycemia prob if dataset==1, smooth xstop(0.5) prob(no) intervention
```

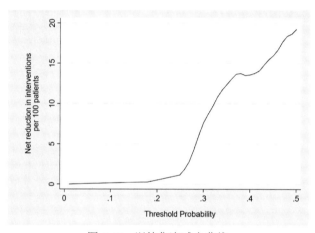

图 4-47　训练集净减少曲线

```
dca hypoglycemia prob if dataset==0, smooth xstop(0.5) prob(no) intervention
```

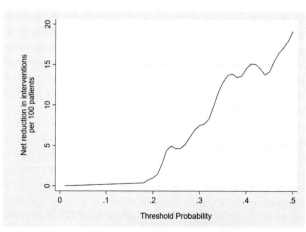

图 4-48　验证集净减少曲线

4.5 Logistic 回归模型可视化：Nomo 图

Stata 绘制 Nomo 图非常简单，我们再重新跑一下最终模型，然后敲入 nomolog 就可以绘制 Nomo 图。但是你会发现直接做的 Nomo 图，会把一些 0-1 变量变为连续变量，并且竟然有 0.5 的刻度。比如是否高血脂，要么有 =1，要么无 =0，怎么会有 0.5 呢？

```
logit hypoglycemia hyperlipidemia treat_time education hdlc ins c_peptide
bun rbg fbg if dataset==1
```

自动绘制 nomo 图：

```
nomolog
```

那是因为我们没有告诉模型，这些变量是分类变量，虽然 0-1 二分类变量在构建模型时当作数值变量得到的结果完全一样，但作图时还是要区别一下，不然就会出现上述 0.5 的荒唐情况。那么重新写一遍模型如下，将分类变量前面加一个 i. 即可。

```
logit hypoglycemia i.hyperlipidemia i.treat_time i.education i.hdlc i.ins
i.c_peptide i.bun i.rbg i.fbg if dataset==1,or
```

默认出图，如 4-49 所示：

```
nomolog
```

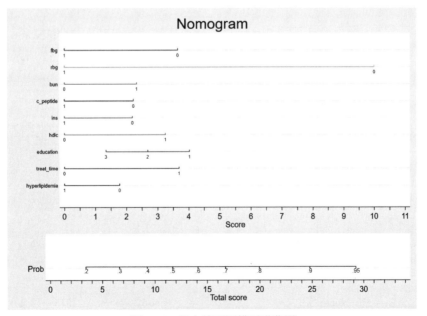

图 4-49 低血糖预测模型诺莫图

图 4-49 中的变量水平是以统计分析的水平展示的，不便于读者理解其专业的意义，最好图中直接展示 0-1 等代表的专业意义。有两种方式，一种是直接利用 Stata 进行变量打标

签，需要一点 Stata 数据管理能力；另一种简单粗暴，直接在图形编辑中进行修改即可。松哥直接暴力解决，得到 Nomo 图，如图 4-50 所示。

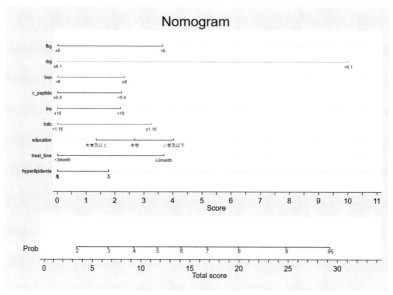

图 4-50　低血糖预测模型诺莫图（专业版）

```
db nomolog
```

展示 nomolog 的窗口式操作，有时候我们建模连续性变量 Stata 制作 Nomo 图时，分组不太好看，这就需要通过窗口式操作来指定分割尺度，如图 4-51 和图 4-52 所示。

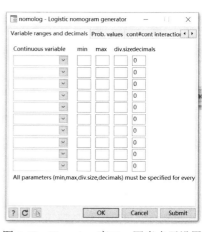

图 4-51　Nomo 窗口　　　　　　　　图 4-52　Nomolog 窗口—因素水平设置

在图 4-51 中，通常保持默认即可，但是在图 4-52 中，我们可以选定某个或某些变量，然后指定显示最小值、最大值和刻度间隔。Stata 虽然绘制 Nomo 图超级简单，但是得到的图也比较简单，没有 R 语言灵活以及多种的样式。

4.6　NRI 和 IDI

4.6.1　NRI（净重新分类指数）

你可以输入 help nri，查看 nri 包的语法规则和使用说明，如下就是 nri 的语法格式。

```
nri outcomevar [new_marker varlist] [if] [in] [, ignoreold at(numlist)
pold(varname) pnew(varname) ]
```

nri 有多种计算方式，下面逐一阐述。

```
nri hypoglycemia treat_time education hdlc ins c_peptide rbg fbg if dataset==1
```

意思是：低血糖是二分类 Y，treat_time 是新增加的变量，后面 6 个是 old 模型的变量，可以用于预测概率与多因素比较，如图 4-53 所示。结果说明在 6 因素模型基础上，如果增加 treat_time 变量之后 NRI=0.2165，那就是正确分类将提高 21.65%，P=0.0050。

```
. nri hypoglycemia treat_time education hdlc ins c_peptide rbg fbg if dataset==1

In subjects with hypoglycemia == 1, 79.12% had increased probabilities
In subjects with hypoglycemia == 1, 20.88% had decreased probabilities

In subjects with hypoglycemia == 0, 68.30% had increased probabilities
In subjects with hypoglycemia == 0, 31.70% had decreased probabilities

Net Reclassification Improvement for treat_time = 0.2165
Standard Error                                  = 0.0771
z                                               = 2.8082
P-value (one-sided)                             = 0.0025
P-value (two-sided)                             = 0.0050
```

图 4-53　NRI 方式（1）

```
nri hypoglycemia treat_time education hdlc ins c_peptide rbg fbg if
dataset==1,ignoreold
```

意思是：单独拟合 treat time 的模型和拟合后面几个变量的模型之间的 NRI，如图 4-54 所示，可见单独拟合 treat time 模型比之于后面的 6 因素模型，正确分类将会下降 28.23%，P=1。注意 P 值最大就是 1，虽然双侧 P=1.9998，但是也不能写，只能写 1。

```
. nri hypoglycemia treat_time education hdlc ins c_peptide rbg fbg if dataset==1,ignoreold

In subjects with hypoglycemia == 1, 45.12% had increased probabilities
In subjects with hypoglycemia == 1, 54.88% had decreased probabilities

In subjects with hypoglycemia == 0, 59.28% had increased probabilities
In subjects with hypoglycemia == 0, 40.72% had decreased probabilities

Net Reclassification Improvement for treat_time = -0.2832
Standard Error                                  = 0.0771
z                                               = -3.6733
P-value (one-sided)                             = 0.9999
P-value (two-sided)                             = 1.9998
```

图 4-54　NRI 方式（2）

```
nri hypoglycemia treat_time education hdlc ins c_peptide rbg fbg if
dataset==1, at(0.2)
```

意思是：以预测概率 0.2 为界值，进行 NRI（含 treat time 的 7 因素模型与后面 6 因素模型比较，如图 4-55 所示，提示以 0.2 为界，含 treat time 的 7 因素模型的正确分类比 6 因素模型提高 3.8%，P=0.0043。

```
. nri hypoglycemia treat_time education hdlc ins c_peptide rbg fbg if dataset==1, at(0.2)

In subjects with hypoglycemia == 1,   0.00% had increased probabilities
In subjects with hypoglycemia == 1,   1.35% had decreased probabilities

In subjects with hypoglycemia == 0,   0.00% had increased probabilities
In subjects with hypoglycemia == 0,   5.15% had decreased probabilities

Net Reclassification Improvement for treat_time = 0.0381
Standard Error                                   = 0.0133
z                                                = 2.8525
P-value (one-sided)                              = 0.0022
P-value (two-sided)                              = 0.0043
```

图 4-55　NRI 方式（3）

```
nri hypoglycemia treat_time education hdlc ins c_peptide rbg fbg if
dataset==1,at(0.2  0.6)
```

意思是：以预测概率 0.2、0.6 共两个切点为界值，进行 NRI（含 treat time 的 7 因素模型与后面 6 因素模型比较，如图 4-56 所示，可见以 0.2 和 0.6 为切点的话，7 因素模型的正确分类比 6 因素模型提高 10.40%，P=0.0001。

```
. nri hypoglycemia treat_time education hdlc ins c_peptide rbg fbg if dataset==1,at(0.2  0.6)

In subjects with hypoglycemia == 1,  11.11% had increased probabilities
In subjects with hypoglycemia == 1,   3.03% had decreased probabilities

In subjects with hypoglycemia == 0,   3.61% had increased probabilities
In subjects with hypoglycemia == 0,   5.93% had decreased probabilities

Net Reclassification Improvement for treat_time = 0.1040
Standard Error                                   = 0.0269
z                                                = 3.8708
P-value (one-sided)                              = 0.0001
P-value (two-sided)                              = 0.0001
```

图 4-56　NRI 方式（4）

```
nri hypoglycemia,pold( pre_1 ) pnew( pre_2 )
```

意思是：直接对两个预测模型预测的 P 值进行 NRI 分析，如图 4-57 所示，可见新模型的正确分类比旧模型提高了 36.32%，$P < 0.001$。

```
. nri hypoglycemia,pold(prob2) pnew( prob )

In subjects with hypoglycemia == 1,  44.82% had increased probabilities
In subjects with hypoglycemia == 1,  55.18% had decreased probabilities

In subjects with hypoglycemia == 0,  26.67% had increased probabilities
In subjects with hypoglycemia == 0,  73.33% had decreased probabilities

Net Reclassification Improvement for New Method = 0.3631
Standard Error                                   = 0.0633
z                                                = 5.7358
P-value (one-sided)                              < 0.0001 (  4.8534e-09)
P-value (two-sided)                              < 0.0001 (  9.7068e-09)
```

图 4-57　NRI 方式（5）

```
nri hypoglycemia,pold(prob2) pnew( prob )
```

```
nri hypoglycemia,at(0.2) pold( pre_1 ) pnew( pre_2 )
```

意思是：直接对两个预测模型预测的 P 值进行 NRI 分析，以 0.2 为界值，如图 4-58 所示，以 0.2 为切点，新模型的正确分类比旧模型提高了 3.84%，P=0.0002。

```
nri hypoglycemia,at(0.2) pold(prob2) pnew( prob )
```

```
. nri hypoglycemia,at(0.2) pold(prob2) pnew( prob )

In subjects with hypoglycemia == 1,  0.00% had increased probabilities
In subjects with hypoglycemia == 1,  0.90% had decreased probabilities

In subjects with hypoglycemia == 0,  0.18% had increased probabilities
In subjects with hypoglycemia == 0,  4.91% had decreased probabilities

Net Reclassification Improvement for New Method = 0.0384
Standard Error                                   = 0.0105
z                                                = 3.6650
P-value (one-sided)                              = 0.0001
P-value (two-sided)                              = 0.0002
```

图 4-58　NRI 方式（6）

```
nri hypoglycemia,at(0.2 0.6) pold( pre_1 ) pnew( pre_2 )
```

意思是：直接对两个预测模型预测的 P 值进行 NRI 分析，以 0.2、0.6 为界值，如图 4-59 所示，可见以 0.2 和 0.6 为切点，新模型的正确分类比旧模型提高了 9.61%，P=0.0003。

```
nri hypoglycemia,at(0.2 0.6) pold(prob2) pnew( prob )
```

```
. nri hypoglycemia,at(0.2 0.6) pold(prob2) pnew( prob )

In subjects with hypoglycemia == 1, 13.29% had increased probabilities
In subjects with hypoglycemia == 1,  6.31% had decreased probabilities

In subjects with hypoglycemia == 0,  5.79% had increased probabilities
In subjects with hypoglycemia == 0,  8.42% had decreased probabilities

Net Reclassification Improvement for New Method = 0.0961
Standard Error                                   = 0.0263
z                                                = 3.6582
P-value (one-sided)                              = 0.0001
P-value (two-sided)                              = 0.0003
```

图 4-59　NRI 方式（7）

4.6.2　IDI（综合判别改善指数）

用如下代码，可以查看 idi 的帮助文档：

```
help idi
```

展示 idi 的语法公式代码：idi outcomevar new_marker varlist [if] [in] [, relative]

这个 idi 只能算在一个模型中增加一个自变量的 IDI，包括绝对和相对。

```
idi hypoglycemia treat_time education hdlc ins if dataset==1
```

低血糖为 Y，treat time 为新增加的变量，后面的 3 个为 old 模型中的变量，如图 4-60 所示，可见 IDI=0.0152，P=0.0009，差异有统计学意义，说明综合判别改善指数有正向改善。

```
. idi hypoglycemia treat_time education hdlc ins  if dataset==1

Integrated Discrimination Improvement for treat_time = 0.0152
Standard Error                                        = 0.0046
z                                                     = 3.3065
P-value (one-sided)                                   = 0.0005
P-value (two-sided)                                   = 0.0009
```

图 4-60　IDI 方式（1）

如下为相对 IDI 代码，结果见图 4-61，可见相对 IDI=0.5699，P=0.0009。

```
idi hypoglycemia treat_time education hdlc ins if dataset==1,relative
```

```
. idi hypoglycemia treat_time education hdlc ins  if dataset==1,relative

Integrated Discrimination Improvement for treat_time = 0.0152
Standard Error                                        = 0.0046
z                                                     = 3.3065
P-value (one-sided)                                   = 0.0005
P-value (two-sided)                                   = 0.0009
Relative IDI for treat_time                           = 0.5699
Standard Error for rIDI                               = 0.1441
```

图 4-61　IDI 方式（2）

4.7　如何利用别人文章的模型

根据别人 Logit 模型的常数项与回归系数，计算出我们自己数据的 P 值，也就是利用别人的模型和我们的数据进行预测。

假设构建一个模型，包含 hdlc、age 两个变量，而且系数分别为 0.617、0.272，常数项为 −0.524，那么可以通过下面的公式，在我们自己的数据中，利用该模型预测出概率 P 值。

```
gen logodds_brown = 0.617*hdlc+0.272*age -0.524
```

根据别人发表文章的系数，产生一个变量 logodds_Brown，这个你也可以自己取一个名字。

```
gen phat =invlogit(logodds_brown)
```

对上述计算的变量，计算一个反 Logit，直接计算出该模型的预测概率 Phat。拿到概率 Phat，结合结局变量 Y（二分类），就可以进行其他分析了，比如：

```
roctab hypoglycemia phat
```
　AUC 分析：

```
roctab hypoglycemia phat,graph
```
　ROC 曲线：

```
pmcalplot phat hypoglycemia
```
　校准曲线：

```
dca hypoglycemia phat
```
　DCA 曲线：

4.8　交叉验证

安装交叉验证包：

```
ssc install kfoldclass
```

下面利用 s5 模型进行 5 重交叉验证，如图 4-62 所示。

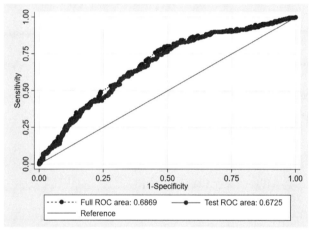

图 4-62　ROC5 重交叉验证结果

```
kfoldclass hypoglycemia hyperlipidemia treat_time education hdlc ins c_
peptide bun rbg fbg if dataset==1, model(logit) k(5) fig
```

kfoldclass：指进行 K 折交叉验证，后面跟着模型中的变量

if dataset==1：为指定数据集

model(logit)：指定进行 Logistic：回归

$K(5)$：指定进行 5 折交叉验证

fig：指绘制交叉验证图

5 重交叉验证（交叉验证都是对自己建立的最终模型做的，一般就是在训练集做）。注意在自己做的时候，可能交叉验证的结果和松哥有轻微的差别，因为是随机拆分验证的，所以数据多少有点差别，是可以理解的。不信再做第二遍，得到的交叉验证的结果和第一次也有点差别。如果想每次结果都一样，可以在分析前设置一个随机数字种子，如 set seed 123，然后再进行分析，那么每次得到的结果就一致了。

全数据集和测试集的分类结果见图 4-63 和图 4-64。图 4-64 中显示两个数据集的灵敏度、特异度、阴性预测值、阳性预测值、正确分类率和 AUC 等指标。

```
Iterating across (5) hold-out samples
        |-----+-----|-----+-----|-----+-----|-----+-----|
           1         2         3         4         5
.....


Classification Table for Full Data:

                    ------ True ------
Classified         D            ~D         | Total

    +             130           89         |  219
    -             167          299         |  466

  Total           297          388         |  685


Classification Table for Test Data:

                    ------ True ------
Classified         D            ~D         | Total

    +             127           89         |  216
    -             170          299         |  469

  Total           297          388         |  685
```

```
Classified + if predicted Pr(D) >= .5
True D defined as  != 0
                                                Full       Test

Sensitivity                      Pr( +| D)     43.77%     42.76%
Specificity                      Pr( -|~D)     77.06%     77.06%
Positive predictive value        Pr( D| +)     59.36%     58.80%
Negative predictive value        Pr(~D| -)     64.16%     63.75%

False + rate for true ~D         Pr( +|~D)     22.94%     22.94%
False - rate for true D          Pr( -| D)     56.23%     57.24%
False + rate for classified +    Pr(~D| +)     40.64%     41.20%
False - rate for classified -    Pr( D| -)     35.84%     36.25%

Correctly classified                           62.63%     62.19%

ROC area                                       0.6869     0.6725

p-value for Full vs Test ROC areas                        0.0000
```

图 4-63　全数据集和测试集的分类表格（5 重交叉验证）　图 4-64　全分析集和测试集相关指标（5 重交叉验证）

```
kfoldclass hypoglycemia hyperlipidemia treat_time education hdlc ins c_
peptide bun rbg fbg if dataset==1, model(logit) k(10) fig
```

训练集 10 重交叉验证结果，如图 4-65 所示，全分析集 AUC=0.6869，交叉验证测试集 AUC=0.6878，相差不大，还是比较稳定。图 4-66 和图 4-67 的解读同上。

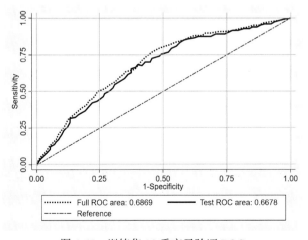

图 4-65　训练集 10 重交叉验证 ROC

```
Iterating across (10) hold-out samples
    +    1    +    2    +    3    +    4    +    5
..........

Classification Table for Full Data:

                    ┌──── True ────
Classified          D          ~D          Total

    +              130         89          219
    -              167         299         466

  Total            297         388         685


Classification Table for Test Data:

                    ┌──── True ────
Classified          D          ~D          Total

    +              128         93          221
    -              169         295         464

  Total            297         388         685
```

```
Classified + if predicted Pr(D) >= .5
True D defined as   != 0
                                                Full        Test

Sensitivity                       Pr( +| D)     43.77%      43.10%
Specificity                       Pr( -|~D)     77.06%      76.03%
Positive predictive value         Pr( D| +)     59.36%      57.92%
Negative predictive value         Pr(~D| -)     64.16%      63.58%

False + rate for true ~D          Pr( +|~D)     22.94%      23.97%
False - rate for true D           Pr( -| D)     56.23%      56.90%
False + rate for classified +     Pr(~D| +)     40.64%      42.08%
False - rate for classified -     Pr( D| -)     35.84%      36.42%

Correctly classified                            62.63%      61.75%

ROC area                                        0.6869      0.6678

p-value for Full vs Test ROC areas                          0.0000
```

图 4-66　全数据集和测试集的分类表格（10 重交叉验证）　　图 4-67　分析集和测试集相关指标（10 重交叉验证）

Stata 利用 ROC 曲线寻找最佳切点非常方便，展示如下，结果见图 4-68。可见在我们构建的 s5 模型预测的概率中，最佳区分的概率切点为 0.3906。

```
cutpt y X, youden
cutpt hypoglycemia prob, youden
```

```
. cutpt hypoglycemia prob, youden

Empirical cutpoint estimation
Method:                               Youden
Reference variable:                   hypoglycemia (0=neg, 1=pos)
Classification variable:              prob
Empirical optimal cutpoint:           .39060217
Youden index (J):                     0.314
SE(J):                                0.0290
Sensitivity at cutpoint:              0.76
Specificity at cutpoint:              0.55
Area under ROC curve at cutpoint:     0.66
```

图 4-68　ROC 寻找切点

4.9　Bootstrap

Stata 的 Bootstrap 是构建模型后，Bootstrap 法对总体数据模型的估计，主要是可信区间的变化，而回归系数不变，图 4-69 为 50 次 Bootstrap 的回归结果。

```
bootstrap, reps(50) : logit hypoglycemia hyperlipidemia treat_time
education hdlc ins c_peptide bun rbg fbg if dataset==1
```

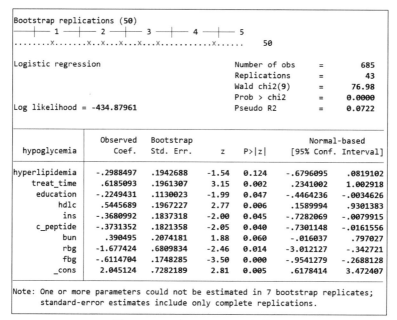

图 4-69　50 次 Bootstrap 回归结果

如下为 bca（偏倚校正加速）的 Bootsrap，就类似于加强版的 Bootstrap。先采用 jacknife 方法，进行 685 次迭代（因为我们的样本量是 685），然后再进行 50 次 Bootstrap，见图 4-70。图 4-71 是 bca Bootstrap 的 Logistic 回归结果。可见其回归系数并未改变，变化的是其可信区间范围。

```
bootstrap,bca reps(50): logit hypoglycemia hyperlipidemia treat_time
education hdlc ins c_peptide bun rbg fbg if dataset==1
```

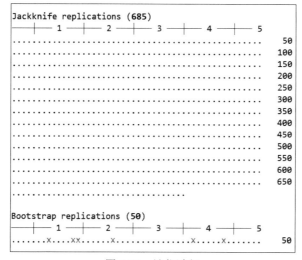

图 4-70　迭代过程

```
Logistic regression                         Number of obs     =       685
                                            Replications      =        44
                                            Wald chi2(9)      =     89.14
                                            Prob > chi2       =    0.0000
Log likelihood = -434.87961                 Pseudo R2         =    0.0722
```

hypoglycemia	Observed Coef.	Bootstrap Std. Err.	z	P>|z|	Normal-based [95% Conf. Interval]	
hyperlipidemia	-.2988497	.195908	-1.53	0.127	-.6828223	.085123
treat_time	.6185093	.1689066	3.66	0.000	.2874585	.9495601
education	-.2249431	.1109251	-2.03	0.043	-.4423523	-.0075338
hdlc	.5445689	.1899867	2.87	0.004	.1722018	.9169359
ins	-.3680992	.1594831	-2.31	0.021	-.6806803	-.0555182
c_peptide	-.3731352	.1777433	-2.10	0.036	-.7215057	-.0247647
bun	.390495	.2852305	1.37	0.171	-.1685466	.9495366
rbg	-1.677424	.699546	-2.40	0.016	-3.048509	-.3063391
fbg	-.6114704	.1983931	-3.08	0.002	-1.000314	-.2226271
_cons	2.045124	.807895	2.53	0.011	.461679	3.628569

```
Note: One or more parameters could not be estimated in 6 bootstrap replicates;
      standard-error estimates include only complete replications.
```

图 4-71　bca Bootstrap 回归结果

将 Bootstrap50 次结果保存在一个新的文件中，取这些系数的均值，可以拿到 50 次抽样的方程。然后取 50 次的平均，就可以得到每个变量的系数均值以及标准差，我们可以写出这个方程，然后利用这个方程去预测概率 P，有了 P，就可以实现一切验证了。

```
bootstrap, reps(50) saving(bs): logit hypoglycemia hyperlipidemia treat_
time education hdlc ins c_peptide bun rbg fbg if dataset==1
```

回归结果见图 4-72。

```
Bootstrap replications (50)
───── 1 ───── 2 ───── 3 ───── 4 ───── 5
..x..xx..x.x.......x...x.................x........   50

Logistic regression                         Number of obs     =       685
                                            Replications      =        42
                                            Wald chi2(9)      =     69.92
                                            Prob > chi2       =    0.0000
Log likelihood = -434.87961                 Pseudo R2         =    0.0722
```

hypoglycemia	Observed Coef.	Bootstrap Std. Err.	z	P>|z|	Normal-based [95% Conf. Interval]	
hyperlipidemia	-.2988497	.1333896	-2.24	0.025	-.5602884	-.0374109
treat_time	.6185093	.1679928	3.68	0.000	.2892495	.947769
education	-.2249431	.103137	-2.18	0.029	-.4270879	-.0227983
hdlc	.5445689	.1878147	2.90	0.004	.1764588	.9126789
ins	-.3680992	.1597121	-2.30	0.021	-.6811291	-.0550694
c_peptide	-.3731352	.2046303	-1.82	0.068	-.7742032	.0279328
bun	.390495	.1963189	1.99	0.047	.0057171	.7752729
rbg	-1.677424	.6333597	-2.65	0.008	-2.918786	-.4360618
fbg	-.6114704	.1943674	-3.15	0.002	-.9924235	-.2305172
_cons	2.045124	.6243173	3.28	0.001	.8214847	3.268764

```
Note: One or more parameters could not be estimated in 8 bootstrap replicates;
      standard-error estimates include only complete replications.
```

图 4-72　回归结果

在工作路径，可以打开 bs 文件，可以发现有 50 次抽样得到的模型系数（见图 4-73），其中有几次抽样结果不佳，没有结果，这是正常现象，不影响后续统计分析。

	hypoglycem~a	hypoglyce~me	hypoglyce~on	hypoglycem~c	hypoglyc~ins	hypoglyce~de	hypoglyce~un	hypoglyc~rbg	hypoglyc~fbg	hypoglyc~ons
25	-.2990823	.6667166	.0018173	.8776962	-.5605179	-.5004525	.738043	-2.499039	-.757759	2.510638
26	-.2985888	.4454046	-.1322647	.2081693	-.3624291	-.3632436	.5025982	-1.852779	-.3550903	2.103047
27	-.5117827	.9642955	-.1672697	.4122266	-.3358534	-.2438969	.3423529	-1.577189	-1.094634	1.930403
28	-.251934	.4526365	-.1248456	.5927877	-.2976523	-.193734	.4300073	-1.363738	-.6306647	1.488111
29	-.3226689	.9819917	-.4729066	.4238071	-.3019108	-.2024218	.394214	-2.392534	-.3139643	2.647335
30	-.4994145	.4434188	-.1743746	.22033	-.3294016	-.4940488	.3858875	-1.484015	-.6995761	2.086535
31	-.5353133	.532873	-.1673839	.7556826	-.310829	-.4146147	.0535036	-.5490215	-1.005194	1.302063
32	-.1771367	.7898234	-.2433695	.3206599	-.6861432	-.4434724	.3640091	-2.603969	-.7098224	3.102289
33	-.1298186	.5142521	.0576818	.2012315	-.5490239	-.4599436	.4732732	-.9739444	-.7382146	1.198023
34	-.398806	.9112532	-.103473	.4374267	-.3547437	-.1735042	.1881822	-2.366549	-.4370706	2.117597
35	-.4254695	.919493	-.120301	.4720846	-.1916482	-.3407747	.256645	-.8768204	-.5695063	.744246
36	-.1419824	.521093	-.1383347	.2238597	-.5858641	-.0928948	.4860568	-1.555498	-.5118029	1.659141
37	-.2501567	.892786	-.0900475	.6967391	-.3282935	-.6905637	.1694974	-1.307382	-.6147131	1.028984
38	.0927341	.708295	-.1895059	.8801386	-.4785563	-.4991012	.7610154	-2.318503	-.5929164	2.435059
39	.	.	.	.	.	.	.	.	.	.
40	-.2622719	.5451567	-.3159122	.5499841	-.1987198	-.4481328	.6583887	-1.588765	-.6965674	2.077867
41	-.4051134	.4899912	-.3318593	.5623021	-.3539317	-.6060252	.2921452	-1.513001	-.349023	2.16948
42	-.2182411	.5556527	-.2477776	.6340809	-.7549253	-.3102336	.524166	-.2830148	-.5008873	.7101711
43	-.3996883	.3934113	-.4476982	.3591355	-.2719598	-.4157347	.567256	-2.29927	-.8445408	3.350891
44	-.3161183	.355419	-.3079019	.6758546	-.3946944	-.1884541	.5465621	-.404395	-.7507325	1.078458
45	-.2366885	.6767878	-.0842403	.3881754	-.5718348	-.3288145	.474634	-1.967463	-.3512264	1.851003
46	-.4196652	.4727234	-.3542023	.5606582	-.1967178	-.4896978	.4640406	-2.52925	-.3736219	3.114847
47	-.4974009	.4019036	-.2232334	.7746196	-.5589487	-.8163584	.5051521	-2.119043	-.361915	2.809452
48	-.2709398	.3296334	-.2069111	.4361887	-.5701777	-.3537615	.2949785	-2.661934	-.5313628	3.284429
49	.	.	.	.	.	.	.	.	.	.
50	-.1993595	.7240554	-.5042861	.849387	-.316042	-.2440176	.2110821	-1.498962	-.6961152	2.20828

图 4-73　保存的 50 次抽样样本的回归结果

我们可以将其导出为 .xls 文件，然后求得每个系数的平均值，就可以构建 50 次 Bootstrap 后的预测模型了，如图 4-74 所示。

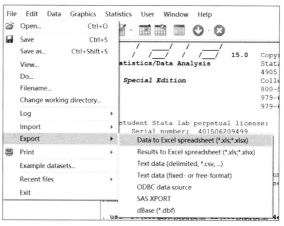

图 4-74　Stata 数据导出

size 是指定每次抽样的样本量，默认为 _N，比如下面指定每次抽样抽 50 个个案，虽然可以设置，但是通常我们保持默认，让软件自己去抽。

```
bootstrap, reps(50) size(50) saving(bs) : logit hypoglycemia hyperlipidemia
treat_time education hdlc ins c_peptide bun rbg fbg if dataset==1
```

4.10　LASSO-Logit

Stata 目前只可以进行 LASSO-Logit，尚没有办法进行 LASSO-COX，我们研究的因素较多，所以如下代码比较凌乱。图 4-75 为 LASSO 迭代的过程，图中加框处，有一个星号标记，代表该值为最小的 EBIC，可以当作 AIC 来进行理解。代码最后的 long 代表展示长形的结果，一些空的步骤也要展示。代码没有 long 时，如图 4-76 所示，会展示有实际意义的步骤，空步骤则会被删除。

Knot	ID	Lambda	s	L1-Norm	EBIC	Pseudo-R2	Entered/removed
1	1	55.61117	0	0.26727	937.48677	0.0000	Added _cons.
2	2	50.62275	1	0.28634	938.64513	0.0034	Added fbg.
3	3	46.08179	2	0.35742	938.81653	0.0078	Added hdlc.
	4	41.94817	2	0.43474	935.05417	0.0118	
4	5	38.18534	4	0.57992	938.33101	0.0175	Added treat_time bmi.
	6	34.76005	4	0.70874	933.46069	0.0227	
5	7	31.64201	8	0.85049	944.89856	0.0288	Added course_of_disease hyperlipidemia c_peptide rbg.
	8	28.80366	8	1.19279	939.24822	0.0348	
6	9	26.21992	9	1.55961	938.77887	0.0399	Added education.
7	10	23.86795	10	1.97165	938.20445	0.0451	Added ins.
	11	21.72695	10	2.37165	933.86356	0.0498	
8	12	19.77800	11	2.74776	934.40390	0.0538	Added bun.
9	13	18.00388	12	3.12267	935.29245	0.0574	Added tg.
10	14	16.38890	13	3.50291	936.24407	0.0610	Added hypertension.
	15	14.91878	13	3.86626	933.27912*	0.0642	
11	16	13.58054	16	4.24136	943.37218	0.0672	Added dn dpvd pnp.
12	17	12.36234	21	4.66687	961.74899	0.0705	Added gender drink_wine fatty_liver grf tc.
	18	11.25342	21	5.13927	958.29712	0.0742	
	19	10.24397	21	5.57733	955.39457	0.0773	
	20	9.32506	21	5.98344	952.95425	0.0799	
13	21	8.48859	22	6.36116	955.19220	0.0821	Added crp.
	22	7.72715	22	6.71843	953.38475	0.0840	
	23	7.03401	22	7.04905	951.86680	0.0856	
	24	6.40304	22	7.35479	950.59272	0.0870	
14	25	5.82868	23	7.64718	953.74240	0.0882	Added ldlc.
	26	5.30584	23	7.92644	952.69879	0.0894	
	27	4.82989	23	8.18395	951.82499	0.0903	
15	28	4.39664	24	8.44183	955.37304	0.0911	Added history_of_hypoglycemia.
	29	4.00226	24	8.69708	954.72153	0.0918	
16	30	3.64325	26	8.93490	962.76786	0.0924	Added marital_status ua.
	31	3.31644	26	9.16342	962.25698	0.0929	
	32	3.01895	26	9.37356	961.83028	0.0934	
17	33	2.74814	27	9.57337	965.76761	0.0938	Added cr.
	34	2.50163	27	9.76491	965.45098	0.0941	
18	35	2.27723	29	9.95591	973.76285	0.0944	Added sbp dbp.
19	36	2.07296	30	10.13647	977.81222	0.0947	Added cerebrovascular_diseases.
	37	1.88701	30	10.30588	977.59607	0.0949	
20	38	1.71774	31	10.46262	981.71555	0.0951	Added age.
	39	1.56366	31	10.60618	981.56224	0.0953	
21	40	1.42339	32	10.73906	985.73656	0.0954	Added cardiovascular.
	41	1.29571	32	10.86071	985.62900	0.0955	
	42	1.17949	32	10.97197	985.53953	0.0956	
	43	1.07368	32	11.07368	985.46513	0.0957	
	44	0.97737	32	11.16664	985.40328	0.0958	
22	45	0.88970	33	11.25165	989.65517	0.0958	Added alt.
	46	0.80989	33	11.33189	989.61093	0.0959	
	47	0.73724	33	11.40515	989.57418	0.0959	
	48	0.67111	33	11.47203	989.54366	0.0960	
	49	0.61091	33	11.53307	989.51832	0.0960	
	50	0.55611	33	11.58877	989.49728	0.0960	

*indicates minimum EBIC.
Type e.g. 'lassologit, lic(ebic)' to run the model selected by EBIC.

图 4-75　LASSO 迭代的过程（long）

```
Knot │ ID    Lambda     s     L1-Norm     EBIC     Pseudo-R2   Entered/removed
   1 │  1   55.61117    0     0.26727    937.48677   0.0000     Added _cons.
   2 │  2   50.62275    1     0.28634    938.64513   0.0034     Added fbg.
   3 │  3   46.08179    2     0.35742    938.81653   0.0078     Added hdlc.
   4 │  5   38.18534    4     0.57992    938.33101   0.0175     Added treat_time bmi.
   5 │  7   31.64201    8     0.85049    944.89856   0.0288     Added course_of_disease hyperlipidemia c_peptide rbg.
   6 │  9   26.21992    9     1.55961    938.77887   0.0399     Added education.
   7 │ 10   23.86795   10     1.97165    938.20445   0.0451     Added ins.
   8 │ 12   19.77800   11     2.74776    934.40390   0.0538     Added bun.
   9 │ 13   18.00388   12     3.12267    935.29245   0.0574     Added tg.
  10 │ 14   16.38890   13     3.50291    936.24407   0.0610     Added hypertension.
  11 │ 16   13.58054   16     4.24136    943.37218   0.0672     Added dn dpvd pnp.
  12 │ 17   12.36234   21     4.66687    961.74899   0.0705     Added gender drink_wine fatty_liver grf tc.
  13 │ 21    8.48859   22     6.36116    955.19220   0.0821     Added crp.
  14 │ 25    5.82868   23     7.64718    953.74240   0.0882     Added ldlc.
  15 │ 28    4.39664   24     8.44183    955.37304   0.0911     Added history_of_hypoglycemia.
  16 │ 30    3.64325   26     8.93490    962.76786   0.0924     Added marital_status ua.
  17 │ 33    2.74814   27     9.57337    965.76761   0.0938     Added cr.
  18 │ 35    2.27723   29     9.95591    973.76285   0.0944     Added sbp dbp.
  19 │ 36    2.07296   30    10.13647    977.81222   0.0947     Added cerebrovascular_diseases.
  20 │ 38    1.71774   31    10.46262    981.71555   0.0951     Added age.
  21 │ 40    1.42339   32    10.73906    985.73656   0.0954     Added cardiovascular.
  22 │ 45    0.88970   33    11.25165    989.65517   0.0958     Added alt.
Use 'long' option for full output.
Type e.g. 'lassologit, lic(ebic)' to run the model selected by EBIC.
```

图 4-76　LASSO 迭代的过程

4.10.1　LASSO 回归

案例数据 LASSO 代码如下：

```
lassologit hypoglycemia course_of_disease hypertension hyperlipidemia
marital_status cerebrovascular_diseases treat_time history_of_hypoglycemia dn
dpvd education cardiovascular gender insulin_injection_protocol drink_wine
fatty_liver pnp ldlc tg hdlc alt ast cr ins c_peptide age bun ua rbg grf sbp
dbp fbg hba1c tc bmi crp if dataset==1,long
```

lassologit：指进行 Logit 的 LASSO，后面跟着因变量和所有欲筛选的自变量

if dataset==1：指定数据集

long：指展示全部步骤结果

```
lassologit hypoglycemia course_of_disease hypertension hyperlipidemia
marital_status cerebrovascular_diseases treat_time history_of_hypoglycemia dn
dpvd education cardiovascular gender insulin_injection_protocol drink_wine
fatty_liver pnp ldlc tg hdlc alt ast cr ins c_peptide age bun ua rbg grf sbp
dbp fbg hba1c tc bmi crp if dataset==1
```

这个模型与上面的区别就是没有 long，所以结果中，将一些无效的步骤全部省略展示。

变量越多，则代码越长，我们可以采用 $X1 \sim X40$ 表示。Stata 程序中，支持这种代码表达方式，表示 $X1$ 到 $X40$ 之间的所有变量纳入模型。这样非常简洁明了，比如下面表示 course_of_disease 到 crp 的所有变量为自变量。如下两行代码得到结果和上面一样。

```
lassologit hypoglycemia course_of_disease-crp if dataset==1,long
lassologit hypoglycemia course_of_disease-crp if dataset==1
```

用最小的 EBIC 筛选变量，postresults 必须做，否则不能存储模型结果进行预测。采用最小 EBIC 时的 Lambda，进行回归，得到的模型系数如图 4-77 所示。

```
lassologit, lic(ebic) postresults
```

```
. lassologit, lic(ebic) postresults
Use lambda=14.91878479036194 (selected by EBIC).

        Selected |   Logistic         Post
                 |    Lasso          logit
-----------------+----------------------------
course_of_disease|   0.1241655      0.2207532
    hyperlipidemia|  -0.1407698     -0.2433624
       treat_time |   0.3715036      0.6160816
        education |  -0.0832824     -0.1967092
               tg |  -0.0798941     -0.3745962
             hdlc |   0.3353666      0.4531660
              ins |  -0.1387438     -0.3643321
         c_peptide|  -0.1745849     -0.3344627
              bun |   0.0745627      0.2821879
              rbg |  -0.7937794     -1.6638841
              fbg |  -0.4194124     -0.5635205
              bmi |  -0.1241312     -0.1778834
            _cons |   0.9335460      2.1384630
```

图 4-77　最小 EBIC 时的模型系数

关于预测概率和线性预测值，也可以采用 LASSO-Logit 回归进行概率预测，但是一般很少用，我们利用 LASSO，一般就是为了筛选可能有用的影响因素，也就是进行变量的筛选。

```
predict double phat, pr
```
　　预测概率值：
```
predict double xbhat, xb
```
　　预测线性评分值，如图 4-78 所示：

	prob	prob2	groups_pmc~t	obs_pmcalp~t	exp_pmcalp~t	phat	xbhat
1	.4255354	.4629291	3	.3608696	.3523704	.42993399	-.28212046
2	.462797	.5357736	3	.3608696	.3523704	.47232591	-.1108096
3	.2164121	.2582108	3	.3608696	.3523704	.28567177	-.91649908
4	.5772221	.4629291	4	.5936073	.612639	.56499454	.26145747
5	.3545863	.362213	3	.3608696	.3523704	.37688655	-.50278439
6	.5373791	.5643741	4	.5936073	.612639	.47115172	-.11552143
7	.4255354	.4629291	3	.3608696	.3523704	.4299424	-.28208615
8	.4628054	.4605118	3	.3608696	.3523704	.43626719	-.25632554
9	.1236096	.1865622	2	.1666667	.1236096	.2121945	-1.3117479
10	.2744671	.362213	3	.3608696	.3523704	.309970463	-.80150056
11	.3389024	.3892902	3	.3608696	.3523704	.39631818	-.4208299
12	.2297103	.3434857	3	.3608696	.3523704	.28403795	-.9245193
13	.352977	.236717	3	.3608696	.3523704	.40733787	-.3749815
14	.2608945	.3892902	3	.3608696	.3523704	.32748539	-.71958038
15	.1597843	.2582108	3	.3608696	.3523704	.27548829	-.96695278
16	.2569741	.2991091	3	.3608696	.3523704	.32980095	-.70908549
17	.2754711	.2957721	3	.3608696	.3523704	.36316947	-.56163401
18	.5373791	.5643741	4	.5936073	.612639	.50215244	.0086098
19	.3563049	.4892997	3	.3608696	.3523704	.36516503	-.55301567
20	.2852433	.3200487	3	.3608696	.3523704	.31480387	-.77775532

图 4-78　LASSO Logit 回归预测

4.10.2　路径图

LASSO 路径图可以展示变量回归系数进行压缩，直至所有自变量系数压缩为 0 的过程，发表文章时这属于必须展示的内容，图 4-79 为含变量标签的路径图，当自变量较多，会显得非常凌乱，所以可以不显示标签，如图 4-80 所示。

```
lassologit hypoglycemia course_of_disease hypertension hyperlipidemia marital_
status cerebrovascular_diseases treat_time history_of_hypoglycemia dn dpvd
education cardiovascular gender insulin_injection_protocol drink_wine fatty_liver
pnp ldlc tg hdlc alt ast cr ins c_peptide age bun ua rbg grf sbp dbp fbg hba1c tc
bmi crp if dataset==1, plotpath(lambda) plotlabel plotopt(legend(off))
```

lassologit：指进行 lassologit 回归

hypoglycemia：为结局变量，后面为跟着的自变量

if dataset==1：指分析的数据集为训练集

plotpath(lambda)：指 X 轴为 Lambda 刻度

plotlabel：显示图中标签

plotopt(legend(off))：指不展示图例

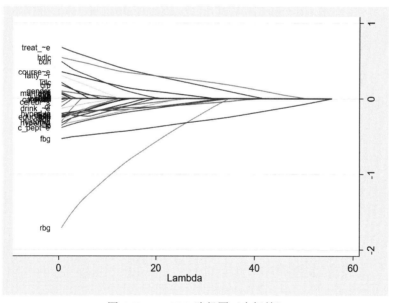

图 4-79　LASSO 路径图（含标签）

与上面代码含义相同，当自变量太多，采用上述写法会过于复杂，course_of_disease-crp 是指从 course_of_disease 到 crp 都是自变量，这样写就非常简洁。

```
lassologit hypoglycemia course_of_disease-crp if dataset==1,
plotpath(lambda) plotlabel plotopt(legend(off))
```

去除标签和图例：

```
lassologit hypoglycemia course_of_disease-crp if dataset==1, plotpath
(lambda) plotopt(legend(off))
```

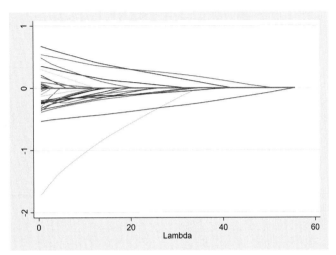

图 4-80　LASSO 路径图（无标签）

然而发表文章的时候，路径图通常以 In（lambda）为 X 轴作图，如图 4-81 所示。

```
lassologit hypoglycemia course_of_disease-crp if dataset==1, plotpath
(lnlambda) plotopt(legend(off))
```

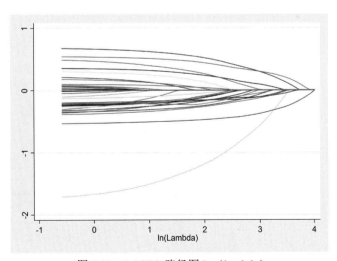

图 4-81　LASSO 路径图 In（lambda）

作图时，也可以 L1-Norm 为 X 轴作图，但比较少用，如图 4-82 所示。

```
lassologit hypoglycemia course_of_disease-crp if dataset==1, plotpath(norm)
plotopt(legend(off))
```

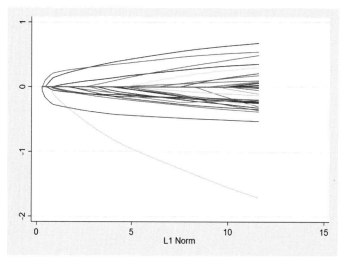

图 4-82　LASSO 路径图（L1 Norm）

有时候变量实在太多，我们可以指定我们关心的几个变量进行路径图制作。

先做 lassologit：

```
lassologit hypoglycemia course_of_disease-crp if dataset==1
```

再在作图选项中，选择几个变量作图，如图 4-83 所示。

```
lassologit,plotpath(lambda) plotvar(course_of_disease-treat_time)
plotlabel plotopt(legend(off))
```

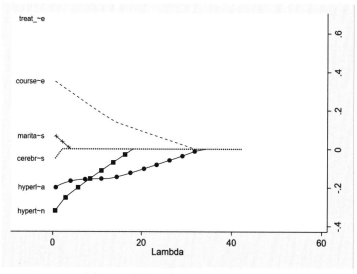

图 4-83　指定自变量 LASSO 路径图

4.10.3　CV-LASSO

LASSO 回归是添加惩罚系数的回归，采用交叉验证的目的是寻找最佳的模型系数。以下为 5 重交叉验证的 LASSO-Logit，为了得到的结果可以重复，我们设定随机数字种子数为 123。结果见图 4-84，图中展示最小损失时的 Lambda 模型系数，见图 4-85，以及最小损失 1 个 se 时的 Lambda，见图 4-86。

```
K-fold cross-validation with 5 folds.
Fold 1 2 3 4 5
                       Lambda      Deviance      St. err.

            6        27.481445    1.3388798     .0114319   ^
            9         18.00388    1.3301142    .01333322   *
* lopt = the lambda that minimizes loss measure.
  Run model: cvlassologit, lopt
^ lse = largest lambda for which MSPE is within one standard error of the minimum loss.
  Run model: cvlassologit, lse
  Use 'long' option for long output.
```

图 4-84　CV-LASSO 结果

```
. cvlassologit, lopt
                       Lambda      Deviance      St. err.

            6        27.481445    1.3388798     .0114319   ^
            9         18.00388    1.3301142    .01333322   *
* lopt = the lambda that minimizes loss measure.
  Run model: cvlassologit, lopt
^ lse = largest lambda for which MSPE is within one standard error of the minimum loss.
  Run model: cvlassologit, lse
  Use 'long' option for long output.
Estimate  with lambda=18.004 (lopt).


    Selected     |    Logistic        Post
                 |     Lasso          logit

course_of_disease|    0.1058030     0.2207532
   hyperlipidemia|   -0.1210849    -0.2433624
       treat_time|    0.3261028     0.6160816
        education|   -0.0615103    -0.1967092
               tg|   -0.0282418    -0.3745962
             hdlc|    0.3131771     0.4531660
              ins|   -0.0952009    -0.3643321
        c_peptide|   -0.1453698    -0.3344627
              bun|    0.0340189     0.2821879
              rbg|   -0.6552300    -1.6638841
              fbg|   -0.3929185    -0.5635205
              bmi|   -0.1140938    -0.1778834
            _cons|    0.7299166     2.1384630
```

图 4-85　最优 lambda 时的模型系数

```
cvlassologit hypoglycemia course_of_disease-crp if dataset==1, nfolds(5) seed(123)
```

cvlassologit：指进行交叉验证 lassologit

hypoglycemia：为结局二分类变量

course_of_disease-crp：自变量是从 course_of_disease 到 crp 所有变量

if dataset==1：指选定的数据集为训练集

nfolds(5)：是指进行 5 重交叉验证

seed(123)：设定随机数字种子，这个里面的数字大家自行指定即可，设定是为了保证数据分析结果的可重复，如果不设定，你会发现，再分析一次，得到的结果可能与上一次不一致

```
. cvlassologit, lse
                       Lambda      Deviance      St. err.

            6      27.481445     1.3388798      .0114319    ^
            9       18.00388     1.3301142     .01333322    *
* lopt = the lambda that minimizes loss measure.
  Run model: cvlassologit, lopt
^ lse = largest lambda for which MSPE is within one standard error of the minimum loss.
  Run model: cvlassologit, lse
  Use 'long' option for long output.
Estimate  with lambda=27.481 (lse).

           Selected          Logistic        Post
                               Lasso         logit

course_of_disease          0.0354736      0.2701721
    hyperlipidemia         -0.0483606     -0.3094002
        treat_time          0.1946888      0.6157730
              hdlc          0.2451652      0.4926703
         c_peptide         -0.0621195     -0.3351731
               rbg         -0.2656519     -1.6271646
               fbg         -0.3068838     -0.5568827
               bmi         -0.0753404     -0.2291419
             _cons          0.1442951      1.5894735
```

图 4-86　lambda.1 se 时的模型系数

选择最优 Lambda 做模型：

cvlassologit, lopt　　　选择交叉验证 MPSE 最小的时候对应的 Lambda 进行 Lassologit；

cvlassologit, lse　　　选择交叉验证 MSPE 的 1 se 处 Lambda 进行 Lassologit；

选择 Lambda 作模型，并存储模型用于预测：

```
cvlassologit, lopt postresults
cvlassologit, lse postresults
```

预测 cvlassologit 的预测概率：

```
predict double phat, pr
```

交叉验证图，如图 4-87 所示，图中实竖线为最小 MSPE 时的 Lambda，虚线为 MSPE 的 1 个标准误差位置的 Lambda。发表文章时，我们一般选择虚线处的 Lambda 作为惩罚系数，进行 LASSO 回归。

```
cvlassologit hypoglycemia course_of_disease-crp if dataset==1,nfolds(5)
seed(123) plotcv
```

如果想在图上加线，可以找到 lopt 和 1 se 的 Lambda，然后进行图像编辑，在作图区单击键，添加水平或垂直线

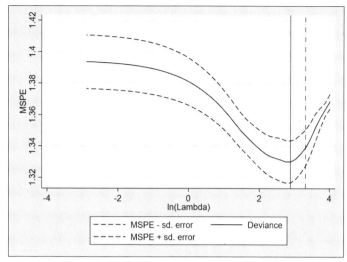

图 4-87　CV-LASSO 图

4.11　缺失值处理

缺失值处理一般有三种方法：直接删除法、单一插补法和多重插补法。

4.11.1　直接删除法

直接删除可以分为行删除和列删除。行删除是直接删除某个个案，而列删除是指删除数据集的某个变量。直接删除法简单、易操作，但是它要求缺失为完全随机缺失（MCAR），否则会产生明显的偏倚。直接删除法也会造成数据的浪费，大大削弱分析的效能。

4.11.2　单一插补法

单一插补法是指对缺失数据生成一个替换值，常用的方法有算术平均插补法、回归插补法、随机回归插补法。其优势在于创建完整的数据，对含有缺失数据的变量加以利用，但是大部分单一插补法即使是在 MCAR 的情况下，也会产生有偏估计。但随机回归插补法是例外，它是唯一可以对 MAR 数据产生无偏估计的方法。

4.11.3　多重插补法

多重插补法是近年非常流行的缺失值处理方法。传统的缺失值插补方法仅会对数据中的缺失值进行一次填补，而多重插补法可以对缺失值进行 5 倍或 10 倍的插补，形成完整的 5 套或 10 套数据，然后在统计分析时，软件会对这些多套数据逐个分析，最后采用 Rubin 法对多套分析结果进行合并，形成最终的结果。

多重插补法主要包括 MVN（Multivariate Normal Regression）和 MICE（Multiple imputation by Chained Equations）。

MVN 是基于多元正态回归方法，假设插补模型中的所有变量遵循联合多元正态分布。MVN 方法下回归是线性的，适用于连续变量，而当缺失数据中存在二元变量和分类变量，该方法的假设条件不再适用，但是，也有研究表明，当二元变量和分类变量数据中不存在严重偏斜时，MVN 方法依旧有较好的表现。

MICE 通过链式方程进行多重插补，又称为全条件定义法，或者顺序回归多重插补法。MICE 最初提出并应用于生存分析中，其与 MVN 方法的本质区别是在进行插补时不必考虑联合分布，而是利用单个变量的条件分布逐一进行插补。

（1）准备工作

```
mi set flong/mlong/wide    //声明插补后的数据结构
mi register imputed    //声明要插补的变量
```

（2）插补阶段

```
mi impute regress/logit    //单一插补
Mi impute monotone/mvn/chained    //多重插补
```

（3）分析与汇聚阶段

```
mi estimate    //分析并整合结果
```

① MVN 多重插补

```
webuse mheart5,clear    //调用系统数据
misstable summarize,gen(m_)    //查看缺失数据，如图 4-88 所示
```

```
. misstable summarize,gen(m_)

                                                    Obs<.
                                           Unique
    Variable    Obs=.    Obs>.    Obs<.    values      Min         Max

         age       12              142       142   20.73613    83.78423
         bmi       28              126       126   17.22643    38.24214
```

图 4-88　缺失数据个数展示

```
tab m_*    //缺失数据列表，如图 4-89 所示
```

```
. tab m_*

              (bmi>=.)
  (age>=.)        0        1     Total

         0      126       16       142
         1        0       12        12

     Total      126       28       154
```

图 4-89　缺失数据交叉列表

```
misstable pattern      // 缺失数据百分构成，如图 4-90 所示
misstable pattern,frequency      // 缺失数据频数构成，如图 4-91 所示
```

```
. misstable pattern

  Missing-value patterns
    (1 means complete)

              Pattern
  Percent     1  2

    82%       1  1

    10        1  0
     8        0  0

   100%

Variables are  (1) age  (2) bmi
```

图 4-90　缺失数据百分构成

```
. misstable pattern,frequency

  Missing-value patterns
    (1 means complete)

               Pattern
  Frequency    1  2

    126        1  1

     16        1  0
     12        0  0

    154

Variables are  (1) age  (2) bmi
```

图 4-91　缺失数据频数构成

```
mi set mlong      // 设置插补数据格式
mi register imputed age bmi      // 设置需要插补的变量
set seed 29390      // 设置随机数字种子
mi impute mvn age bmi = attack smokes hsgrad female, add(10)      // 采用 MVN
```
插补，插补 age 和 bmi

等号右边为模型公式，add(10) 是指进行 10 重插补，如图 4-92 所示。

```
. mi impute mvn age bmi = attack smokes hsgrad female, add(10)

Performing EM optimization:
note: 12 observations omitted from EM estimation because of all imputation variables missing
  observed log likelihood = -651.75868 at iteration 7

Performing MCMC data augmentation ...

Multivariate imputation              Imputations =       10
Multivariate normal regression             added =       10
Imputed: m=1 through m=10                 updated =        0

Prior: uniform                         Iterations =     1000
                                          burn-in =      100
                                          between =      100


                           Observations per m
      Variable    Complete   Incomplete   Imputed    Total

           age         142           12        12      154
           bmi         126           28        28      154

(complete + incomplete = total; imputed is the minimum across m
 of the number of filled-in observations.)
```

图 4-92　插补信息显示

查看数据集，可见已经对数据进行了 10 重插补，其中 _mi_m=0 代表原始数据集，_mi_m=1-10 代表插补的 10 套数据，如图 4-93 所示。

	attack	smokes	age	bmi	female	hsgrad	m_age	m_bmi	_mi_m	_mi_id	_mi_miss
145	1	0	51.00615	30.07775	0	0	0	0	0	145	0
146	1	1	67.36173	25.20801	0	0	0	0	0	146	0
147	0	1	.	.	0	1	1	1	0	147	1
148	1	0	73.62019	26.22303	0	1	0	0	0	148	0
149	0	0	54.73697	29.80227	0	1	0	0	0	149	0
150	0	0	62.59369	27.60805	0	1	0	0	0	150	0
151	1	1	50.92474	22.08045	0	1	0	0	0	151	0
152	0	0	68.98088	21.65055	0	1	0	0	0	152	0
153	0	0	51.87212	21.8849	0	0	0	0	0	153	0
154	1	1	55.15432	24.39598	0	1	0	0	0	154	0
155	0	0	58.46157	22.31011	0	0	0	0	1	1	.
156	0	0	38.57524	31.18536	0	1	0	0	1	14	.
157	1	0	63.25632	25.42671	0	1	1	0	1	30	.
158	0	0	51.87124	25.3096	0	1	0	0	1	32	.
159	0	0	37.21938	27.87692	1	1	0	0	1	33	.
160	1	0	30.08811	29.01144	0	1	0	0	1	38	.
161	1	0	66.82623	19.33863	0	0	0	0	1	47	.
162	1	0	59.04196	32.51582	0	1	0	1	1	52	.
163	0	0	65.81007	24.12402	0	1	0	0	1	55	.
164	1	0	46.18037	26.85094	0	1	0	0	1	57	.
165	0	1	29.96287	35.65271	0	0	0	1	1	61	.
166	0	1	59.51569	25.82854	1	1	0	0	1	63	.
167	1	1	45.12225	29.15532	0	0	0	0	1	66	.
168	1	0	68.88431	31.3137	1	0	1	0	1	68	.

图 4-93　插补后数据集

`mi estimate: logistic attack smokes age bmi hsgrad female` // 对插补后数据进行 Logsitic 回归，如图 4-94 所示

```
. mi estimate: logistic attack smokes age bmi hsgrad female

Multiple-imputation estimates          Imputations      =         10
Logistic regression                    Number of obs    =        154
                                       Average RVI      =     0.0835
                                       Largest FMI      =     0.2642
DF adjustment:   Large sample          DF:      min     =     139.75
                                                avg     =  19,591.87
                                                max     =  67,578.07
Model F test:       Equal FMI          F(  5, 4836.6)   =       3.32
Within VCE type:         OIM           Prob > F         =     0.0054

      attack |     Coef.   Std. Err.      t    P>|t|    [95% Conf. Interval]
      smokes |  1.187152   .3623514     3.28   0.001    .4768502   1.897453
         age |  .0315179   .0163884     1.92   0.055   -.0006696   .0637055
         bmi |  .1090419   .0516554     2.11   0.037    .0069434   .2111404
      hsgrad |  .1712372   .4054594     0.42   0.673   -.623472    .9659464
      female | -.065744    .4156809    -0.16   0.874   -.8804781   .7489901
       _cons | -5.369962   1.863821    -2.88   0.005   -9.054895  -1.685029
```

图 4-94　插补后数据 Logistic 回归结果

mi estimate,or　　// 输出 OR 值形式回归结果，如图 4-95 所示

```
. mi estimate,or

Multiple-imputation estimates          Imputations    =         10
Logistic regression                    Number of obs  =        154
                                       Average RVI    =     0.0835
                                       Largest FMI    =     0.2642
DF adjustment:    Large sample         DF:     min    =     139.75
                                               avg    =  19,591.75
                                               max    =  67,578.07
Model F test:        Equal FMI         F(  5, 4836.6)  =       3.32
Within VCE type:          OIM          Prob > F       =     0.0054

      attack | Odds Ratio   Std. Err.      t    P>|t|   [95% Conf. Interval]

      smokes |  3.277732    1.187691     3.28   0.001    1.610992    6.668887
         age |  1.03202     .0169132     1.92   0.055    .9993306    1.065778
         bmi |  1.115209    .0576066     2.11   0.037    1.006968    1.235086
       hsgrad |  1.186772    .4811879     0.42   0.673    .5360799    2.627273
      female |  .9363705    .3892313    -0.16   0.874    .4145846    2.114863
       _cons |  .0046543    .0086748    -2.88   0.005    .0001168     .185439

Note: _cons estimates baseline odds.
```

图 4-95　插补后数据回归结果 OR 形式展示

mi estimate,or : logistic attack smokes age bmi hsgrad female　　// 相当于
上面 2 步的合并

② MICE 插补案例

MICE 在 Stata 中可用的回归模型有：二元、有序和多分类逻辑回归，线性回归、泊松和负二项回归，其中线性回归为默认模式。依然以上述 attack 数据为例，我们调用 mheart5 数据后，另存为 attack_1，然后将 h_grad 变量删除部分值，变为含缺失值变量。图 4-96 为各种 MICE 插补形式列表。

Method	Description	mi impute method	uvis method
regress	Linear regression for a continuous variable	yes	yes
pmm	Predictive mean matching for a continuous variable	yes	yes*
logit	Logistic regression for a binary variable	yes	yes
ologit	Ordinal logistic regression for an ordinal variable	yes	yes
mlogit	Multinomial logistic regression for a nominal variable	yes	yes
intreg	Interval censored regression for a continuous variable	no	yes
nbreg	Negative binomial regression for a count variable	no	yes
bootstrap	Estimates regression coefficients in a bootstrap sample	no	yes**

图 4-96　各种插补形式列表

regress varlist　　// 设定模型为线性回归

mi set mlong　　// 声明数据结构，flong/mlong/wide

mi misstable summarize varlist　　// 查看缺失数据，如图 4-97 所示

```
. mi misstable summarize    //查看缺失数据
```

				Obs<.		
Variable	Obs=.	Obs>.	Obs<.	Unique values	Min	Max
age	12		142	142	20.73613	83.78423
bmi	28		126	126	17.22643	38.24214
hsgrad	5		149	2	0	1

图 4-97　缺失数据展示

mi register imputed age bmi hsgrad　　//声明要插补的变量

mi register regular varlist　　//声明完整数据变量

mi impute chained (logit) hsgrad (regress) age bmi =smokes female,add(10)　　//为不同类型缺失指定不同插补，进行 10 重插补

mi estimate:logistic attack smokes age bmi hsgrad female　　//多重插补 Logistic 回归，如图 4-98 所示

```
. mi estimate:logistic attack smokes age bmi hsgrad female
```

Multiple-imputation estimates		Imputations	=	10
Logistic regression		Number of obs	=	154
		Average RVI	=	0.0745
		Largest FMI	=	0.1946
DF adjustment: Large sample		DF: min	=	253.76
		avg	=	45,893.08
		max	=	157,480.37
Model F test: Equal FMI		F(5, 5689.1)	=	2.80
Within VCE type: OIM		Prob > F	=	0.0158

attack	Coef.	Std. Err.	t	P>|t|	[95% Conf. Interval]	
smokes	1.123538	.3503307	3.21	0.001	.4368936	1.810182
age	.0269715	.016703	1.61	0.107	-.0059061	.0598491
bmi	.066148	.0476687	1.39	0.166	-.0276331	.1599291
hsgrad	.2078621	.3969963	0.52	0.601	-.5702833	.9860076
female	-.1115765	.4068344	-0.27	0.784	-.9089634	.6858104
_cons	-4.012177	1.695265	-2.37	0.019	-7.350758	-.6735965

图 4-98　MICE 插补后 Logistic 回归结果

mi estimate, vartable nocitable　　//显示插补方差信息，如图 4-99 所示

Stata 多重插补后构建 Logistic 回归模型，不能运用 predict prob,pr 代码直接生成模型的预测概率，可以手动计算。多重插补是为了获得稳健的模型，得到模型公式后，需要在原始数据集中进行模型预测，得到预测概率，然后就可以进行区分度、校准度和 DCA 分析了，如：

```
gen logodds_brown = 1.1235*smokes+ 0.0269*age + 0.066144*bmi+ 0.20786*hsgrad
-0.1116female -4.0122
```

gen：指计算一个变量，是 generate 的缩写

logodds_brown：为将要产生的变量名，后面的公式就是 logodds_brown 的函数表达式。

```
. mi estimate, vartable nocitable

Multiple-imputation estimates               Imputations       =       10
Logistic regression

Variance information
```

	Imputation variance					Relative
	Within	Between	Total	RVI	FMI	efficiency
smokes	.121549	.001075	.122732	.009726	.009653	.999036
age	.000229	.000045	.000279	.216696	.183835	.981948
bmi	.001893	.000345	.002272	.200623	.17222	.98307
hsgrad	.154265	.003038	.157606	.02166	.021299	.997875
female	.164263	.001137	.165514	.007617	.007572	.999243
_cons	2.33269	.49203	2.87392	.232021	.194648	.980907

图 4-99　插补方差信息结果

```
gen phat =invlogit(logodds_brown)
```

gen：指计算一个变量，名称叫作 phat，其数值就是上面 logodds_brown 的 invlogit，其实就是预测概率。

第 5 章
Stata 预后临床预测模型实战

所谓预后类临床预测模型，基于统计分析方法是指利用生存分析进行预测模型构建的模型，该模型不仅考虑结局，更考虑结局发生的时间。其建模策略与诊断类预测模型相同，但是分析难度要高于诊断类预测模型。

诊断类预测模型适用于横断面研究、病例对照研究以及队列研究不考虑时间的情况，总体分析上相当于一个时间的断面，相当于一张照片；而预后研究的结局发生是一个动态过程，相当于一个动态的视频，可以包括若干时间的断面，加上 COX 回归从统计的角度看也比 Logistic 回归要难一点，因此，预后研究的难度稍高。Stata 目前在预后研究的某些技术上也缺乏相应的软件包，因此，本章我们只对现有的技术进行讲解。

5.1　模型构建

下面继续以肝癌数据为例，探讨肝癌预后的风险因素。其中 dead 为因变量，time 为随访时间，单位为月，group 为分组变量（1= 训练集，0= 验证集），其他变量为自变量，如图 5-1 所示，数据见 liver_cancer.dta。

	ID	Sex	Age	age66	HBV	HCV	A1c	burden	CTP	PS	NewAFP	DM	GFR60	group	dead	time
1	6	1	81	1	1	0	0	3	0	4	0	0	1	0	1	2
2	9	1	79	1	0	0	0	2	0	4	1	1	0	1	1	2
3	15	1	79	1	1	0	0	3	0	4	0	0	1	0	1	1
4	20	0	72	1	0	0	0	3	0	3	0	1	1	1	1	36
5	25	1	60	0	0	0	1	3	0	4	0	1	0	0	1	3
6	26	1	56	0	1	0	0	3	0	4	0	0	1	1	1	3
7	27	1	80	1	1	0	0	3	1	4	0	0	1	0	1	3
8	43	1	85	1	0	0	0	2	0	3	0	1	0	1	1	2
9	53	1	87	1	0	0	0	3	2	3	0	0	0	0	0	1
10	71	1	64	0	1	0	1	2	2	3	1	0	1	1	1	2
11	79	1	82	1	0	0	0	2	1	4	0	0	0	0	1	0
12	81	0	43	0	1	0	0	3	2	4	1	0	1	1	1	2
13	87	1	66	0	0	0	0	3	0	3	0	1	1	0	1	19
14	103	0	87	1	0	1	0	3	1	4	1	0	0	1	1	1
15	124	1	47	0	1	0	0	1	2	1	0	0	1	1	1	52

图 5-1　liver_cancer 数据

该数据 age 为数值变量，burden（疾病负担）和 PS（performance score）为等级变量，其他均为二分类（0-1）变量。构建模型时，二分类变量是最简单的变量，直接纳入模型无须做任何考虑。数值变量有时需要根据专业进行降维，比如本例对于年龄按照是否大于 66 岁，降维为二分类变量 age66。单因素分析是 age 和 age66 可分别进行分析，如果两个都有统计学意义，在多因素分析的时候，也只能选择一个变量进行分析，因为，毕竟它俩属于同一个变量。

5.1.1　建立时间变量和结局变量

```
stset time, failure(dead==1)
```

stset：指设置生存分析结局和时间

time：是生存时间

failure(dead==1)：指定结局变量为 dead，结局事件为 dead==1

在数据集中会生成如下 4 个变量：

- _st = 1：表示该观测值的数据会被使用
- _d：表示在一个记录中是否发生过关注事件
- _t：代表一个记录的结束时间
- _t0：代表一个记录的开始时间

5.1.2　单因素分析

首先对 sex 进行单因素分析：

```
stcox sex if group==1
```

stcox：代表生存分析

sex：是纳入的研究因素

if group==1：指定分析的数据集，对 sex 进行单因素分析

结果 $P=0.878$，说明性别与肝癌死亡无关，如图 5-2 所示。

```
Cox regression -- Breslow method for ties

No. of subjects =          175          Number of obs    =          175
No. of failures =          160
Time at risk    =         1487
                                         LR chi2(1)       =         0.02
Log likelihood  =    -700.26753          Prob > chi2      =       0.8777

        _t | Haz. Ratio   Std. Err.      z    P>|z|     [95% Conf. Interval]
       sex |  1.030954    .2048313     0.15   0.878     .6984281    1.521799
```

图 5-2　sex 单因素分析结果

```
stcox age if group==1
```

对年龄进行单因素分析，结果见图 5-3，$P=0.132 > 0.05$，表明年龄与肝癌死亡发生的关系也没有统计学意义。

```
Cox regression -- Breslow method for ties

No. of subjects =          175          Number of obs    =        175
No. of failures =          160
Time at risk    =         1487
                                        LR chi2(1)       =       2.25
Log likelihood  =    -699.15488         Prob > chi2      =     0.1337

         _t | Haz. Ratio   Std. Err.      z    P>|z|    [95% Conf. Interval]

        age |  .9920582    .0052539    -1.51   0.132    .981814    1.002409
```

图 5-3　age 与肝癌死亡关系分析结果

```
stcox hbv if group==1
```

对 hbv 进行单因素分析，结果见图 5-4，$P=0.016 < 0.05$，表明 hbv 与肝癌死亡发生的关系有统计学意义。

```
Cox regression -- Breslow method for ties

No. of subjects =          175          Number of obs    =        175
No. of failures =          160
Time at risk    =         1487
                                        LR chi2(1)       =       5.72
Log likelihood  =    -697.42169         Prob > chi2      =     0.0168

         _t | Haz. Ratio   Std. Err.      z    P>|z|    [95% Conf. Interval]

        hbv |  1.475712    .2388024     2.40   0.016    1.074629    2.02649
```

图 5-4　hbv 与肝癌死亡关系分析结果

如此反复，直至所有变量单因素分析完毕，所有结果见表 5-1。可见以 $P < 0.1$ 为纳入标准，hbv、hcv、burden、ctp、ps 和 newafp 可进行多因素分析。

表 5-1　单因素分析结果列表

变量	sex	age	hbv	hcv	alc	burden	ctp	ps	newafp	dm	gfr60
P 值	0.878	0.132	0.016	0.080	0.753	0.000	0.064	0.019	0.000	0.496	0.649

5.1.3　多因素分析

（1）enter 法

对单因素以 $P < 0.1$ 为标准纳入的 6 个单因素进行多因素分析，采用 enter 法。

```
stcox hbv hcv burden ctp ps newafp if group==1
```

```
estimates store A
```
　　将结果存储为 A，见图 5-5。

（2）向后逐步法

对单因素以 $P < 0.1$ 为标准纳入的 6 个单因素进行多因素分析，采用向后逐步法。

```
sw cox _t hbv hcv burden ctp ps newafp if group==1,t0(_t0) dead(_d) pr(0.05)
```

sw：是 stepwise 逐步回归的缩写

cox：指进行 COX 回归

```
No. of subjects =            175          Number of obs    =         175
No. of failures =            160
Time at risk    =           1487
                                          LR chi2(6)       =       51.53
Log likelihood  =     -674.51492          Prob > chi2      =      0.0000


        _t │  Haz. Ratio   Std. Err.      z    P>|z|     [95% Conf. Interval]
───────────┼────────────────────────────────────────────────────────────────
       hbv │   1.666622    .3253981     2.62   0.009     1.136698    2.443595
       hcv │   1.252722    .2424668     1.16   0.244     .8572411    1.830655
    burden │   1.690708    .222321      3.99   0.000     1.306589    2.187751
       ctp │   1.327049    .1714129     2.19   0.028     1.03024     1.709367
        ps │   1.240698    .1403606     1.91   0.057     .993961     1.548684
    newafp │   1.43268     .2521938     2.04   0.041     1.014642    2.022953
```

图 5-5　enter 法分析结果

_t：指定时间变量，后面 6 个是自变量

if group==1：指定数据集

t0(_t0)：指定基线参照时间点

dead(_d)：指定结局变量

pr(0.05)：指向后逐步，以 $P < 0.05$ 为标准

`estimates store B`　　将结果存储为 B；pr(0.05)：向后以 0.05 为筛选标准。

```
Cox regression -- Breslow method for ties
Entry time _t0                            Number of obs    =         175
                                          LR chi2(3)       =       43.82
                                          Prob > chi2      =      0.0000
Log likelihood = -678.36778               Pseudo R2        =      0.0313


        _t │    Coef.     Std. Err.      z    P>|z|     [95% Conf. Interval]
───────────┼────────────────────────────────────────────────────────────────
       hbv │   .4213912    .1658284     2.54   0.011     .0963735    .7464089
    newafp │   .4200527    .176255      2.38   0.017     .0745992    .7655062
    burden │   .5732643    .1270284     4.51   0.000     .3242932    .8222354
```

图 5-6　向后逐步法分析结果

（3）向前逐步

对单因素以 $P < 0.1$ 为标准纳入的 6 个单因素进行多因素分析，采用向前逐步法。

```
sw cox _t sex age hbv hcv alc burden ctp ps newafp dm gfr60 if group==1,t0(_t0)
dead(_d) pe(0.05)
```

解释同前，其中 pe(0.05) 是指向前逐步回归，以 $P < 0.05$ 为标准，如图 5-7 所示。

```
Cox regression -- Breslow method for ties
Entry time _t0                            Number of obs    =         175
                                          LR chi2(3)       =       43.82
                                          Prob > chi2      =      0.0000
Log likelihood = -678.36778               Pseudo R2        =      0.0313


        _t │    Coef.     Std. Err.      z    P>|z|     [95% Conf. Interval]
───────────┼────────────────────────────────────────────────────────────────
    burden │   .5732643    .1270284     4.51   0.000     .3242932    .8222354
       hbv │   .4213912    .1658284     2.54   0.011     .0963735    .7464089
    newafp │   .4200527    .176255      2.38   0.017     .0745992    .7655062
```

图 5-7　向前逐步法分析结果

```
estimates store C    将结果存储为 C；pe(0.05)：向前以 0.05 为筛选标准。
```

（4）双向逐步法

```
sw cox _t sex age hbv hcv alc burden ctp ps newafp dm gfr60    if
group==1,t0(_t0) dead(_d) pe(0.05) pr(0.1)
estimates store D
```

将结果存储为 D；pe(0.05) pr(0.1)：向前 0.1 向后 0.05 为标准，结果如图 5-8 所示。

```
Cox regression -- Breslow method for ties
Entry time _t0                                  Number of obs   =       175
                                                LR chi2(5)      =     50.19
                                                Prob > chi2     =    0.0000
Log likelihood = -675.18568                     Pseudo R2       =    0.0358

         _t │      Coef.    Std. Err.        z    P>|z|     [95% Conf. Interval]

        hbv │   .4010671    .1698929     2.36    0.018     .0680833    .734051
     newafp.│   .3741195    .1763097     2.12    0.034     .0285588   .7196802
     burden │   .5266707    .1306177     4.03    0.000     .2706646   .7826767
        ctp │   .2919509    .1286284     2.27    0.023     .0398438    .544058
         ps │    .20494     .1120997     1.83    0.068    -.0147714   .4246513
```

图 5-8　双向逐步法分析结果

5.1.4　模型比较

对构建的 4 个模型进行 AIC 比较，确定最终模型，图 5-9 为各模型 AIC 和 BIC 展示。

```
estimates table _all, stats(aic bic)
```

```
. estimates table _all, stats(aic bic)

  Variable │      A            B            C            D

       hbv │  .51079895    .42139119    .42139119    .40106714
       hcv │  .22531873
    burden │  .52514726    .57326431    .57326431    .52667066
       ctp │  .28295762                              .29195091
        ps │  .21567412                              .20493996
    newafp │  .35954691    .42005272    .42005272    .3741195

       aic │  1361.0298    1362.7356    1362.7356    1360.3714
       bic │  1380.0186    1372.2299    1372.2299    1376.1953
```

图 5-9　模型 AIC 和 BIC 比较

```
lrtest A B    模型 A 和模型 B 的 AIC 比较：
lrtest A D    模型 A 和模型 D 的 AIC 比较：
lrtest B D    模型 B 和模型 D 的 AIC 比较，结果如图 5-10 所示：
```

由结果可见，A 和 B 的差异无统计学意义，按照自变量节约原则，可以选择 B；A 和 D 的差异无统计学意义，按照自变量节约原则，可以选择 D；B 和 D 的差异有统计学意义，D 的 AIC=1360.3714 ＜ B 的 AIC=1362.7356，因此选择 D。故最终选择模型 D 含有 5 个因素模型。

```
. lrtest A B

Likelihood-ratio test                              LR chi2(3) =        7.71
(Assumption: B nested in A)                        Prob > chi2 =      0.0525

. lrtest A D

Likelihood-ratio test                              LR chi2(1) =        1.34
(Assumption: D nested in A)                        Prob > chi2 =      0.2468

. lrtest B D

Likelihood-ratio test                              LR chi2(2) =        6.36
(Assumption: B nested in D)                        Prob > chi2 =      0.0415
```

图 5-10　各模型 AIC 比较

5.1.5　确定最终模型

重新运行 D 一次，看下 HR 的结果，如图 5-11 所示。

```
stcox hbv burden ctp ps newafp if group==1,hr
```

stcox：指进行 COX 回归，后面 5 个为自变量

if group==1：指定数据集为训练集

hr：指结果显示采用 hr 表示

```
COX regression -- Breslow method for ties

No. of subjects =          175          Number of obs    =          175
No. of failures =          160
Time at risk    =         1487
                                        LR chi2(5)       =        50.19
Log likelihood  =    -675.18568         Prob > chi2      =       0.0000

        _t    Haz. Ratio   Std. Err.      z    P>|z|     [95% Conf. Interval]

       hbv     1.493418    .253721     2.36   0.018     1.070454    2.083504
    burden     1.693285    .2211731    4.03   0.000     1.310835    2.187319
       ctp     1.339037    .1722383    2.27   0.023     1.040648    1.722985
        ps     1.227451    .1375969    1.83   0.068     .9853371    1.529057
    newafp     1.453711    .2563033    2.12   0.034     1.028971    2.053776
```

图 5-11　最终多因素分析结果

绘制生存曲线，此步不是必需，对于临床预测模型，可以不做，如图 5-12 所示。不同因素水平生存曲线如图 5-13 所示。

```
stcurve, survival
stcurve, survival at1(hbv=0) at2(hbv=1)
```

stcurve：生存分析曲线

survival：指定进行的是生存分析

at1(hbv=0) 和 at2(hbv=1)：指绘制 hbv 分别为 0 和 1 的生存曲线

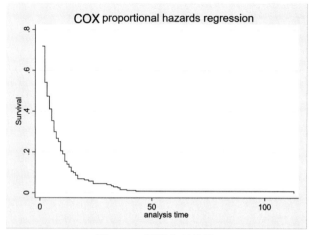

图 5-12　模型生存曲线

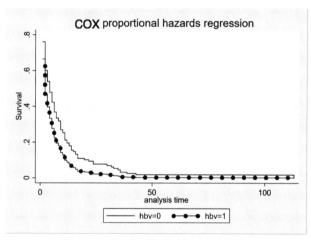

图 5-13　模型因素不同水平生存曲线

5.2　区分度

对于诊断模型的 Logistic 回归，区分度可以计算 AUC 和 ROC 曲线；对于生存分析，区分度可以采用 C-index 和时点 ROC 曲线，注意这里的 C-index 是针对 COX 回归模型的整体的统计量，没有时点 C-index 之说。

5.2.1　C-index

训练集总的 C-index：

```
stset time,f(dead==1)
stcox hbv burden ctp ps newafp if group==1
```

默认 if group==1，此步不能估算可信区间，结果见图 5-14。

```
estat concordance
```

```
. estat concordance

        failure _d:  dead == 1
 analysis time _t:  time

Harrell's C concordance statistic

Number of subjects (N)              =      175
Number of comparison pairs (P)      =    12623
Number of orderings as expected (E) =     9182
Number of tied predictions (T)      =      262

Harrell's C = (E + T/2) / P  =    0.7378
                  Somers' D  =    0.4756
```

图 5-14　C 指数

这个代码只能计算训练集的 C-index，而且无可信区间。

5.2.2　C-index 和 Somers_D 及 95% 可信区间

```
stset time, failure(dead==1) scale(1)
```

下面框中的代码可以计算精确估计的 C 指数，但与近似法相差不大，我们跳过直接操作。

```
*****************************************************
assert time==int(time)
generate time1=time+0.5*(dead==0)
stset time1,failure(dead)
*****************************************************
stcox hbv burden ctp ps newafp if group==1
estat concordance
```

`predict hr`　　根据模型预测 hr 值

`generate invhr=1/hr`　　　计算 hr 倒数

`generate censind=1- _d if _st==1`　　　产生一个删失数据指示变量，如图 5-15 所示

（1）训练集的 C-index and 95%CI

somersd 函数：进行 C 指数计算的函数

_t：生存指定时间变量

invhr：hr 的倒数

if _st==1&group==1：指定研究的数据集

cenind(censind)：指定删失数据指定变量

tdist：指基于 t 分布进行分析

transf(c)：指定采用 c 转换

	_t0	_est_A	_est_B	_est_C	_est_D	_est_E	hr	invhr	censind
1	0	0	0	0	0	0	16.45845	.0607591	0
2	0	1	1	1	1	1	9.461403	.1056926	0
3	0	0	0	0	0	0	16.45845	.0607591	0
4	0	1	1	1	1	1	8.978491	.1113773	0
5	0	0	0	0	0	0	11.02066	.0907387	0
6	0	1	1	1	1	1	16.45845	.0607591	0
7	0	0	0	0	0	0	22.03848	.0453752	0
8	0	1	1	1	1	1	5.302409	.1885935	0
9	0	0	0	0	0	0	24.04196	.0415939	1
10	0	1	1	1	1	1	20.64039	.0484487	0
11	.	0	0	0	0	0	8.715055	.114744	.
12	0	1	1	1	1	1	42.89951	.0233103	0
13	0	0	0	0	0	0	13.05213	.0766158	0
14	0	1	1	1	1	1	21.45252	.0466146	0
15	0	0	0	0	0	0	5.56546	.1796797	0
16	0	1	1	1	1	1	8.385126	.1192588	0
17	0	0	0	0	0	0	34.95007	.0286123	1
18	0	1	1	1	1	1	6.310299	.1584711	0
19	0	0	0	0	0	0	5.56546	.1796797	0
20	0	1	1	1	1	1	26.10089	.0383129	0

图 5-15　生成 3 个变量

```
somersd _t invhr if _st==1&group==1, cenind(censind) tdist transf(c)
```

估算训练集的 C 指数和可信区间，结果发现 C-index=0.7384，95%CI：0.6927-0.7482，如图 5-16 所示。

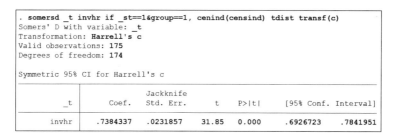

图 5-16　训练集 C 指数

（2）验证集 C-index and 95%CI

估算验证集的 C 指数和可信区间，结果发现 C-index=0.7112，95%CI：0.6566-0.7659，如图 5-17 所示。

```
somersd _t invhr if _st==1&group==0, cenind(censind) tdist transf(c)
```

（3）训练集 Somers_D and 95%CI

```
somersd _t invhr if _st==1&group==1, cenind(censind) tdist transf(z)
```

解释同上，其中 transf(z) 是指进行 z 转换，估算训练集的 D 指数和可信区间，结果发现 D_index=0.5189，95%CI：0.4004-0.6374，如图 5-18 所示。

（4）验证集的 Somers_D and 95%CI

```
somersd _t invhr if _st==1&group==0, cenind(censind) tdist transf(z)
```

```
. somersd _t invhr if _st==1&group==0, cenind(censind) tdist transf(c)
Somers' D with variable: _t
Transformation: Harrell's c
Valid observations: 175
Degrees of freedom: 174

Symmetric 95% CI for Harrell's c
```

_t	Coef.	Jackknife Std. Err.	t	P>|t|	[95% Conf. Interval]
invhr	.7112384	.0276866	25.69	0.000	.6565936　.7658832

图 5-17　验证集 C 指数

```
. somersd _t invhr if _st==1&group==1, cenind(censind) tdist transf(z)
Somers' D with variable: _t
Transformation: Fisher's z
Valid observations: 175
Degrees of freedom: 174

Symmetric 95% CI for transformed Somers' D
```

_t	Coef.	Jackknife Std. Err.	t	P>|t|	[95% Conf. Interval]
invhr	.5189219	.0600201	8.65	0.000	.4004607　.637383

```
Asymmetric 95% CI for untransformed Somers' D
          Somers_D    Minimum    Maximum
invhr    .47686747  .38034309  .56311504
```

图 5-18　训练集 Somers_D 指数

估算验证集的 D 指数和可信区间，结果发现 D_index=0.4507，95%CI：0.3177-0.5837，如图 5-19 所示。在预测模型校准度评价指标中，C 指数常用，D 指数很少报告。

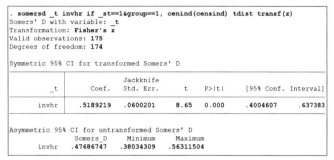

```
. somersd _t invhr if _st==1&group==0, cenind(censind) tdist transf(z)
Somers' D with variable: _t
Transformation: Fisher's z
Valid observations: 175
Degrees of freedom: 174

Symmetric 95% CI for transformed Somers' D
```

_t	Coef.	Jackknife Std. Err.	t	P>|t|	[95% Conf. Interval]
invhr	.4507031	.0674039	6.69	0.000	.3176686　.5837375

```
Asymmetric 95% CI for untransformed Somers' D
          Somers_D    Minimum    Maximum
invhr    .42247676  .30739735  .52537664
```

图 5-19　验证集 Somers_D 指数

5.2.3　时点 ROC 曲线（Time ROC）

（1）首先设置时间变量然后进行回归

```
stset time, failure(dead==1) scale(1)
stcox hbv burden ctp ps newafp if group==1
```

（2）生成 12month 的 failure 率

时间点 12months：

```
predbasesurv ,time(12) generate(bsurv12) gsurv(surv12)
```

predbasesurv：预测基线生存概率函数

time(12)：指研究时间点为 12 个月

generate(bsurv12)：指生存 12 个月的基线生存概率（可以理解为第 12 个月的第 1 天）

gsurv(surv12)：生成 12 个月生存概率（可以理解为 12 个月的最后 1 天）

`gen p12=1-surv12` 　　生成一个变量 $p12$，12 个月末的死亡概率（1- 生存概率）：

`label var p12 "Probability of Failure at 12 months"` 　　给 $p12$ 进行变量标签：

（3）生成 36month failurerate

时间点 36months（解释同上）：

```
predbasesurv ,time(36) generate(bsurv36) gsurv(surv36)
gen p36=1-surv36
label var p36 "Probability of Failure at 36 months"
```

（4）产生 1 年时间节点的生存与死亡分组变量

`gen oneyear=0` 　　生成一个变量 oneyear，所有变量值均为 0：

`replace oneyear=1 if _t<=12 & _d==1` 　　把 12 个月内死亡的替换为 1：

（5）产生 3 年时间节点的生存与死亡分组变量

`gen threeyear=0` 　　生成一个变量 threeyear，所有变量值均为 0：

`replace threeyear=1 if _t<=36 & _d==1` 　　把 36 个月内死亡的替换为 1：

经过上面几步，生成了 12 个月的死亡与生存情况，和 36 个月的死亡和生存情况，同时知道这 2 个时间点的死亡概率，$p12$ 和 $p36$，已经具备绘制时点 ROC 曲线的条件，如图 5-20 所示。

（6）计算训练集 1 年和 3 年的 ROC 曲线

	_d	_t	_t0	bsurv12	surv12	p12	bsurv36	surv36	p36	oneyear	threeyear
1	1	2	0	.87075716	.10251773	.8974823	.74697381	.0082187	.9917813	1	1
2	1	2	0	.87075716	.26998645	.7300135	.74697381	.06328359	.9367164	1	1
3	1	1	0	.87075716	.10251773	.8974823	.74697381	.0082187	.9917813	1	1
4	1	36	0	.87075716	.28864655	.7113534	.74697381	.07285736	.9271426	0	1
5	1	3	0	.87075716	.21758349	.7824165	.74697381	.04015517	.9598448	1	1
6	1	3	0	.87075716	.10251773	.8974823	.74697381	.0082187	.9917813	1	1
7	1	3	0	.87075716	.04736123	.9526387	.74697381	.00161378	.9983862	1	1
8	1	3	0	.87075716	.48007566	.5199243	.74697381	.21291846	.7870815	1	1
9	0	1	0	.87075716	.03598281	.9641072	.74697381	.00089952	.9991005	0	0
10	1	1	0	.87075716	.05747147	.9425285	.74697381	.00242646	.9975736	1	1
11	.	.	.	.87075716	.29936403	.700636	.74697381	.07867727	.9213227	0	0
12	1	2	0	.87075716	.00264006	.9973599	.74697381	3.672e-06	.9999963	1	1
13	1	19	0	.87075716	.16425882	.8357412	.74697381	.02220063	.9777994	0	1
14	1	1	0	.87075716	.05136184	.9486381	.74697381	.00191461	.9980854	1	1
15	1	52	0	.87075716	.46291319	.5370868	.74697381	.19719058	.8028094	0	0
16	1	10	0	.87075716	.31334972	.6866503	.74697381	.08662625	.9133738	1	1
17	0	1	0	.87075716	.00793229	.9920677	.74697381	.00003733	.9999627	0	0
18	1	2	0	.87075716	.41757309	.5824269	.74697381	.15867883	.8413212	1	1
19	1	61	0	.87075716	.46291319	.5370868	.74697381	.19719058	.8028094	0	0
20	1	2	0	.87075716	.02699355	.9730064	.74697381	.00049335	.9995067	1	1

图 5-20　生成的时间点变量

`roctab oneyear p12 if group==1` 　　训练集 12 个月 AUC，如图 5-21 所示。

```
. roctab oneyear p12 if group==1

                             ROC                    —Asymptotic Normal—
                 Obs         Area     Std. Err.     [95% Conf. Interval]

                 193       0.6621       0.0437       0.57639      0.74779
```

图 5-21　训练集 12 个月 AUC

`roctab oneyear p12 if group==1,graph`　　训练集 12 个月 ROC，如图 5-22 所示。

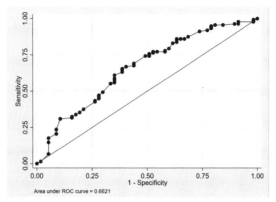

图 5-22　训练集 12 个月 ROC

`roctab threeyear p36 if group==1`　　训练集 36 个月 AUC，如图 5-23 所示。

```
. roctab threeyear p36 if group==1

                             ROC                    —Asymptotic Normal—
                 Obs         Area     Std. Err.     [95% Conf. Interval]

                 193       0.5599       0.0541       0.45392      0.66587
```

图 5-23　训练集 36 个月 AUC

`roctab threeyear p36 if group==1,graph`　　训练集 36 个月 ROC，如图 5-24 所示。

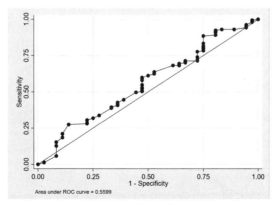

图 5-24　训练集 36 个月 ROC

（7）计算验证集 1year and 3year ROC 曲线

`roctab oneyear p12 if group==0`　　验证集 12 个月 AUC，如图 5-25 所示。

```
. roctab oneyear p12 if group==0

                         ROC                    —Asymptotic Normal—
            Obs         Area     Std. Err.      [95% Conf. Interval]

            193        0.6220      0.0526        0.51882     0.72519
```

图 5-25　验证集 12 个月 AUC

`roctab oneyear p12 if group==0,graph`　　验证集 12 个月 ROC，如图 5-26 所示。

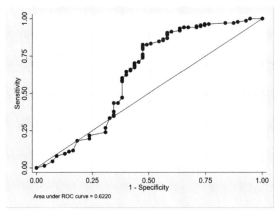

图 5-26　验证集 12 个月 ROC

`roctab threeyear p36 if group==0`　　验证集 36 个月 AUC，如图 5-27 所示。

```
. roctab threeyear p36 if group==0

                         ROC                    —Asymptotic Normal—
            Obs         Area     Std. Err.      [95% Conf. Interval]

            193        0.5574      0.0590        0.44177     0.67302
```

图 5-27　验证集 36 个月 AUC

`roctab threeyear p36 if group==0,graph`　　验证集 36 个月 ROC，如图 5-28 所示。

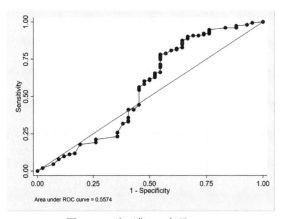

图 5-28　验证集 36 个月 ROC

5.3　校准度

对于诊断预测模型，可以计算 Hosmer-Lemeshow 检验评价准确度，但是对于预后模型的 COX 回归，只能绘制校准曲线评估准确度，可以计算各个时间点的校准曲线。

`help stcoxcal`：可以输入这个代码查看详细的帮助说明。

5.3.1　建立模型

`stset time, failure(dead==1) scale(1)`　　// 指定时间变量

注意，val() 要求括号内非零为验证集，而我们数据集中为 1= 训练集，0= 验证集，因此必须要先进性转换。如果您以后分组，直接定义 0= 训练集，1= 验证集，那就符合这个包的应用条件，直接用就可以了。

`stcox hbv burden ctp ps newafp if group==1`　　// 再跑一遍模型

5.3.2　训练集时点校准曲线

预测模型线性评分 xb 值：

```
predict xb, xb
stcoxcal xb, times(1(1)6)
```

校准曲线，1 ～ 6 个月，6 个时间点，对训练集进行 6 个时间点的校准曲线分析，见图 5-29。

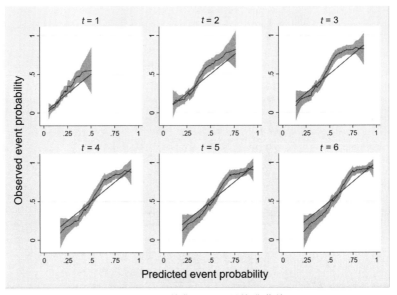

图 5-29　训练集 1 ～ 6 月校准曲线

Help 文档中，如下说明一定注意。

By default, stcoxcal examines calibration of a model on its "own" dataset. With the val()

option, stcoxcal can be used to examine model calibration in an independent dataset (that is, for external validation).

```
stcoxcal xb, val(group) times(1(1)6) test
```

5.3.3 验证集时点校准曲线

注意，be careful:val(group) 必须 0-1 变量，val（group）代表对数据集中的不等于 0 的数据进行验证，所以我们建模最好以 0 为训练集，1 为验证集。

如下将原来数据集中的 group，1-0,0-1，再进行校准曲线，如图 5-30 所示。

```
gen group1=1-group
```
生成 group1 变量，将 group 中 1-0 对调，即 1= 验证集：

```
stcoxcal xb, val(group1) times(1(1)6) test
```

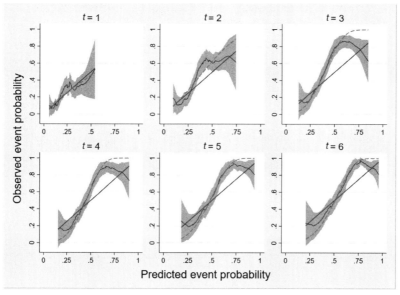

图 5-30 验证集 1 ～ 6 月校准曲线

5.3.4 训练集校准曲线加强版

```
help pmcalplot
```
可以查看 pmcalplot 的详细说明文档，结果如图 5-31 所示。

定义时间与生存分析回归：

```
stset time, failure(dead==1)
stpm2 hbv burden ctp ps newafp if group==1, df(2)
```

```
gen time1=10
```
生成时间变量 time1=10 个月：

```
predict prob,s timevar(time1)
```
预测 10 个月的生存概率：

```
gen p_event=1-prob
```
计算 10 个月的死亡概率：

`pmcalplot p_event if group==1,ci surv t(10)`　　　绘制训练集 10 个月的校准曲线，如图 5-32 所示。

```
Log likelihood = -244.35511                    Number of obs    =    175

                 Coef.    Std. Err.     z     P>|z|    [95% Conf. Interval]

xb
       hbv      .5595895   .1679378    3.33   0.001    .2304375    .8887415
    burden      .6418045   .1276412    5.03   0.000    .3916324    .8919766
       ctp      .3488833   .1272323    2.74   0.006    .0995126    .598254
        ps      .2480163   .1106865    2.24   0.025    .0310747    .4649579
    newafp      .4005583   .1729778    2.32   0.021    .0615281    .7395885
     _rcs1     1.245991    .0750064   16.61   0.000   1.098981    1.393001
     _rcs2      .2693663   .0423153    6.37   0.000    .1864298    .3523029
     _cons    -3.82613     .5041001   -7.59   0.000  -4.814148   -2.838112
```

图 5-31　stpm2 回归结果

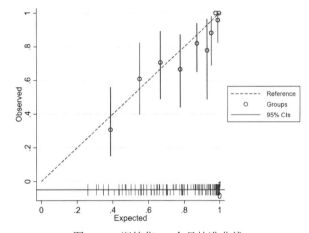

图 5-32　训练集 10 个月校准曲线

pmcalplot：predict model calibration plot 的缩写，就是预测模型校准曲线

p_event：为死亡概率

if group==1：指定分析数据集为训练集

ci：指可信区间

surv：指生存分析

t(10)：指定研究时间点

5.3.5　验证集校准曲线加强版

同上：

`pmcalplot p_event if group==0,ci surv t(10)`

`predict lp, xbnobaseline`　　　预测线性预测概率；

`pmcalplot p_event if group==1, ci surv t(10) lp(lp)`　　　基于线性预测概率绘制校准曲线，如图 5-33、图 5-34 所示。

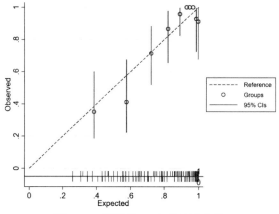

图 5-33　验证集 10 个月校准曲线

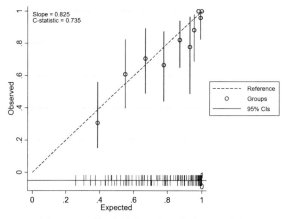

图 5-34　添加线性统计的训练集校准曲线

```
pmcalplot p_event if group==0, ci surv t(10) lp(lp)
```
同上，如图 5-35 所示。

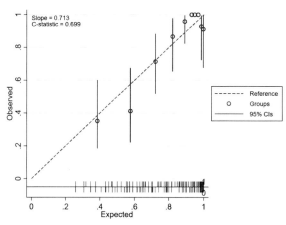

图 5-35　添加线性统计的验证集校准曲线

5.4　决策曲线

5.4.1　建立模型

`stset time f(dead==1)`　设定生存分析时间和结局：

`stcox hbv burden ctp ps newafp if group==1`　构建生存分析的 COX 回归模型：

5.4.2　设立时间节点死亡概率

12months 生存 12 个月的生存概率：

`predbasesurv ,time(12) generate(bsurv12) gsurv(surv12)`

`gen p12=1-surv12`　计算 12 个月死亡概率

`label var p12 "Probability of Failure at 12 months"`　变量打标签：

生存 24 个月生存概率：

`predbasesurv ,time(24) generate(bsurv24) gsurv(surv24)`

`gen p24=1-surv24`　计算 24 个月死亡概率：

`label var p24 "Probability of Failure at 24 months"`　变量打标签：

5.4.3　模型组与验证组 DCA

```
stdca p12 if group==1,timepoint(12) xstop(0.99) smooth title("Decision
Curve Analysis Example For Dev", size(4) color(red))
```

stdca：进行生存分析 DCA 曲线分析

p12：为 12 个月的死亡概率

if group==1：指定训练集（见图 5-36）

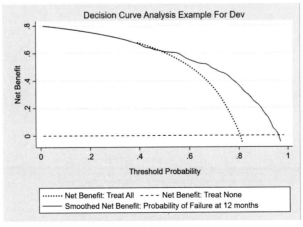

图 5-36　训练集 12 个月 DCA

timepoint(12)：指定研究时间点

xstop(0.99)：指定 X 轴的刻度范围

smooth：进行曲线平滑处理

title("Decision Curve Analysis Example For Dev", size(4)color(red))：指定 DCA 的标题，字体大小和颜色

`stdca p12 if group==0,timepoint(12) xstop(0.99) smooth title( "Decision Curve Analysis Example For Val" , size(4) color(red))` 解释同上，为验证集 12 个月 DCA（见图 5-37）。

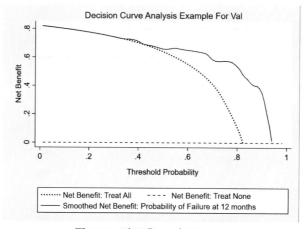

图 5-37　验证集 12 个月 DCA

`stdca p24 if group==1,timepoint(24) xstop(0.99) smooth title( "Decision Curve Analysis Example For Dev" , size(4) color(red))` 代码解释同上，为训练集 24 个月 DCA（见图 5-38）。

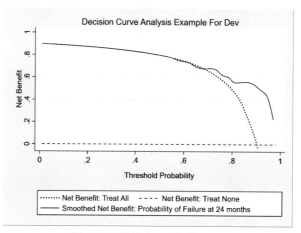

图 5-38　训练集 24 个月 DCA

```
stdca p24 if group==0,timepoint(24) xstop(0.99) smooth title( "Decision
Curve Analysis Example For Val", size(4) color(red))
```
代码解释同上，为验证集 24 个月 DCA（见图 5-39）。

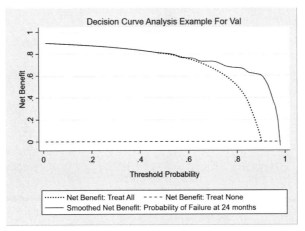

图 5-39　验证集 24 个月 DCA

5.4.4　多模型 DCA 曲线

同时比较几个曲线，几个曲线是指不同模型构建的曲线，不可以是不同时间点的预测概率（见图 5-40）。

```
stdca p12 p24 if group==1,timepoint(12) xstop(0.99) smooth title("Decision
Curve Analysis Example For Dev", size(4) color(red))
```

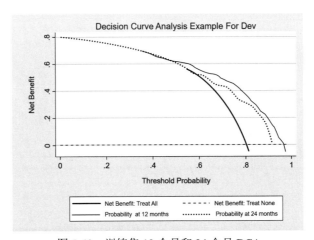

图 5-40　训练集 12 个月和 24 个月 DCA

```
stdca p12 p24 if group==0,timepoint(12) xstop(0.99) smooth title("Decision
Curve Analysis Example For Dev", size(4) color(red))
```

5.4.5 净获益的数据

根据 DCA 图，查看净获益的数据，DCA 图就是根据这个数据进行绘制的，见图 5-41。

```
dca dead p24, prob(no) xstart(0.05) xstop(0.95) xby(0.05) nograph
saving("DCA Output marker.dta", replace)
```

use "DCA Output marker.dta"，clear　　　调用生成的数据集：

	threshold	all	none	p24	p24_i	advantage
1	.05	.8991001	0	.8991001	0	0
2	.1	.8934945	0	.8934945	0	0
3	.15	.8872295	0	.8872295	0	0
4	.2	.8801814	0	.8801814	0	0
5	.25	.8721935	0	.8721935	0	0
6	.3	.8630644	0	.8630644	0	0
7	.35	.8525309	0	.8525309	0	0
8	.4	.8402418	0	.8402418	0	0
9	.45	.8257183	0	.8257183	0	0
10	.5	.8082902	0	.8082902	0	0
11	.55	.786989	0	.786989	0	0
12	.6	.7603627	0	.7603627	0	0
13	.65	.7261288	0	.7261288	0	0
14	.7	.6804836	0	.6848014	.1850494	.0043178
15	.75	.6165803	0	.6217617	.1727124	.0051814
16	.8	.5207254	0	.5284974	.1943007	.007772
17	.85	.3609672	0	.4093264	.8533983	.0483592
18	.9	.0414508	0	.2046632	1.813472	.1632124
19	.95	-.9170985	0	0	4.826835	.9170985

图 5-41　DCA 绘图参数

5.5　Nomo 图

5.5.1　构建模型

构建最终的 COX 模型：

```
stcox hbv burden ctp ps newafp if group==1
```

5.5.2　命令绘制 Nomo 图

绘制 Nomo 图，研究 12 个月和 24 个月：

```
nomocox,s1(12) s2(24)
```

由图 5-42 可见，很多指标被软件认为是数值变量，比如 newafp 取值就是 0-1，图中竟然有 0.5，所以需要调整。主要是我们在分析时没告诉软件这些是二分类变量或者等级变量。重写一遍模型，分类变量名字前面加上 i. 即可，代码如下。再次绘制 Nomo 图，如图 5-43 所示。

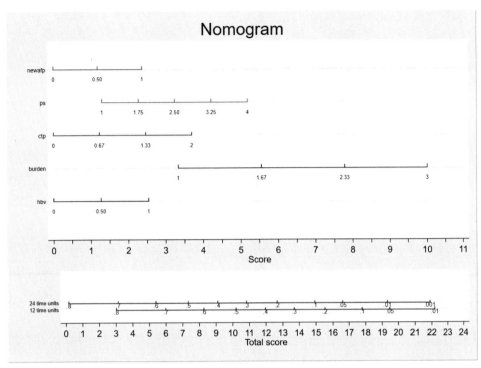

图 5-42　Nomocox

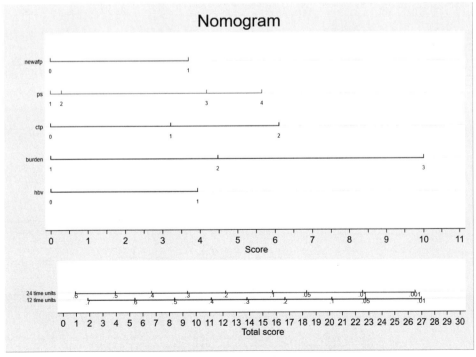

图 5-43　自变量因子化 Nomo 图（12-24 time units）

```
stcox i.hbv i.burden i.ctp i.ps i.newafp if group==1
nomocox,s1(12) s2(24) su(months)
```

5.5.3　窗口 Nomo 绘制

```
db nomocox
```

调用 nomo 窗口，如图 5-44 所示。如图 5-45 所示可以设置不同的生存时点，以及数轴上显示的概率刻度；如图 5-46 所示可以设置不同因子的显示最小值、最大值以及跨度刻度。图 5-47 为基于 nomo 窗口式操作绘制的 Nomo 图，共三个时间点。生存分析研究的时间点一般不超过 3 个。也可以单击"图形编辑"按钮，对 Nomo 图形的其他参数进行修改，参见第 4 章对应内容。

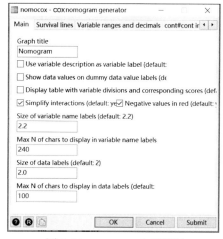

图 5-44　nomocox 主对话框

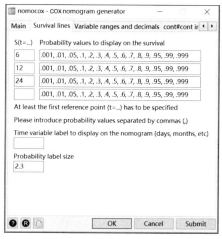

图 5-45　nomocox 参数设置窗口—结局概率刻度

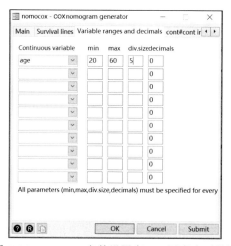

图 5-46　nomocox 参数设置窗口—因素水平设置

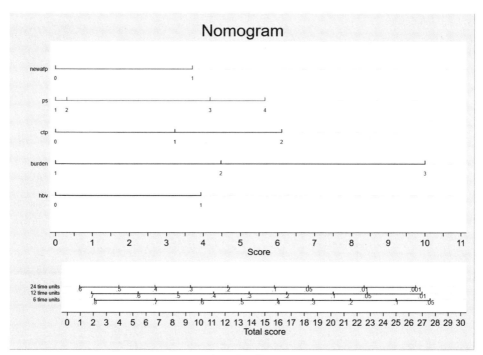

图 5-47　基于窗口式操作的 Nomo 图绘制

5.6　NRI 与 IDI

5.6.1　NRI

设定生存时间和生存结局变量：

```
stset time,f(dead==1)
```

进行 5 因素旧模型 COX 回归：

```
stcox hbv burden ctp ps newafp if group==1
```

生成旧模型 12 个月时点死亡概率：

```
predbasesurv ,time(12) generate(bsurv12) gsurv(surv12)
```

`gen p12=1-surv12`　旧模型 12 个月死亡概率：

`label var p12 "Probability of Failure at 12 months"`　打标签：

建立 6 因素新模型：

```
stcox hbv burden ctp ps newafp gfr60 if group==1
```

生成新模型 12 个月时点死亡概率：

```
predbasesurv ,time(12) generate(bsurv12_1) gsurv(surv12_1)
```

```
gen p12_1=1-surv12_1
```

产生 1 年时间节点的生存与死亡分组变量：

```
gen oneyear=0
replace oneyear=1 if _t<=12 & _d==1
```

NRI 分析：直接对两个预测模型预测的 P 值，进行 NRI 分析，如图 5-48 所示。

由结果可见 NRI=−0.1295，P=0.7941，差异无统计学意义，也就是新模型相比旧模型并无改善。这个结果很正常，因为旧模型是我们筛选出来的最优模型，新模型只不过随便加了一个变量而已。

```
nri oneyear if group==1,pold( p12 ) pnew( p12_1 )
```

```
. nri oneyear if group==1,pold( p12 ) pnew( p12_1 )

In subjects with oneyear == 1, 42.65% had increased probabilities
In subjects with oneyear == 1, 57.35% had decreased probabilities

In subjects with oneyear == 0, 49.12% had increased probabilities
In subjects with oneyear == 0, 50.88% had decreased probabilities

Net Reclassification Improvement for New Method = -0.1295
Standard Error                                  = 0.1578
z                                               = -0.8208
P-value (one-sided)                             = 0.7941
P-value (two-sided)                             = 1.5883
```

图 5-48　训练集新旧模型 12 个月 NRI 比较结果

```
nri oneyear if group==1,at(0.4) pold( p12 ) pnew( p12_1 )
```

训练集在阈值概率为 0.4 的情况下，新旧模型区分度比较，NRI=−0.0074，P=0.8413，依旧差异无统计学意义，如图 5-49 所示。

```
. nri oneyear if group==1,at(0.4) pold( p12 ) pnew( p12_1 )

In subjects with oneyear == 1,  0.00% had increased probabilities
In subjects with oneyear == 1,  0.74% had decreased probabilities

In subjects with oneyear == 0,  0.00% had increased probabilities
In subjects with oneyear == 0,  0.00% had decreased probabilities

Net Reclassification Improvement for New Method = -0.0074
Standard Error                                  = 0.0074
z                                               = -1.0000
P-value (one-sided)                             = 0.8413
P-value (two-sided)                             = 1.6827
```

图 5-49　训练集新旧模型 12 个月 NRI 比较结果（阈值设定 0.4）

验证集 NRI：

```
nri oneyear if group==0,pold( p12 ) pnew( p12_1 )
```

```
. nri oneyear if group==0,pold( p12 ) pnew( p12_1 )

In subjects with oneyear == 1, 47.83% had increased probabilities
In subjects with oneyear == 1, 52.17% had decreased probabilities

In subjects with oneyear == 0, 43.64% had increased probabilities
In subjects with oneyear == 0, 56.36% had decreased probabilities

Net Reclassification Improvement for New Method = 0.0838
Standard Error                                  = 0.1595
z                                               = 0.5255
P-value (one-sided)                             = 0.2996
P-value (two-sided)                             = 0.5992
```

图 5-50　验证集新旧模型 12 个月 NRI 比较结果

```
nri oneyear if group==0,at(0.4) pold( p12 ) pnew( p12_1 )
```

```
. nri oneyear if group==0,at(0.4) pold( p12 ) pnew( p12_1 )

In subjects with oneyear == 1,  0.00% had increased probabilities
In subjects with oneyear == 1,  0.72% had decreased probabilities

In subjects with oneyear == 0,  0.00% had increased probabilities
In subjects with oneyear == 0,  1.82% had decreased probabilities

Net Reclassification Improvement for New Method = 0.0109
Standard Error                                  = 0.0196
z                                               = 0.5587
P-value (one-sided)                             = 0.2882
P-value (two-sided)                             = 0.5764
```

图 5-51　验证集新旧模型 12 个月 NRI 比较结果（阈值设定 0.4）

5.6.2　IDI

Stata 对于 COX 回归无 IDI 计算专有包，松哥利用 IDI 计算的原理公式，采用如下方式实现：

`g p=p12_1-p12`　　　产生变量 p 等于新模型概率减去旧模型的概率：

训练集 IDI 实现：

`ttest p if group==1,by(oneyear)`　　　进行 t 检验：

```
. ttest p if group==1,by(oneyear)

Two-sample t test with equal variances

 Group |    Obs       Mean    Std. Err.   Std. Dev.   [95% Conf. Interval]
-------+-----------------------------------------------------------------
     0 |     57    .000741    .0035685    .0269418   -.0064077    .0078896
     1 |    136   .0003791    .0018467    .0215362   -.0032731    .0040314
-------+-----------------------------------------------------------------
combined|    193    .000486    .0016694    .0231916   -.0028067    .0037787
-------+-----------------------------------------------------------------
  diff |           .0003618    .0036688               -.0068748    .0075984
-------------------------------------------------------------------------
  diff = mean(0) - mean(1)                            t =    0.0986
Ho: diff = 0                            degrees of freedom =       191

   Ha: diff < 0              Ha: diff != 0                Ha: diff > 0
 Pr(T < t) = 0.5392      Pr(|T| > |t|) = 0.9215        Pr(T > t) = 0.4608
```

图 5-52　训练集 12 个月新旧模型 IDI

IDI 就等于图中的死亡组的均值 – 未死亡组均值，等于 –diff=–0.0003618。
验证集 IDI：

```
ttest p if group==0,by(oneyear)
```

```
. ttest p if group==0,by(oneyear)

Two-sample t test with equal variances

   Group      Obs        Mean    Std. Err.    Std. Dev.    [95% Conf. Interval]

       0       55   -.0017918    .0033358     .0247388    -.0084797     .004896
       1      138    .0013253    .0018296     .0214932    -.0022926    .0049433

combined      193     .000437    .0016156     .0224442    -.0027495    .0036236

    diff           -.0031172    .0035813                 -.0101811    .0039467

    diff = mean(0) - mean(1)                                  t =  -0.8704
Ho: diff = 0                             degrees of freedom =       191

    Ha: diff < 0                 Ha: diff != 0                 Ha: diff > 0
 Pr(T < t) = 0.1926       Pr(|T| > |t|) = 0.3852        Pr(T > t) = 0.8074
```

图 5-53 验证集 12 个月新旧模型 IDI

验证集 IDI 等于模型组差值的均值减去对照组差值的均值，图 5-54 中 diff 是 group=0 减去 group=1，因此我们计算的 IDI=–diff=0.0031。

5.7 Bootstrap

Bootstrap 是一种内部抽样的验证技术，但目前 Stata 进行 Logistic 回归或 COX 回归的 Bootstrap，只能对 Bootstrap 后的综合回归结果进行展示，不能绘制相应的 Bootstrap 的 ROC 曲线；而 DCA 曲线，基于 bsvalidation 包，也只可以实现 Logistic 回归的 Bootstrap 校准曲线，但是 COX 回归亦不可以实现。

```
stset time,f(dead==1)
```

设定生存时间变量，生存结局变量。

```
stcox hbv burden ctp ps newafp
```

构建 COX 回归模型，注意本例未选择数据集，只是演示 Bootstrap 的功能。

```
bootstrap ,reps(500):stcox hbv burden ctp ps newafp
```

抽样 500 次，进行 COX 回归，结果见图 5-54。

```
bootstrap ,bca reps(500):stcox hbv burden ctp ps newafp
```

自助抽样 500 次，bca（偏倚校正加速法），COX 回归，如图 5-55 所示。

```
estat bootstrap, bca
```
展示 BCa 可信区间，如图 5-56 所示。

```
COXregression -- Breslow method for ties

No. of subjects =          350              Number of obs    =        350
No. of failures =          318
Time at risk    =         2865
                                            Wald chi2(5)     =      92.64
Log likelihood  =   -1559.0254              Prob > chi2      =     0.0000


           │   Observed     Bootstrap                     Normal-based
        _t │   Haz. Ratio   Std. Err.     z    P>|z|   [95% Conf. Interval]
───────────┼──────────────────────────────────────────────────────────────
       hbv │   1.308543     .143108    2.46   0.014    1.056081   1.621359
    burden │   1.818157     .143477    7.58   0.000    1.557615   2.12228
       ctp │   1.238768    .1041629    2.55   0.011    1.050548   1.46071
        ps │   1.182164    .0959086    2.06   0.039     1.00837   1.385911
    newafp │   1.377393    .1637323    2.69   0.007    1.091125   1.738766
```

图 5-54　Bootsrap500 次结果

```
COXregression -- Breslow method for ties

No. of subjects =          350              Number of obs    =        350
No. of failures =          318
Time at risk    =         2865
                                            Wald chi2(5)     =      80.08
Log likelihood  =   -1559.0254              Prob > chi2      =     0.0000


           │   Observed     Bootstrap                     Normal-based
        _t │   Haz. Ratio   Std. Err.     z    P>|z|   [95% Conf. Interval]
───────────┼──────────────────────────────────────────────────────────────
       hbv │   1.308543    .1586595    2.22   0.027    1.031765   1.659569
    burden │   1.818157    .1486891    7.31   0.000    1.548891   2.134234
       ctp │   1.238768    .1038741    2.55   0.011    1.051028   1.460042
        ps │   1.182164    .0919952    2.15   0.032    1.014934   1.376948
    newafp │   1.377393    .1605813    2.75   0.006    1.096028   1.730987
```

图 5-55　Bootstrap 和 Bca 结果

```
.  estat bootstrap, bca

Bootstrap results                           Number of obs    =        350
                                            Replications     =        500


           │   Observed                  Bootstrap
        _t │     Coef.        Bias       Std. Err.    [95% Conf. Interval]
───────────┼──────────────────────────────────────────────────────────────
       hbv │   .26891465   .0048767     .12124894    .0297853   .4980941  (BCa)
    burden │   .59782332   .0166694     .08177926    .4266041   .7340007  (BCa)
       ctp │    .2141172   .0135442     .08385273    .0331057   .3573152  (BCa)
        ps │   .16734661   .0050475     .07781937    .0179285   .3135771  (BCa)
    newafp │   .32019247   .0041435     .11658351    .0225264   .5126964  (BCa)
───────────┴──────────────────────────────────────────────────────────────
(BCa)  bias-corrected and accelerated confidence interval
```

图 5-56　BCa 法可信区间

```
bootstrap, reps(60) saving(boot): stcox hbv burden ctp ps newafp
```

　　Bootstrap 抽样 60 次，并将抽样样本构建模型的结果存储，取名 boot。在存储 liver_cancer.do 文件的文件夹中，可以发现产生一个叫 Boot.dta 的 Stata 数据文件，打开如图 5-57 所示，为 60 次随机抽样构建回归的 60 个模型的回归系数。

	_b_hbv	_b_burden	_b_ctp	_b_ps	_b_newafp
37	.2157459	.5115036	.2170241	.186876	.3918624
38	.2741756	.6967826	.0703493	.1980732	.3715858
39	.3505421	.5609913	.1426637	.156343	.2565299
40	.2275753	.632861	.2595766	.1477947	.3787144
41	.1071693	.526115	.071912	.1682041	.3073849
42	.1687176	.6584682	.2045338	.2054297	.2153942
43	.3136974	.5644345	.261215	.0663768	.4926059
44	.3840871	.667885	.200238	.2685878	.4081688
45	.0625494	.6031722	.2728258	.1370362	.4379039
46	.2098524	.5255327	.2494395	.166839	.6045063
47	.4319234	.6636352	.1888323	.2281248	.3016551
48	.3227414	.69599	.2900706	.1829357	.2080835
49	.2100674	.6264319	.3421487	.208566	.3657473
50	.2680896	.5497398	.1668391	.2823703	.2112074
51	.2138679	.5720545	.2057104	.1352233	.1675794
52	.0683787	.5833051	.1755336	.0467439	.4860829
53	.1119796	.4852848	.244782	.1008259	.3959808
54	.374447	.5662086	.2616575	.1530898	.5136656
55	.2176826	.677476	.2836741	.1540316	.3378604
56	.3138971	.6896133	.2579218	.1085694	.1671789
57	.2712787	.5421824	.2834112	.2373827	.4211092
58	.3135633	.5376528	.2152289	.215715	.2474088
59	.1814774	.5589646	.2156374	.0758898	.3951446
60	.1737624	.5484877	.1260611	.1476331	.4566331

图 5-57　Bootstrap 60 次抽样模型系数

第 6 章
R 语言诊断临床预测模型实战

本章讲解基于 R 语言的临床预测诊断模型的实战，包括模型构建与评价、模型验证和模型展示。

本章演示案例为 ICU 科室病人死亡风险预测，某医院 ICU 科室 2021—2022 年 ICU 科室住院患者共 1080 例，按照 7∶3 比例拆分为训练集 768 例、验证集 312 例。变量信息中 dead 为结局因变量，随后 17 个为预测因子自变量，gender、Temp、SYSBP、DIABP、AST、WBC、CRP、Sodium、Potassium、BUN、Platelets、age、RESP、HR、LAC、SPO2、Glucose。group 为数据集指示变量，group=1 为训练集，group=0 为验证集，seed 为松哥分组时设立的随机数字种子，大家可忽略，数据文件见 ICU.csv。

6.1 Logistic 回归模型构建

模型构建方法很多，目前比较常用的是先单后多模型，本章先按照此思路进行演示，其他方法在特定章节讲解。

6.1.1 单因素分析

所谓单因素分析就是单独研究某个变量 X 与 Y 之间的关系。对于 Logistic 回归模型，单因素分析又包括两种方式：一是基于差异性分析，如采用卡方检验、t 检验、非参数检验等；二是直接单因素 Logistic 回归。第二种方法在 SCI 论文中较为常见，第一种方法往往见于中文论文。松哥按照 SCI 论文的方式进行讲解。

（1）数据读取

请大家在自己电脑的 D 盘根目录新建一个 R work 文件夹，作为 R 的工作目录，建议不要放桌面，很容易丢失。如果您是 MAC 电脑，那就自己定义一个 R work 文件夹，然后在后面指定工作路径时，您将工作路径指定到该文件夹位置即可。

设置工作路径：

`getwd()`　　获取 R 的工作路径

`setwd("D:/R work")`　　　将 R 工作路径放到建立 D 盘 R work 文件夹

安装包与读取数据

`install.packages("readr")`　　　安装 readr 包，该包可读取 csv 文件

```
library(readr)        加载 readr 包
mydata <- read_csv("ICU.csv")        读取 ICU.csv，命名为 mydata
```

R 返回结果：

```
Rows: 1080, columns: 20
```

删除有缺失值的行，na.omit 为删除有缺失行的函数。

```
mydata<-na.omit(mydata)
```

某些统计功能不允许有缺失值，此步可以剔除缺失值，但是理论上，在正式处理数据前，对缺失值已经进行妥善处理。常见的处理方式有三种：①当缺失数据较少，而样本量相对于自变量而言足够大，可以直接删除缺失数据的个案记录；②简单填补，对数值变量采用系列均值填补，对于分类或等级资料采用众数填补，注意缺失数量不能超过 20%，缺失超过 20% 的变量建议直接做删除处理；③多重插补：这是这几年比较流行的技术，该方法对缺失数据进行多重插补，一般是 5 重、10 重插补，也就是让软件给某个缺失值填补上 5 个不一样或 10 个不一样的数据，之后整个数据就是原来的 5 倍或 10 倍，也就是有 5 个或 10 个完整的数据集，然后对每一个完整的数据集进行分析，再对 5 套或 10 套进行定量合并，得到最终的结果，这比单独填补一个数据结果要稳健得多。

View(mydata)   查看导入的数据 mydata，如图 6-1 所示。

	dead	gender	Temp	SYSBP	DIABP	AST	WBC	CRP	Sodium	Potassium	BUN
1	0	1	0	1	0	1	1	0	1	1	
2	0	0	1	1	1	0	1	0	1	1	
3	1	1	0	0	0	1	1	1	1	1	
4	1	1	0	1	0	0	1	1	1	1	
5	1	1	0	1	0	0	1	1	1	1	
6	1	1	1	1	1	0	1	1	1	1	
7	1	1	0	0	0	0	1	0	1	1	
8	0	1	0	0	0	0	1	0	1	0	
9	0	1	0	1	0	0	1	1	1	1	
10	0	1	0	1	1	0	1	0	1	0	
11	0	1	0	1	1	0	1	0	1	0	
12	0	0	0	1	0	0	0	0	0	0	
13	0	0	0	1	0	0	1	0	1	1	
14	1	1	1	0	0	0	1	1	1	1	
15	1	1	1	0	0	1	1	1	1	1	

图 6-1 ICU 案例数据

names(mydata)   查看导入数据的变量名，如图 6-2 所示。

```
> names(mydata)
 [1] "dead"        "gender"    "Temp"
 [4] "SYSBP"       "DIABP"     "AST"
 [7] "WBC"         "CRP"       "Sodium"
[10] "Potassium"   "BUN"       "Platelets"
[13] "age"         "RESP"      "HR"
[16] "LAC"         "SPO2"      "Glucose"
[19] "group"       "seed"
>
```

图 6-2 ICU 变量列表

`str(mydata)`　　　建议做，对了解变量类型非常重要，如图 6-3 所示。

```
> str(mydata)
spec_tbl_df [1,080 x 20] (S3: spec_tbl_df/tbl_df/tbl/data.frame)
 $ dead      : num [1:1080] 0 0 1 1 1 1 1 0 0 0 ...
 $ gender    : num [1:1080] 1 0 1 1 1 1 1 1 0 0 ...
 $ Temp      : num [1:1080] 0 1 0 1 1 1 0 1 1 0 ...
 $ SYSBP     : num [1:1080] 1 1 0 0 1 1 0 1 1 1 ...
 $ DIABP     : num [1:1080] 0 0 0 0 0 0 0 0 0 0 ...
 $ AST       : num [1:1080] 1 0 1 0 0 0 0 0 0 1 ...
 $ WBC       : num [1:1080] 1 1 1 1 1 1 1 1 1 1 ...
 $ CRP       : num [1:1080] 0 0 1 1 1 0 0 1 0 ...
 $ Sodium    : num [1:1080] 1 1 1 1 1 1 1 1 1 1 ...
 $ Potassium : num [1:1080] 1 1 1 1 1 1 1 0 1 0 ...
 $ BUN       : num [1:1080] 1 0 1 1 1 1 1 1 0 0 ...
 $ Platelets : num [1:1080] 0 0 1 1 1 0 1 0 0 ...
 $ age       : num [1:1080] 0 1 1 1 0 1 1 0 0 ...
 $ RESP      : num [1:1080] 0 0 1 0 0 0 1 0 0 0 ...
 $ HR        : num [1:1080] 0 0 1 0 1 1 1 1 0 0 ...
 $ LAC       : num [1:1080] 1 1 1 1 1 1 0 0 1 ...
 $ SPO2      : num [1:1080] 0 0 1 1 0 0 1 1 0 0 ...
 $ Glucose   : num [1:1080] 1 1 1 1 1 1 1 1 1 ...
 $ group     : num [1:1080] 1 1 1 1 1 1 1 1 1 1 ...
 $ seed      : num [1:1080] 0.14 0.431 0.612 0.291 0.156 ...
```

图 6-3　数据结构

此步对于了解数据类型非常重要，结果发现 20 个变量全部是数值型。在这里需要注意几点：①对于数值变量，如果您也想以数值的形式纳入，那就用数值型，如果您想转化成为等级，建议转化后按照等级变量纳入模型；②对于无序多分类变量，比如血型（A、B、O、AB），一定要按照分类变量纳入；③对于二分类变量，比如性别（male=1、female=0），此时按照分类变量和按照数值变量纳入结果一致。④本例中，松哥已经对原始类型为数值变量的变量，按照专业或者按照 ROC 方法进行了分组，基本都变成了 0-1 变量，因此，全部是数值也没问题。

`summary(mydata)`

查看所有数据的变量摘要，建议做一下，重点看最大值、最小值和缺失值，目的是看看有无异常值，比如性别就是 0 和 1，如果出现 3 就不正常了，所以每个变量都要扫一眼。本案例已经做了删除缺失值的处理，因此无缺失值，所以下面都没有展示缺失值信息（见图 6-4）。

（2）变量处理

变量处理对于建模是非常重要的内容，松哥的经验为：

①先查看缺失值、异常值，对缺失值和异常值进行处理。

②看连续性数据（数值变量）是否符合正态分布，可以结合正态分布检验和直方图判定。如果正态分布检验认为符合正态，那就直接放过该变量；如果检验不符合，此时建议做个直方图看看分布，如果也近似对称，那么也可以不处理，因为绝大多数的检验对近似正态分布也是比较耐受的；但如果检验不过，直方图也非常偏态，那么就要对该变量进行正态变换，常见的有取对数、取倒数等；但是数值变量不代表必须以数值变量纳入，对于数值变量，也可以转化为等级或者分类变量纳入模型，这需要结合专业进行考虑。

③等级变量和分类变量最为简单，建议两者全部按照分类变量来进行处理，这样比较简单。如果等级变量每改变一个等级对因变量影响也是按照等级变化的，那么此时等级按

照数值纳入也可以，但是绝大多数等级变量对因变量的影响不是等比例的，因此，索性当作分类处理更为简单，即使是等比例的变化，按照分类处理，也不影响结果。每一个案例需要进行的变量处理不一样，所以单独用一个案例很难讲清楚变量处理的过程，单独整理一节变量处理更为妥当。

```
> summary(mydata)
      dead            gender            Temp             SYSBP            DIABP               AST
 Min.   :0.0000   Min.   :0.0000   Min.   :0.000   Min.   :0.0000   Min.   :0.000000   Min.   :0.0000
 1st Qu.:0.0000   1st Qu.:0.0000   1st Qu.:1.000   1st Qu.:0.0000   1st Qu.:0.000000   1st Qu.:0.0000
 Median :0.0000   Median :1.0000   Median :1.000   Median :1.0000   Median :0.000000   Median :1.0000
 Mean   :0.2759   Mean   :0.6435   Mean   :0.838   Mean   :0.7194   Mean   :0.007407   Mean   :0.5417
 3rd Qu.:1.0000   3rd Qu.:1.0000   3rd Qu.:1.000   3rd Qu.:1.0000   3rd Qu.:0.000000   3rd Qu.:1.0000
 Max.   :1.0000   Max.   :1.0000   Max.   :1.000   Max.   :1.0000   Max.   :1.000000   Max.   :1.0000
      WBC              CRP             Sodium          Potassium           BUN            Platelets
 Min.   :0.0000   Min.   :0.0000   Min.   :0.000   Min.   :0.000    Min.   :0.000    Min.   :0.000
 1st Qu.:1.0000   1st Qu.:0.0000   1st Qu.:1.000   1st Qu.:0.000    1st Qu.:0.000    1st Qu.:0.000
 Median :1.0000   Median :0.0000   Median :1.000   Median :1.000   Median :1.000   Median :1.000
 Mean   :0.9231   Mean   :0.3852   Mean   :0.812   Mean   :0.537    Mean   :0.563    Mean   :0.637
 3rd Qu.:1.0000   3rd Qu.:1.0000   3rd Qu.:1.000   3rd Qu.:1.000   3rd Qu.:1.000   3rd Qu.:1.000
 Max.   :1.0000   Max.   :1.0000   Max.   :1.000   Max.   :1.000    Max.   :1.000    Max.   :1.000
      age              RESP             HR               LAC              SPO2            Glucose
 Min.   :0.000    Min.   :0.0000   Min.   :0.0000   Min.   :0.0000   Min.   :0.0000   Min.   :0.0000
 1st Qu.:0.000    1st Qu.:0.0000   1st Qu.:0.0000   1st Qu.:1.0000   1st Qu.:0.0000   1st Qu.:1.0000
 Median :1.000    Median :0.0000   Median :1.0000   Median :1.0000   Median :0.0000   Median :1.0000
 Mean   :0.612    Mean   :0.1981   Mean   :0.5787   Mean   :0.7639   Mean   :0.3296   Mean   :0.8398
 3rd Qu.:1.000    3rd Qu.:0.0000   3rd Qu.:1.0000   3rd Qu.:1.0000   3rd Qu.:1.0000   3rd Qu.:1.0000
 Max.   :1.000    Max.   :1.0000   Max.   :1.0000   Max.   :1.0000   Max.   :1.0000   Max.   :1.0000
     group             seed
 Min.   :0.0000   Min.   :0.0009802
 1st Qu.:0.0000   1st Qu.:0.2405940
 Median :1.0000   Median :0.4977393
 Mean   :0.7111   Mean   :0.4925295
 3rd Qu.:1.0000   3rd Qu.:0.7320289
 Max.   :1.0000   Max.   :0.9981309
```

图 6-4　数据摘要

（3）单因素分析

单因素分析就是每次对一个自变量 X 与因变量 Y 的相关性进行分析，松哥讲解的是 SCI 论文常用的单因素 Logistic 回归。这也有两种方法：

①每次构建一个模型，本例共 17 个自变量，因此要建立 17 个单因素 Logistic 回归模型，提取模型参数，构建一个包含 17 个因素回归结果的 ICU 患者死亡风险的单因素统计分析表。本例也就 17 个因素，分析 17 遍有时还可以承受，但当我们分析的自变量较多时，比如生信数据，都是几百个、上千个自变量，那这种方法是非常笨拙的。

②单因素分析批处理：利用编程代码，直接一次性将所有要分析的自变量分析完，然后让软件自动生成统计分析表格，这将极大节省人力，提高效率。松哥重点讲解这种方法。

```
dev = mydata[mydata$group==1,]
```

提取 mydata 数据集中 group=1 的数据作为训练集 dev。

```
vad = mydata[mydata$group==0,]
```

提取 mydata 数据集中 group=0 的数据作为验证集 vad。

```
M1<-glm(dead==1 ~ mydata$gender,data=dev,family=binomial)
```

先进性单因素 Logistic 回归。构建名为 M1 的 glm 模型，因变量为 dead。

dead==1：指死亡变量中 1 代表死亡，是目标事件

～左边写因变量，右边写预测因子，多个预测因子用"+"连接

data=dev：指定建模的数据集

family= binomial：指定进行的是二项 Logistic 回归模型

`summary(M1)`

报告模型摘要，重点看方框内的内容，给出的就是 gender 单因素 Logistic 回归的 Estimate（β 回归系数）、SE 标准误、后面是检验的 Z 值和 P 值，此处 $P=0.861$，单因素分析表明，gender 与 ICU 患者死亡无关，如图 6-5 所示。

```
> summary(M1)

Call:
glm(formula = dead == 1 ~ mydata$gender, family = binomial, data = mydata)

Deviance Residuals:
    Min      1Q   Median      3Q      Max
 -0.8066  -0.8066  -0.7981   1.6008   1.6120

Coefficients:
               Estimate Std. Error z value Pr(>|z|)
(Intercept)    -0.98083    0.11443  -8.571   <2e-16 ***
mydata$gender   0.02492    0.14237   0.175    0.861

Signif. codes:  0 '***' 0.001 '**' 0.01 '*' 0.05 '.' 0.1 ' ' 1

(Dispersion parameter for binomial family taken to be 1)

    Null deviance: 1272.4  on 1079  degrees of freedom
Residual deviance: 1272.3  on 1078  degrees of freedom
AIC: 1276.3

Number of Fisher Scoring iterations: 4
```

图 6-5　gender 单因素分析结果

`cbind(coef= coef(M1),confint(M1))`　　　看 M1 模型的系数及 95%CI

`exp(cbind(OR= coef(M1),confint(M1)))`　　看 M1 模型的 OR 及 95%CI

结果见图 6-6，展示了模型的回归系数、OR 值及 95% 可信区间。

```
> #看模型的系数及95%CI
> cbind(coef= coef(M1),confint(M1))
Waiting for profiling to be done...
                    coef       2.5 %      97.5 %
(Intercept)   -0.98082925 -1.2091900 -0.7601112
mydata$gender  0.02491932 -0.2525783  0.3059119
> #看模型的OR及95%CI
> exp(cbind(OR= coef(M1),confint(M1)))
Waiting for profiling to be done...
                    OR       2.5 %     97.5 %
(Intercept)   0.375000 0.2984389 0.4676144
mydata$gender 1.025232 0.7767954 1.3578627
> |
```

图 6-6　模型系数与 OR 值

图 6-6 分别给出了模型 β 系数及 95% 可信区间，以及 OR 值及 95% 可信区间。

同样，我们继续可以做 Temp 和 SYSBP 的单因素分析。然后将所有单因素分析有统计学意义的因素再放到一起，做多因素 Logistic 回归。注意此时有统计学意义的因素一般是指 $P < 0.05$，但是也可以放宽标准，如 $P < 0.1$，甚至松哥看到有的文章将 $P < 0.2$ 也纳入了多因素分析。这里没有固定标准，只要您写清楚告诉专家即可。

```
M2<-glm(dead==1 ~ dev$Temp,data=dev,family=binomial)
summary(M2)
M3<-glm(dead==1 ~ dev$SYSBP,data=dev,family=binomial)
summary(M3)
```

松哥的经验是，如果 $P < 0.05$ 已经纳入了足够的因素，那就按照 $P < 0.05$ 来做即可；如果按照 $P < 0.05$ 的筛选标准，纳入的因素较少，或者专业上关心的变量还没机会进来，那就适当放宽一点也没关系，因为毕竟是单因素筛选，让它进来，给它一个机会，它到底能不能在多因素分析相互 PK 中留下来得看它自己的本事了。

将 17 次的单因素分析结果，自行整理成单因素分析表格，如下面文献中先单后多 Logistic 回归的左侧部分，右侧部分是进行多因素分析的结果，SCI 论文往往单因素和多因素分析放在一起展示，如图 6-7 所示。

Variables	Univariate analysis		Multivariate analysis	
	p	OR (95% CI)	*p*	OR (95% CI)
Age	0.103	1.030 (0.996–1.068)	–	–
Male gender	**0.048**	0.549 (0.449–1.001)	**0.276**	1.152 (0.956–1.374)
DM	0.183	0.639 (0.329–1.239)	–	–
CAD	**0.001**	0.289 (0.140–0.596)	**0.016**	1.009 (1.003–1.021)
TG	**0.011**	1.009 (1.002–1.015)	**0.024**	1.544 (1.056–2.156)
HDL-C	**0.028**	0.917 (0.854–0.984)	0.142	0.951 (0.744–1.284)
TG/HDL-C	**<0.001**	2.861 (1.624–5.039)	**0.001**	5.385 (2.553–9.357)

CAD: coronary artery disease; DM: diabetes mellitus; LDL-C: low density lipoprotein-cholesterol; HDL-C: high density lipoprotein-cholesterol; TG: triglyceride.
Statistically significant values are identified in boldface.

图 6-7　SCI 论文先单后多发表格式

而中文文献往往是将单因素和多因素结果分开进行展示，如图 6-8 和图 6-9 所示。

分类 Classify	研究组 Research group ($n=52$)	对照组 Control group ($n=75$)	χ^2/t	P
白细胞计数($\bar{x}\pm s,\times10^9/\text{L}$)	11.96±2.89	12.35±3.11	0.725	0.470
血小板计数($\bar{x}\pm s,\times10^9/\text{L}$)	203.74±15.37	206.24±15.65	0.895	0.373
内毒素($\bar{x}\pm s,\text{EU/ml}$)	0.21±0.07	0.14±0.04	7.146	0.000
使用血管活性药物[$n,(\%)$]	21(40.38)	16(21.33)	5.398	0.020
全肠外营养[$n,(\%)$]	16(30.77)	4(5.33)	13.119	0.000
使用质子泵抑制剂[$n,(\%)$]	36(69.23)	27(36.00)	13.565	0.000
基础疾病[$n,(\%)$]				
高血压	20(38.46)	10(13.33)	10.747	0.001
糖尿病	23(44.23)	9(12.00)	16.925	0.000
神经系统疾病	5(9.62)	8(10.67)	0.037	0.848
呼吸系统疾病	15(28.85)	25(33.33)	0.287	0.592
心血管系统疾病	22(42.31)	34(45.33)	0.114	0.736
使用抗生素[$n,(\%)$]				
喹诺酮类	7(13.46)	11(14.67)	0.037	0.848
三代头孢	16(30.77)	26(34.67)	0.211	0.646
氨基酸糖苷类	6(11.54)	10(13.33)	0.090	0.764
抗真菌药物	11(21.15)	17(22.67)	0.041	0.840
其他	14(26.92)	18(24.00)	0.139	0.709

图 6-8　差异性单因素分析发表格式

因素 Factor	B	SE	χ^2	P	OR	95%C.I.
高血压	0.565	0.112	25.425	0.000	1.759	1.412~2.191
糖尿病	0.498	0.214	5.410	0.020	1.645	1.081~2.502
血管活性药物	0.282	0.256	1.217	0.270	0.754	0.457~1.245
全肠外营养	0.282	0.225	1.575	0.209	0.754	0.485~1.172
质子泵抑制剂	0.473	0.425	1.240	0.266	0.623	0.271~1.433
高水平内毒素	0.389	0.021	343.724	0.000	1.476	1.416~1.538

图 6-9　多因素 Logistic 回归发表格式

（4）批量单因素筛选

上述方法过于笨拙，下面松哥介绍一种批量执行单因素分析的方法。通过自定义函数，执行批量操作。

```
uni_glm_model<-function(x){
    FML<-as.formula(paste0("dead==1 ~ ",x))
```

dead= =1：指 1 为目标结局事件，定义一个公式，这个公式用 paste0 函数将 dead= = 1 ~ x 链接起来，而 x 我们后面设定单个逐步进入。

```
    glm1<-glm(FML,data = dev,family = binomial)
```

定义 glm1，将 FML 公式，放入 glm（广义线性模型）中，指定数据集为 dev，链接函数为 binomial。

```
    glm2<-summary(glm1)
```
定义 glm2 为 glm1 方程的摘要

计算我们所要的指标，下面的代码大家不用动，保持默认即可。

```
OR<-round(exp(coef(glm1)),2)
```
将 glm1 的系数 β 计算为 exp(β)，保留 2 位小数

```
SE<-round(glm2$coefficients[,2],3)
```
提取第二列结果为 SE，保留 3 位小数

```
CI2.5<-round(exp(coef(glm1)-1.96*SE),2)
```
构建 95% 可信区间下限

```
CI97.5<-round(exp(coef(glm1)+1.96*SE),2)
```
构建 95% 可信区间上限

```
CI<-paste0(CI2.5,' -' ,CI97.5)
```
组合 95% 可信区间

```
B<-round(glm2$coefficients[,1],3)
```
提取回归系数，保留 3 位小数

```
Z<-round(glm2$coefficients[,3],3)
```
提取检验统计量 Z，保留 3 位小数

```
P<-round(glm2$coefficients[,4],3)
```
提取检验 P 值，保留 3 位小数

将上述计算出来的指标制作为数据框。

```
uni_glm_model<-data.frame('characteristics'=x,
'B'=B,
'SE'=SE,
 'OR'=OR,
'CI'=CI,
'Z' =Z,
'P'=P)[-1,]    #注意此处 [-1,] 是删除单因素分析的第一行结果，为常数项。
  return(uni_glm_model)
}
```

`variable.names<-colnames(dev)[c(2:18)]`　　　　要核实这里的 X 对应的列是否对？若分开的可以这样：[c(3:18,20:40)]

`variable.names`　　　显示我们制定的自变量，再次核查是否正确，稍后将这些变量一个一个执行单因素分析，如图 6-10 所示。

```
> variable.names
 [1] "gender"    "Temp"     "SYSBP"    "DIABP"     "AST"
 [6] "WBC"       "CRP"      "Sodium"   "Potassium" "BUN"
[11] "Platelets" "age"      "RESP"     "HR"        "LAC"
[16] "SPO2"      "Glucose"
> |
```

图 6-10　查看变量名

运行上面自定义批量执行函数。

`uni_glm<-lapply(variable.names,uni_glm_model)`　　　　用 lapply 函数将定义的 variable.names 逐个加入方程执行分析。

> uni_glm

展示分析结果，发现 17 条单个数据，我们要将其制作成一个数据框。

`install.packages("plyr")`　　　安装 plyr 包，稍后将上述结果组合起来

`library(plyr)`　　　加载 plyr 包

生成单变量分析的综合结果。

`uni_glm<-ldply(uni_glm,data.frame)`　　　　用 ldply 将上述 uni_glm 结果组合成数据框。

> uni_glm

看一下结果是啥样子的，可谓应有尽有。不同杂志要求不一样，但是基本都包含在显示的结果中，松哥一次性都分析出来，您想要什么，直接挑选出来发文章即可。但是这是展示在 Rstudio 的结果输出窗口，如图 6-11 所示，如果这个结果能够制表就好了。

```
> uni_glm
   characteristics       B      SE        OR          CI       Z     P
1           gender  -0.028   0.170      0.97    0.7-1.36  -0.162 0.871
2             Temp  -0.358   0.215      0.70   0.46-1.07  -1.663 0.096
3            SYSBP  -0.427   0.175      0.65   0.46-0.92  -2.442 0.015
4            DIABP -13.558 394.775      0.00       0-Inf  -0.034 0.973
5              AST   0.521   0.168      1.68   1.21-2.34   3.112 0.002
6              WBC   0.933   0.388      2.54   1.19-5.44   2.401 0.016
7              CRP   2.216   0.189      9.17 6.33-13.29  11.731 0.000
8           Sodium   0.583   0.231      1.79   1.14-2.82   2.525 0.012
9        Potassium   1.132   0.179      3.10    2.18-4.4   6.324 0.000
10             BUN   2.298   0.237      9.96 6.26-15.84   9.695 0.000
11       Platelets   0.550   0.180      1.73   1.22-2.47   3.056 0.002
12             age   1.064   0.193      2.90   1.99-4.23   5.517 0.000
13            RESP   0.826   0.193      2.28   1.56-3.33   4.283 0.000
14              HR   0.308   0.168      1.36   0.98-1.89   1.834 0.067
15             LAC  17.934 486.169 61438420.77       0-Inf  0.037 0.971
16            SPO2   0.353   0.171      1.42   1.02-1.99   2.065 0.039
17         Glucose   0.110   0.223      1.12   0.72-1.73   0.495 0.621
```

图 6-11　批量单因素分析输出样式

```
View(uni_glm)
```

表格形式如图 6-12 所示。

图 6-12　批量单因素分析结果数据框格式

```
write.csv(uni_glm, "uni.csv")
```

将单因素分析的结果写到 csv 中，起名字 uni.csv，然后到 R 的工作目录中，找到即可。
将 $P < 0.05$ 的结果挑选出来（如需），如图 6-13 所示。

`uni_glm1 <- uni_glm[uni_glm$P<= 0.05,]`　　将 uni_glm 数据框中，$P < 0.05$ 的数据挑出来。

```
uni_glm1
```

图 6-13　批量单因素分析 $P < 0.05$ 结果

将 $P < 0.1$ 的结果挑选出来（如需），如图 6-14 所示。

`uni_glm2 <- uni_glm[uni_glm$P<= 0.1,]`　　将 uni_glm 数据框中，$P < 0.1$ 的数据挑出来。

`uni_glm2`

```
> uni_glm2 <- uni_glm[uni_glm$P<= 0.1,]
> uni_glm2
   characteristics      B    SE   OR         CI       Z     P
2             Temp -0.358 0.215 0.70   0.46-1.07  -1.663 0.096
3            SYSBP -0.427 0.175 0.65   0.46-0.92  -2.442 0.015
5              AST  0.521 0.168 1.68   1.21-2.34   3.112 0.002
6              WBC  0.933 0.388 2.54   1.19-5.44   2.401 0.016
7              CRP  2.216 0.189 9.17  6.33-13.29  11.731 0.000
8           Sodium  0.583 0.231 1.79   1.14-2.82   2.525 0.012
9        Potassium  1.132 0.179 3.10    2.18-4.4   6.324 0.000
10             BUN  2.298 0.237 9.96 6.26-15.84   9.695 0.000
11       Platelets  0.550 0.180 1.73   1.22-2.47   3.056 0.002
12             age  1.064 0.193 2.90   1.99-4.23   5.517 0.000
13            RESP  0.826 0.193 2.28   1.56-3.33   4.283 0.000
14              HR  0.308 0.168 1.36   0.98-1.89   1.834 0.067
16            SPO2  0.353 0.171 1.42   1.02-1.99   2.065 0.039
>
```

图 6-14　批量单因素分析 $P < 0.1$ 结果

直接将 $P < 0.05$ 的变量的 characteristics 提取出来，这步非常好，我们可以直接用此代码进行多因素分析的变量筛选，省得一个一个去找。

`uni_glm$characteristics[uni_glm$P<=0.05]`

将 $P < 0.05$ 或 $P < 0.1$ 的结果，写到 csv 中（如需）。

```
write.csv(uni_glm1, "p5.csv")
write.csv(uni_glm2, "p10.csv")
```

6.1.2　多因素分析

不管如何，通过上述两种单因素分析方法，我们可以知道任何一个变量与因变量的相关性，看 P 值。然后我们需要决定一件事，到底 P 界值取多少，才纳入多因素分析，本例松哥取 $P < 0.1$ 进行演示。

注意先单后多也不是必须做的流程，在样本量足够大，自变量不太多的情况下，也就是符合 "10EPV" 原则的情况下，我们可以直接进行多因素分析，不必先进行单因素筛选。

```
fml<-as.formula(paste0('dead==1 ~ ',paste0(uni_glm$characteristics[uni_glm$P<0.1],collapse = '+')))
```

构建一个公式 fml，将 dead==1 $\sim$ 与 $P < 0.1$ 的变量用 "+" 链接起来。

`fml`

调用一下看看是否正确。

```
dead == 1 ~ Temp + SYSBP + AST + WBC + CRP + Sodium + Potassium + BUN +
Platelets + age + RESP + HR + SPO2
```

临床预测模型多因素回归一般采用的是向后逐步法，但为了让大家对多因素分析有一个较为全面的了解，松哥将对强制回归（enter）、向前（forward）、向后（backward）、向前向后（both）四种方法进行讲解，并最终采用 AIC 比较各模型的优劣，选择最终模型。

（1）多因素 enter 回归

就是强行将单因素 $P < 0.1$ 的因素纳入多因素分析模型，不进行变量 PK，全部留在模型中。

```
modelA<-glm(fml,data = dev,family=binomial)
```

`modelA`   只能拿到模型的系数。

```
summary(modelA)
```

可以拿到模型概要，13 个 $P < 0.1$ 的全部在模型中，该模型的 AIC=673.75。AIC 自身大小无意义，只有和别人比较时才有意义，较小的模型拟合效果较好（见图 6-15）。

```
Deviance Residuals:
    Min      1Q    Median      3Q      Max
-1.7001  -0.6576  -0.3035  0.7960  2.8112

Coefficients:
             Estimate Std. Error z value Pr(>|z|)
(Intercept) -3.925191   0.622703  -6.303 2.91e-10 ***
Temp        -0.424053   0.267686  -1.584 0.113161
SYSBP       -0.158244   0.213965  -0.740 0.459556
AST          0.168474   0.203030   0.830 0.406653
WBC          0.164647   0.459989   0.358 0.720390
CRP          1.658834   0.218207   7.602 2.91e-14 ***
Sodium       0.456367   0.273745   1.667 0.095489 .
Potassium    0.441906   0.215317   2.052 0.040135 *
BUN          1.537657   0.275890   5.573 2.50e-08 ***
Platelets   -0.487462   0.238340  -2.045 0.040832 *
age          0.877121   0.230186   3.810 0.000139 ***
RESP         0.004227   0.231673   0.018 0.985441
HR           0.505644   0.208145   2.429 0.015129 *
SPO2        -0.063356   0.208957  -0.303 0.761737
---
Signif. codes:  0 '***' 0.001 '**' 0.01 '*' 0.05 '.' 0.1 ' ' 1

(Dispersion parameter for binomial family taken to be 1)

    Null deviance: 889.13  on 767  degrees of freedom
Residual deviance: 645.75  on 754  degrees of freedom
AIC: 673.75
```

图 6-15　多因素强制回归结果（enter 法）

（2）多因素回归（forward 向前法）

```
modelB<-step(modelA,direction="forward")
```

一些教科书中给出的向前法的代码，松哥测试后发现结果不对，没有向前的步骤。给出的结果和 enter 法结果一致，说明并没有向前筛选。

调整向前法代码如下：

```
modelX<-glm(dead ~ 1,data = dev,family=binomial)
```
先做一个空模型，如图 6-16 所示。

```
Summary(modelX)
```
查看结果，发现只有常数项，没有自变量。

重新构建 modelB 模型，模型中的变量可以用前面的 fml 的结果复制过来。

```
modelB<-step(modelX,scope=list(upper= ~ Temp + SYSBP + AST + WBC + CRP +
Sodium + Potassium + BUN + Platelets + age + RESP + HR + SPO2,lower= ~ 1),data
= dev,family=binomial,direction ="forward")
```

step：是逐步回归；

modelX：是我们前面构建的空模型

scope：指定了逐步回归变量筛选的范围

data = dev：指定分析数据集

family=binomial：指定进行二项 Logistic 回归

direction ="forward"：指向前逐步。

下面为 9 步向前法筛选到最终的模型。

第一步是空模型，模型中只有常数项，如图 6-16 所示。没有自变量。模型的 AIC=891.13，图 6-17 展示空模型在加入 13 个 $P < 0.1$ 的任何一个自变量时，模型的 AIC，结果发现加入 CRP 的 AIC 最小，AIC=732.28。因此，第二步，模型就纳入 CRP，如图 6-17 所示。

```
> summary(modelX)

Call:
glm(formula = dead ~ 1, family = binomial, data = dev)

Deviance Residuals:
    Min      1Q   Median      3Q      Max
-0.7858  -0.7858  -0.7858   1.6283   1.6283

Coefficients:
            Estimate Std. Error z value Pr(>|z|)
(Intercept)  -1.0169     0.0817   -12.45   <2e-16 ***
---
Signif. codes:  0 '***' 0.001 '**' 0.01 '*' 0.05 '.' 0.1 ' ' 1

(Dispersion parameter for binomial family taken to be 1)

    Null deviance: 889.13  on 767  degrees of freedom
Residual deviance: 889.13  on 767  degrees of freedom
AIC: 891.13

Number of Fisher Scoring iterations: 4
```

图 6-16　空模型回归结果

```
Start:  AIC=891.13
dead ~ 1

            Df Deviance    AIC
+ CRP        1   728.28 732.28
+ BUN        1   753.33 757.33
+ Potassium  1   845.66 849.66
+ age        1   855.07 859.07
+ RESP       1   871.39 875.39
+ AST        1   879.25 883.25
+ Platelets  1   879.39 883.39
+ WBC        1   882.11 886.11
+ Sodium     1   882.21 886.21
+ SYSBP      1   883.27 887.27
+ SPO2       1   884.91 888.91
+ HR         1   885.72 889.72
+ Temp       1   886.44 890.44
<none>           889.13 891.13
```

图 6-17　多因素回归结果（向前法）

纳入 CRP 后，模型 AIC=732.28，再纳入剩下的 16 个中哪一个，AIC 最小呢？结果发现纳入 BUN，AIC 最小，且 AIC=686.07。于是第三步，就会纳入 BUN，如图 6-18 所示。

纳入 BUN 后，模型 AIC=686.07，再考虑纳入剩下 15 个变量中哪个变量的 AIC 最小，结果发现纳入 age 的 AIC 最小，AIC=674.95。如此反复，松哥不再逐个解释，下面展示后面几步的过程，大家可以看看模型的演变过程，如图 6-19～图 6-25 所示。

```
Step:  AIC=732.28
dead ~ CRP

            Df Deviance    AIC
+ BUN        1   680.07 686.07
+ age        1   710.60 716.60
+ Potassium  1   716.20 722.20
+ HR         1   724.51 730.51
+ Temp       1   724.75 730.75
+ Sodium     1   725.49 731.49
<none>           728.28 732.28
+ RESP       1   726.34 732.34
+ SYSBP      1   726.90 732.90
+ AST        1   727.12 733.12
+ WBC        1   727.45 733.45
+ SPO2       1   727.85 733.85
+ Platelets  1   728.14 734.14
```

图 6-18　多因素回归结果
（向前法）

```
Step:  AIC=686.07
dead ~ CRP + BUN

            Df Deviance    AIC
+ age        1   666.95 674.95
+ Potassium  1   674.36 682.36
+ Platelets  1   675.46 683.46
+ HR         1   677.42 685.42
+ Temp       1   677.59 685.59
+ Sodium     1   677.61 685.61
<none>           680.07 686.07
+ AST        1   679.68 687.68
+ RESP       1   679.94 687.94
+ WBC        1   679.96 687.96
+ SPO2       1   680.02 688.02
+ SYSBP      1   680.03 688.03
```

图 6-19　多因素回归结果第三步
（向前法）

```
Step:  AIC=674.95
dead ~ CRP + BUN + age

            Df Deviance    AIC
+ Potassium  1   661.84 671.84
+ HR         1   662.50 672.50
+ Platelets  1   662.92 672.92
+ Sodium     1   663.49 673.49
+ Temp       1   664.94 674.94
<none>           666.95 674.95
+ AST        1   666.28 676.28
+ SYSBP      1   666.55 676.55
+ RESP       1   666.78 676.78
+ SPO2       1   666.79 676.79
+ WBC        1   666.81 676.81
```

图 6-20　多因素回归结果第四步
（向前法）

```
Step:  AIC=671.84
dead ~ CRP + BUN + age + Potassium

            Df Deviance    AIC
+ HR         1   657.15 669.15
+ Platelets  1   657.39 669.39
+ Temp       1   659.64 671.64
+ Sodium     1   659.72 671.72
<none>           661.84 671.84
+ AST        1   661.30 673.30
+ SYSBP      1   661.43 673.43
+ SPO2       1   661.60 673.60
+ RESP       1   661.72 673.72
+ WBC        1   661.77 673.77
```

图 6-21　多因素回归结果第五步（向前法）

```
Step:  AIC=669.15
dead ~ CRP + BUN + age + Potassium + HR

            Df Deviance    AIC
+ Platelets  1   652.53 666.53
+ Temp       1   653.92 667.92
+ Sodium     1   654.72 668.72
<none>           657.15 669.15
+ SYSBP      1   656.57 670.57
+ AST        1   656.64 670.64
+ WBC        1   657.05 671.05
+ SPO2       1   657.05 671.05
+ RESP       1   657.15 671.15
```

图 6-22　多因素回归结果第六步（向前法）

```
Step:  AIC=666.53
dead ~ CRP + BUN + age + Potassium + HR + Platelets

            Df Deviance    AIC
+ Sodium     1   649.75 665.75
+ Temp       1   649.97 665.97
<none>           652.53 666.53
+ SYSBP      1   651.93 667.93
+ AST        1   652.03 668.03
+ WBC        1   652.18 668.18
+ SPO2       1   652.50 668.50
+ RESP       1   652.52 668.52
```

图 6-23　多因素回归结果第七步（向前法）

```
Step:  AIC=665.75
dead ~ CRP + BUN + age + Potassium + HR + Platelets + Sodium

            Df Deviance    AIC
+ Temp       1   647.19 665.19
<none>           649.75 665.75
+ SYSBP      1   649.12 667.12
+ AST        1   649.15 667.15
+ WBC        1   649.52 667.52
+ SPO2       1   649.70 667.70
+ RESP       1   649.74 667.74
```

图 6-24　多因素回归结果第八步（向前法）

```
Step:  AIC=665.19
dead ~ CRP + BUN + age + Potassium + HR + Platelets + Sodium +
    Temp

       Df Deviance    AIC
<none>     647.19 665.19
+ AST   1  646.51 666.51
+ SYSBP 1  646.67 666.67
+ WBC   1  647.02 667.02
+ SPO2  1  647.14 667.14
+ RESP  1  647.19 667.19
> |
```

图 6-25　多因素回归结果第九步（向前法）

经过逐步向前筛选，确定最终模型纳入 8 个自变量，最终模型的 AIC=665.19。入选因素为：dead ~ CRP + BUN + age + Potassium + HR + Platelets + Sodium + Temp，见图 6-26。

展示最终模型结果，见图 6-26。

```
summary(modelB)
```

```
Deviance Residuals:
    Min      1Q   Median       3Q      Max
-1.7382  -0.6745  -0.3122   0.7613   2.7784

Coefficients:
            Estimate Std. Error z value Pr(>|z|)
(Intercept) -3.8236     0.4543  -8.416  < 2e-16 ***
CRP          1.6918     0.2145   7.887 3.10e-15 ***
BUN          1.5808     0.2698   5.859 4.66e-09 ***
age          0.8413     0.2270   3.707  0.00021 ***
Potassium    0.4498     0.2145   2.097  0.03599 *
HR           0.5014     0.2040   2.457  0.01400 *
Platelets   -0.4845     0.2358  -2.055  0.03989 *
Sodium       0.4475     0.2724   1.643  0.10041
Temp        -0.4277     0.2661  -1.607  0.10800
---
Signif. codes:  0 '***' 0.001 '**' 0.01 '*' 0.05 '.' 0.1 ' ' 1

(Dispersion parameter for binomial family taken to be 1)

    Null deviance: 889.13  on 767  degrees of freedom
Residual deviance: 647.19  on 759  degrees of freedom
AIC: 665.19

Number of Fisher Scoring iterations: 5
```

图 6-26　多因素回归最终结果（向前法）

（3）多因素向后法（backward）

采用如下代码：

```
modelC<-step(modelA,direction ="backward")
```

运行代码，软件展示筛选流程，与向前法类似，向前法是由空模型开始，往里面一个一个添加自变量；而向后法是先全部进入模型，然后一个一个往外扔变量的过程。

下面结果展示向后法第一步，全模型（见图 6-27），所有变量都纳入时，AIC=673.75。当剔除任何一个变量后，剩下变量构建模型的 AIC 最小的为 RESP，即扔掉 RESP 这个包袱后，剩下的因素构建模型 AIC 最小，于是第二步，我们就剔除 RESP 构建模型。

```
> modelC<-step(modelA,direction ="backward")
Start:  AIC=673.75
dead == 1 ~ Temp + SYSBP + AST + WBC + CRP + Sodium + Potassium +
    BUN + Platelets + age + RESP + HR + SPO2

            Df Deviance     AIC
- RESP       1   645.75  671.75
- SPO2       1   645.84  671.84
- WBC        1   645.88  671.88
- SYSBP      1   646.29  672.29
- AST        1   646.44  672.44
<none>           645.75  673.75
- Temp       1   648.23  674.23
- Sodium     1   648.62  674.62
- Platelets  1   649.98  675.98
- Potassium  1   649.99  675.99
- HR         1   651.76  677.76
- age        1   661.04  687.04
- BUN        1   680.78  706.78
- CRP        1   708.16  734.16
```

图 6-27　多因素回归第一步（向后法）

剔除 RESP 后，模型如下，AIC=671.75，再扔掉谁 AIC 最小呢？松哥相信大家已经掌握规律了，剔除 SPO2 后 AIC=669.84 最小，是吧！那后边松哥就展示过程，如图 6-28 ～图 6-31 所示，不再讲解了，大家看最后一步吧！

```
Step:  AIC=671.75
dead == 1 ~ Temp + SYSBP + AST + WBC + CRP + Sodium + Potassium +
    BUN + Platelets + age + HR + SPO2

            Df Deviance     AIC
- SPO2       1   645.84  669.84
- WBC        1   645.88  669.88
- SYSBP      1   646.30  670.30
- AST        1   646.44  670.44
<none>           645.75  671.75
- Temp       1   648.24  672.24
- Sodium     1   648.62  672.62
- Platelets  1   649.98  673.98
- Potassium  1   650.00  674.00
- HR         1   651.96  675.96
- age        1   661.05  685.05
- BUN        1   681.33  705.33
- CRP        1   709.01  733.01
```

图 6-28　多因素回归第二步（向后法）

```
Step:  AIC=669.84
dead == 1 ~ Temp + SYSBP + AST + WBC + CRP + Sodium + Potassium +
    BUN + Platelets + age + HR

            Df Deviance     AIC
- WBC        1   645.96  667.96
- SYSBP      1   646.39  668.39
- AST        1   646.50  668.50
<none>           645.84  669.84
- Temp       1   648.33  670.33
- Sodium     1   648.67  670.67
- Potassium  1   650.06  672.06
- Platelets  1   650.19  672.19
- HR         1   652.19  674.19
- age        1   661.06  683.06
- BUN        1   681.41  703.41
- CRP        1   709.04  731.04
```

图 6-29　多因素回归第三步（向后法）

```
Step:  AIC=667.96
dead == 1 ~ Temp + SYSBP + AST + CRP + Sodium + Potassium + BUN +
    Platelets + age + HR

            Df Deviance    AIC
- SYSBP      1   646.51 666.51
- AST        1   646.67 666.67
<none>           645.96 667.96
- Temp       1   648.49 668.49
- Sodium     1   648.88 668.88
- Platelets  1   650.20 670.20
- Potassium  1   650.22 670.22
- HR         1   652.28 672.28
- age        1   661.18 681.18
- BUN        1   681.83 701.83
- CRP        1   709.49 729.49
```

图 6-30　多因素回归第四步（向后法）

```
Step:  AIC=666.51
dead == 1 ~ Temp + AST + CRP + Sodium + Potassium + BUN + Platelets +
    age + HR

            Df Deviance    AIC
- AST        1   647.19 665.19
<none>           646.51 666.51
- Temp       1   649.15 667.15
- Sodium     1   649.40 667.40
- Platelets  1   650.73 668.73
- Potassium  1   650.77 668.77
- HR         1   652.67 670.67
- age        1   661.26 679.26
- BUN        1   684.92 702.92
- CRP        1   711.09 729.09
```

图 6-31　多因素回归第五步（向后法）

最终发现，经过几步剔除后，还剩下 8 个因素时，模型的 AIC 最小，AIC=665.19。模型为 dead == 1 ～ Temp + CRP + Sodium + Potassium + BUN + Platelets + age + HR。大家可以比较看看与向前法是否一致，如图 6-32 所示。说明英雄所见略同。本例也许巧合，很多时候，向前法和向后法结果是不一致的，这也很正常。

```
Step:  AIC=665.19
dead == 1 ~ Temp + CRP + Sodium + Potassium + BUN + Platelets +
    age + HR

            Df Deviance    AIC
<none>           647.19 665.19
- Temp       1   649.75 665.75
- Sodium     1   649.97 665.97
- Platelets  1   651.46 667.46
- Potassium  1   651.61 667.61
- HR         1   653.33 669.33
- age        1   661.62 677.62
- BUN        1   686.46 702.46
- CRP        1   714.93 730.93
> |
```

图 6-32　多因素回归分析结果（向后法）

```
summary(modelC)
```

展示最终结果，如图 6-33 所示，和向前法一致，只是变量顺序不同。

```
> summary(modelC)

Call:
glm(formula = dead == 1 ~ Temp + CRP + Sodium + Potassium + BUN +
    Platelets + age + HR, family = binomial, data = dev)

Deviance Residuals:
    Min      1Q   Median      3Q     Max
-1.7382  -0.6745  -0.3122   0.7613  2.7784

Coefficients:
            Estimate Std. Error z value Pr(>|z|)
(Intercept) -3.8236     0.4543  -8.416  < 2e-16 ***
Temp        -0.4277     0.2661  -1.607  0.10800
CRP          1.6918     0.2145   7.887 3.10e-15 ***
Sodium       0.4475     0.2724   1.643  0.10041
Potassium    0.4498     0.2145   2.097  0.03599 *
BUN          1.5808     0.2698   5.859 4.66e-09 ***
Platelets   -0.4845     0.2358  -2.055  0.03989 *
age          0.8413     0.2270   3.707  0.00021 ***
HR           0.5014     0.2040   2.457  0.01400 *
---
Signif. codes:  0 '***' 0.001 '**' 0.01 '*' 0.05 '.' 0.1 ' ' 1

(Dispersion parameter for binomial family taken to be 1)

    Null deviance: 889.13  on 767  degrees of freedom
Residual deviance: 647.19  on 759  degrees of freedom
AIC: 665.19
```

图 6-33　多因素回归向后法最终结果

（4）多因素双向（both）

采用如下代码：

```
modelD<-step(modelA,direction = "both")
```

向前是逐个添加，向后是逐个剔除，双向是一边往外扔变量，一边往里纳入变量，所以在双向法中，你会发现模型变量前面的系数有"+"，也有"-"，而向前法只有"+"，向后法只有"-"。

下面第一步展示的是全模型结果，AIC=673.75，删除 RESP 后 AIC=671.75。第二步不仅展示剔除某个变量的 AIC，也展示加上某个变量的 AIC，还是按照 AIC 最小的原则。如此反复进行下去，直到剔除任何变量都不能降低 AIC，纳入任何变量也不能降低 AIC，那么模型就终止迭代了，也就是找到了最优的模型。图 6-34 ～图 6-39 展示全过程，大家细看体会建模的过程。

```
> modelD<-step(modelA,direction = "both")
Start:  AIC=673.75
dead == 1 ~ Temp + SYSBP + AST + WBC + CRP + Sodium + Potassium +
    BUN + Platelets + age + RESP + HR + SPO2

            Df Deviance    AIC
- RESP       1   645.75 671.75
- SPO2       1   645.84 671.84
- WBC        1   645.88 671.88
- SYSBP      1   646.29 672.29
- AST        1   646.44 672.44
<none>           645.75 673.75
- Temp       1   648.23 674.23
- Sodium     1   648.62 674.62
- Platelets  1   649.98 675.98
- Potassium  1   649.99 675.99
- HR         1   651.76 677.76
- age        1   661.04 687.04
- BUN        1   680.78 706.78
- CRP        1   708.16 734.16
```

图 6-34　多因素回归第一步（both）

```
Step:  AIC=671.75
dead == 1 ~ Temp + SYSBP + AST + WBC + CRP + Sodium + Potassium +
    BUN + Platelets + age + HR + SPO2

              Df Deviance    AIC
- SPO2         1   645.84 669.84
- WBC          1   645.88 669.88
- SYSBP        1   646.30 670.30
- AST          1   646.44 670.44
<none>             645.75 671.75
- Temp         1   648.24 672.24
- Sodium       1   648.62 672.62
+ RESP         1   645.75 673.75
- Platelets    1   649.98 673.98
- Potassium    1   650.00 674.00
- HR           1   651.96 675.96
- age          1   661.05 685.05
- BUN          1   681.33 705.33
- CRP          1   709.01 733.01
```

图 6-35　多因素回归第二步（both）

```
Step:  AIC=669.84
dead == 1 ~ Temp + SYSBP + AST + WBC + CRP + Sodium + Potassium +
    BUN + Platelets + age + HR

              Df Deviance    AIC
- WBC          1   645.96 667.96
- SYSBP        1   646.39 668.39
- AST          1   646.50 668.50
<none>             645.84 669.84
- Temp         1   648.33 670.33
- Sodium       1   648.67 670.67
+ SPO2         1   645.75 671.75
+ RESP         1   645.84 671.84
- Potassium    1   650.06 672.06
- Platelets    1   650.19 672.19
- HR           1   652.19 674.19
- age          1   661.06 683.06
- BUN          1   681.41 703.41
- CRP          1   709.04 731.04
```

图 6-36　多因素回归第三步（both）

```
Step:  AIC=667.96
dead == 1 ~ Temp + SYSBP + AST + CRP + Sodium + Potassium + BUN +
    Platelets + age + HR

              Df Deviance    AIC
- SYSBP        1   646.51 666.51
- AST          1   646.67 666.67
<none>             645.96 667.96
- Temp         1   648.49 668.49
- Sodium       1   648.88 668.88
+ WBC          1   645.84 669.84
+ SPO2         1   645.88 669.88
+ RESP         1   645.96 669.96
- Platelets    1   650.20 670.20
- Potassium    1   650.22 670.22
- HR           1   652.28 672.28
- age          1   661.18 681.18
- BUN          1   681.83 701.83
- CRP          1   709.49 729.49
```

图 6-37　多因素回归第四步（both）

```
Step:   AIC=666.51
dead == 1 ~ Temp + AST + CRP + Sodium + Potassium + BUN + Platelets +
    age + HR

             Df Deviance    AIC
- AST         1   647.19 665.19
<none>            646.51 666.51
- Temp        1   649.15 667.15
- Sodium      1   649.40 667.40
+ SYSBP       1   645.96 667.96
+ WBC         1   646.39 668.39
+ SPO2        1   646.43 668.43
+ RESP        1   646.51 668.51
- Platelets   1   650.73 668.73
- Potassium   1   650.77 668.77
- HR          1   652.67 670.67
- age         1   661.26 679.26
- BUN         1   684.92 702.92
- CRP         1   711.09 729.09
```

图 6-38　多因素回归第五步（both）

```
Step:   AIC=665.19
dead == 1 ~ Temp + CRP + Sodium + Potassium + BUN + Platelets +
    age + HR

             Df Deviance    AIC
<none>            647.19 665.19
- Temp        1   649.75 665.75
- Sodium      1   649.97 665.97
+ AST         1   646.51 666.51
+ SYSBP       1   646.67 666.67
+ WBC         1   647.02 667.02
+ SPO2        1   647.14 667.14
+ RESP        1   647.19 667.19
- Platelets   1   651.46 667.46
- Potassium   1   651.61 667.61
- HR          1   653.33 669.33
- age         1   661.62 677.62
- BUN         1   686.46 702.46
- CRP         1   714.93 730.93
> |
```

图 6-39　多因素回归第六步（both）

```
summary(modelD)
```

展示最终模型方程（见图 6-40），会发现和上面（2）和（3）中采取的方法的结果还是一样的。

因为模型 modelA、modelB、modelC、modelD 结果都一样，我们展示一个模型的系数及 95%CI（见图 6-41）。

```
cbind(coef=coef(modelD),confint(modelD))
```

看模型的 OR 及 95%CI（见图 6-42）。

```
exp(cbind(OR=coef(modelD),confint(modelD)))
```

```
Call:
glm(formula = dead == 1 ~ Temp + CRP + Sodium + Potassium + BUN +
    Platelets + age + HR, family = binomial, data = dev)

Deviance Residuals:
    Min      1Q   Median      3Q     Max
-1.7382  -0.6745  -0.3122   0.7613   2.7784

Coefficients:
            Estimate Std. Error z value Pr(>|z|)
(Intercept)  -3.8236     0.4543  -8.416  < 2e-16 ***
Temp         -0.4277     0.2661  -1.607  0.10800
CRP           1.6918     0.2145   7.887  3.10e-15 ***
Sodium        0.4475     0.2724   1.643  0.10041
Potassium     0.4498     0.2145   2.097  0.03599 *
BUN           1.5808     0.2698   5.859  4.66e-09 ***
Platelets    -0.4845     0.2358  -2.055  0.03989 *
age           0.8413     0.2270   3.707  0.00021 ***
HR            0.5014     0.2040   2.457  0.01400 *
---
Signif. codes:  0 '***' 0.001 '**' 0.01 '*' 0.05 '.' 0.1 ' ' 1

(Dispersion parameter for binomial family taken to be 1)

    Null deviance: 889.13  on 767  degrees of freedom
Residual deviance: 647.19  on 759  degrees of freedom
AIC: 665.19
```

图 6-40　多因素回归最终结果（both）

```
> #看模型的系数及95%CI
> cbind(coef=coef(modelD),confint(modelD))
Waiting for profiling to be done...
                  coef       2.5 %       97.5 %
(Intercept) -3.8235645 -4.74541660 -2.96170248
Temp        -0.4277311 -0.94816694  0.09731009
CRP          1.6917761  1.27727847  2.11944697
Sodium       0.4475390 -0.07671952  0.99421942
Potassium    0.4498122  0.03060784  0.87293686
BUN          1.5807879  1.06644994  2.12812630
Platelets   -0.4845007 -0.95123050 -0.02490575
age          0.8413080  0.40279169  1.29416732
HR           0.5013703  0.10437995  0.90528739
>
```

图 6-41　多因素回归模型系数（both）

```
> #看模型的OR及95%CI
> exp(cbind(OR=coef(modelD),confint(modelD)))
Waiting for profiling to be done...
                    OR       2.5 %      97.5 %
(Intercept) 0.02184978 0.00869144 0.05173077
Temp        0.65198669 0.38745059 1.10220244
CRP         5.42911502 3.58686468 8.32653138
Sodium      1.56445729 0.92614958 2.70261390
Potassium   1.56801772 1.03108107 2.39393118
BUN         4.85878258 2.90504807 8.39911468
Platelets   0.61600471 0.38626543 0.97540184
age         2.31939874 1.49599523 3.64795713
HR          1.65098211 1.11002212 2.47264243
>
```

图 6-42　多因素回归 OR 值及可信区间（both 法）

（5）比较确定最终模型

展示各模型的 AIC，发现 enter 法的 AIC 最大，其他向前法、向后法和双向法的结果一致，均为 665.1888，见图 6-43。

```
AIC(modelA,modelB,modelC,modelD)
```

```
> AIC(modelA,modelB,modelC,modelD)
       df      AIC
modelA 14 673.7494
modelB  9 665.1888
modelC  9 665.1888
modelD  9 665.1888
>
```

图 6-43　各模型 AIC 展示

模型 AIC 比较：

```
anova(modelA,modelB,test = "Chisq")
anova(modelA,modelC,test = "Chisq")
```

```
anova(modelA,modelD,test = "Chisq")
anova(modelB,modelC,test = "Chisq")
anova(modelB,modelD,test = "Chisq")
anova(modelC,modelD,test = "Chisq")
```

test= 的选项可以在后面选择 "Rao""LRT""Chisq""F""Cp"。注意 modelB 是 "曲线救国" 算法，所以比较显示有问题，本例因为 modelB、modelC 和 modelD 完全一致，所以我们只要拿 modelA 和另外三个中的任何一个比就可以，如图 6-44 所示，比如我们选择：

```
anova(modelA,modelC,test = "Chisq")
```

```
Analysis of Deviance Table

Model 1: dead == 1 ~ Temp + SYSBP + AST + WBC + CRP + Sodium + Potassium +
    BUN + Platelets + age + RESP + HR + SPO2
Model 2: dead == 1 ~ Temp + CRP + Sodium + Potassium + BUN + Platelets +
    age + HR
  Resid. Df Resid. Dev Df Deviance Pr(>Chi)
1       754     645.75
2       759     647.19 -5  -1.4394     0.92
>
```

图 6-44　模型 A 和模型 D 的 AIC 检验

结果发现 modelA 和 modelC 的 AIC 比较差异，P=0.92 > 0.05，说明各模型无差异。既然拟合效果无差异，那我们宁愿选择自变量数目较少的模型。

确定最终模型：通过上述比较，决定采用 modelC 的结果。

```
modelC<-step(modelA,direction = "both")
modelC
glm3<-summary(modelC)
glm3
```

（6）将多因素分析结果制备为发表格式

展示 glm3 模型结果的系数：

```
glm3$coefficients
```

看下最终模型方程，请先熟悉第 1 列，第 2 列，第 3 列和第 4 列内容，如图 6-45 所示。

```
> glm3$coefficients   #看下最终模型方程
             Estimate Std. Error   z value      Pr(>|z|)
(Intercept) -3.8235645  0.4543252 -8.415920 3.898219e-17
Temp        -0.4277311  0.2661287 -1.607234 1.080030e-01
CRP          1.6917761  0.2145095  7.886719 3.102352e-15
Sodium       0.4475390  0.2724137  1.642865 1.004109e-01
Potassium    0.4498122  0.2145011  2.097016 3.599217e-02
BUN          1.5807879  0.2698072  5.858953 4.657947e-09
Platelets   -0.4845007  0.2357820 -2.054867 3.989188e-02
age          0.8413080  0.2269543  3.706950 2.097706e-04
HR           0.5013703  0.2040393  2.457225 1.400150e-02
>
```

图 6-45　多因素回归最终模型结果

提取模型第 1 列 β 系数，并 exp（β）算 OR 值，保留 2 位小数：

```
OR<-round(exp(glm3$coefficients[,1]),2)
```

提取模型第 2 列，保留 3 位小数命名为标准误 SE：

```
SE<-round(glm3$coefficients[,2],3)
```

提取并计算 95% 可信区间的下限：

```
CI2.5<-round(exp(coef(modelD)-1.96*SE),2)
```

提取并计算 95% 可信区间的上限：

```
CI97.5<-round(exp(coef(modelD)+1.96*SE),2)
```

将 95% 可信区间进行合并：

```
CI<-paste0(CI2.5,'-',CI97.5)
```

直接提取回归系数 β：

```
B<-round(glm3$coefficients[,1],3)
```

提取回归系数检验统计量 Z：

```
Z<-round(glm3$coefficients[,3],3)
```

提取回归系数检验 P 值：

```
P<-round(glm3$coefficients[,4],3)
```

制作数据框，将上述提取生成的变量，组合为数据框：

```
mlogit<-data.frame(
    'B'=B,
    'SE'=SE,
    'OR'=OR,
    'CI'=CI,
    'Z' =Z,
    'P'=P)[-1,]
```

`mlogit` 展开看看多因素结果，可以发现已经将我们所需要的结果提取出来了，如图 6-46 所示。

```
> mlogit
                B     SE    OR         CI       Z      P
Temp       -0.428  0.266  0.65   0.39-1.1   -1.607  0.108
CRP         1.692  0.215  5.43   3.56-8.27   7.887  0.000
Sodium      0.448  0.272  1.56   0.92-2.67   1.643  0.100
Potassium   0.450  0.215  1.57   1.03-2.39   2.097  0.036
BUN         1.581  0.270  4.86   2.86-8.25   5.859  0.000
Platelets  -0.485  0.236  0.62   0.39-0.98  -2.055  0.040
age         0.841  0.227  2.32   1.49-3.62   3.707  0.000
HR          0.501  0.204  1.65   1.11-2.46   2.457  0.014
> |
```

图 6-46　多因素回归整理后结果

如果上面的代码中没有 [-1,]，则会产生常数项，导致不能合并，可以通过下面代码删除。

```
mlogit<-mlogit[-1,]
```

`View(mlogit)`　在表格中展示多因素分析结果，见图 6-47。

	B	SE	OR	CI	Z	P
Temp	-0.428	0.266	0.65	0.39-1.1	-1.607	0.108
CRP	1.692	0.215	5.43	3.56-8.27	7.887	0.000
Sodium	0.448	0.272	1.56	0.92-2.67	1.643	0.100
Potassium	0.450	0.215	1.57	1.03-2.39	2.097	0.036
BUN	1.581	0.270	4.86	2.86-8.25	5.859	0.000
Platelets	-0.485	0.236	0.62	0.39-0.98	-2.055	0.040
age	0.841	0.227	2.32	1.49-3.62	3.707	0.000
HR	0.501	0.204	1.65	1.11-2.46	2.457	0.014

图 6-47　多因素回归整理后数据框格式

将多因素分析结果写入 csv，在 R 工作路径找到 multi.csv 即可。

```
write.csv(mlogit, "multi.csv")
```

但是有一个问题，按照我们前面看到的 SCI 论文先单后多的发表格式，现在有了 uni.csv 和 multi.csv，如果要写文章，还得手动进行组合，如果能让软件自动帮我们把先单后多可发表的统计表直接生成，岂不快哉！那么来吧！

两个数据集合并，必须要有一个共同的变量才可以，其实最好的变量就是自变量名称，我们的单因素分析表中有一个 characteristics 变量，但是在多因素分析表中没有，因此我们需要给多因素分析表添加 characteristics 变量，然后利用 merge 函数进行合并即可。

我们先看一下数据变量列表（见图 6-48），找到最终模型中 8 个变量所在的列。

```
names(mydata)
```

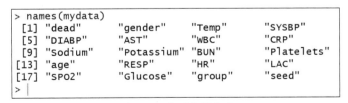

```
> names(mydata)
 [1] "dead"      "gender"    "Temp"      "SYSBP"
 [5] "DIABP"     "AST"       "WBC"       "CRP"
 [9] "Sodium"    "Potassium" "BUN"       "Platelets"
[13] "age"       "RESP"      "HR"        "LAC"
[17] "SPO2"      "Glucose"   "group"     "seed"
>
```

图 6-48　查看变量名称

提取最终模型变量，多因素分析有意义变量（见图 6-49），分别在 3 列，8—13 列，15 列，提取出来。

```
multinames<-as.character(colnames(mydata)[c(3,8:13,15)])
```

检验是否正确：

```
multinames
```

```
> multinames
[1] "Temp"      "CRP"       "Sodium"    "Potassium"
[5] "BUN"       "Platelets" "age"       "HR"
> |
```

图 6-49　提取模型中的变量

将 multinames 命名为 characteristics 与多因素回归结果 mlogit 合并。

```
mlogit<-data.frame('characteristics'=multinames,mlogit)
mlogit
```

展示合并后结果，确实增加了 characteristics 变量，如图 6-50 所示，我们就利用它进行两个数据集的合并了。我们也可以利用图 6-47 中的 rownames 生成 characteristics 变量，此处不再演示。

```
> mlogit
           characteristics      B     SE    OR       CI      Z     P
Temp                  Temp -0.428  0.266  0.65  0.39-1.1 -1.607 0.108
CRP                    CRP  1.692  0.215  5.43 3.56-8.27  7.887 0.000
Sodium              Sodium  0.448  0.272  1.56 0.92-2.67  1.643 0.100
Potassium        Potassium  0.450  0.215  1.57 1.03-2.39  2.097 0.036
BUN                    BUN  1.581  0.270  4.86 2.86-8.25  5.859 0.000
Platelets        Platelets -0.485  0.236  0.62 0.39-0.98 -2.055 0.040
age                    age  0.841  0.227  2.32 1.49-3.62  3.707 0.000
HR                      HR  0.501  0.204  1.65 1.11-2.46  2.457 0.014
> |
```

图 6-50　添加变量名称的多因素分析结果

`View(mlogit)` 　展示整理后的数据集结果，发现增加了 characteristics 变量，如图 6-51 所示。

	characteristics	B	SE	OR	CI	Z	P
Temp	Temp	-0.428	0.266	0.65	0.39-1.1	-1.607	0.108
CRP	CRP	1.692	0.215	5.43	3.56-8.27	7.887	0.000
Sodium	Sodium	0.448	0.272	1.56	0.92-2.67	1.643	0.100
Potassium	Potassium	0.450	0.215	1.57	1.03-2.39	2.097	0.036
BUN	BUN	1.581	0.270	4.86	2.86-8.25	5.859	0.000
Platelets	Platelets	-0.485	0.236	0.62	0.39-0.98	-2.055	0.040
age	age	0.841	0.227	2.32	1.49-3.62	3.707	0.000
HR	HR	0.501	0.204	1.65	1.11-2.46	2.457	0.014

图 6-51　添加变量名称的多因素分析结果数据框格式

合并先单后多分析表格：

```
final<-merge.data.frame(uni_glm,mlogit,by='characteristics',all = T,sort = T)
```

`final` 　展示最终合并后的结果，如图 6-52 所示。

```
> final
   characteristics    B.x     SE.x      OR.x        CI.x      Z.x   P.x      B.y   SE.y  OR.y      CI.y      Z.y   P.y
1           age      1.064    0.193      2.90    1.99-4.23   5.517 0.000    0.841  0.227 2.32  1.49-3.62  3.707 0.000
2           AST      0.521    0.168      1.68    1.21-2.34   3.112 0.002      NA     NA    NA     <NA>      NA    NA
3           BUN      2.298    0.237      9.96   6.26-15.84   9.695 0.000    1.581  0.270 4.86  2.86-8.25  5.859 0.000
4           CRP      2.216    0.189      9.17   6.33-13.29  11.731 0.000    1.692  0.215 5.43  3.56-8.27  7.887 0.000
5         DIABP    -13.558  394.775      0.00       0-Inf  -0.034 0.973      NA     NA    NA     <NA>      NA    NA
6        gender     -0.028    0.170      0.97     0.7-1.36  -0.162 0.871      NA     NA    NA     <NA>      NA    NA
7       Glucose      0.110    0.223      1.12    0.72-1.73   0.495 0.621      NA     NA    NA     <NA>      NA    NA
8            HR      0.308    0.168      1.36    0.98-1.89   1.834 0.067    0.501  0.204 1.65  1.11-2.46  2.457 0.014
9           LAC     17.934  486.169 61438420.77    0-Inf   0.037 0.971      NA     NA    NA     <NA>      NA    NA
10     Platelets     0.550    0.180      1.73    1.22-2.47   3.056 0.002   -0.485  0.236 0.62  0.39-0.98 -2.055 0.040
11     Potassium     1.132    0.179      3.10     2.18-4.4   6.324 0.000    0.450  0.215 1.57  1.03-2.39  2.097 0.036
12          RESP     0.826    0.193      2.28    1.56-3.33   4.283 0.000      NA     NA    NA     <NA>      NA    NA
13        Sodium     0.583    0.231      1.79    1.14-2.82   2.525 0.012    0.448  0.272 1.56  0.92-2.67  1.643 0.100
14          SPO2     0.353    0.171      1.42    1.02-1.99   2.065 0.039      NA     NA    NA     <NA>      NA    NA
15         SYSBP    -0.427    0.175      0.65    0.46-0.92  -2.442 0.015      NA     NA    NA     <NA>      NA    NA
16          Temp    -0.358    0.215      0.70    0.46-1.07  -1.663 0.096   -0.428  0.266 0.65   0.39-1.1 -1.607 0.108
17           WBC     0.933    0.388      2.54    1.19-5.44   2.401 0.016      NA     NA    NA     <NA>      NA    NA
> |
```

图 6-52　先单后多发表格式

`View(final)`　　展示数据集格式最终合并结果，如图 6-53 所示。

	characteristics	B.x	SE.x	OR.x	CI.x	Z.x	P.x	B.y	SE.y	OR.y	CI.y	Z.y	P.y
1	age	1.064	0.193	2.90	1.99-4.23	5.517	0.000	0.841	0.227	2.32	1.49-3.62	3.707	0.000
2	AST	0.521	0.168	1.68	1.21-2.34	3.112	0.002	NA	NA	NA	NA	NA	NA
3	BUN	2.298	0.237	9.96	6.26-15.84	9.695	0.000	1.581	0.270	4.86	2.86-8.25	5.859	0.000
4	CRP	2.216	0.189	9.17	6.33-13.29	11.731	0.000	1.692	0.215	5.43	3.56-8.27	7.887	0.000
5	DIABP	-13.558	394.775	0.00	0-Inf	-0.034	0.973	NA	NA	NA	NA	NA	NA
6	gender	-0.028	0.170	0.97	0.7-1.36	-0.162	0.871	NA	NA	NA	NA	NA	NA
7	Glucose	0.110	0.223	1.12	0.72-1.73	0.495	0.621	NA	NA	NA	NA	NA	NA
8	HR	0.308	0.168	1.36	0.98-1.89	1.834	0.067	0.501	0.204	1.65	1.11-2.46	2.457	0.014
9	LAC	17.934	486.169	61438420.77	0-Inf	0.037	0.971	NA	NA	NA	NA	NA	NA
10	Platelets	0.550	0.180	1.73	1.22-2.47	3.056	0.002	-0.485	0.236	0.62	0.39-0.98	-2.055	0.040
11	Potassium	1.132	0.179	3.10	2.18-4.4	6.324	0.000	0.450	0.215	1.57	1.03-2.39	2.097	0.036
12	RESP	0.826	0.193	2.28	1.56-3.33	4.283	0.000	NA	NA	NA	NA	NA	NA
13	Sodium	0.583	0.231	1.79	1.14-2.82	2.525	0.012	0.448	0.272	1.56	0.92-2.67	1.643	0.100
14	SPO2	0.353	0.171	1.42	1.02-1.99	2.065	0.039	NA	NA	NA	NA	NA	NA
15	SYSBP	-0.427	0.175	0.65	0.46-0.92	-2.442	0.015	NA	NA	NA	NA	NA	NA
16	Temp	-0.358	0.215	0.70	0.46-1.07	-1.663	0.096	-0.428	0.266	0.65	0.39-1.1	-1.607	0.108
17	WBC	0.933	0.388	2.54	1.19-5.44	2.401	0.016	NA	NA	NA	NA	NA	NA

图 6-53　先单后多发表格式数据框

```
write.csv(final, "final.csv")
```

将结果写入 CSV，打开进行适当的修改即可达到发表水平。

至此，从单因素筛选变量，到多因素模型的拟合与比较，最终模型的确定，单因素分析表格与多因素分析表格制作以及两个表格合并，均已完成，下面我们就开启模型验证之旅啦！

6.2 Logistic 回归模型区分度评价

模型区分度评价是指用咱们构建的预测模型，到底能不能把真正的患者与非患者，发病与未发病，或者发生目标结局事件与未发生目标结局事件的人给分开。对于基于 Logistic 回归的诊断预测模型，我们常采用 AUC 和 ROC 曲线进行展示。

在上一节中，我们最终建立了含 8 个预测因素的预测模型。本节我们就对这个模型的区分度进行评价。但是我们在建立预测模型时，有时候会建立多个模型，或者用自己建立的模型与别人的模型进行比较。所以本节，松哥在上述 8 因素的模型基础上，删除 2 个因素，再构建另外一个 6 因素模型，方便大家掌握同时处理多个模型的方法。当然，如果你就构建了一个模型，那你只学习下面的部分内容即可。

最终 8 因素模型公式：

```
fml8<-as.formula(dead == 1 ~ Temp + CRP + Sodium + Potassium + BUN +
Platelets + age + HR)
```

再构建一个 6 因素的模型公式，目的是让大家掌握对两个模型进行比较的方法，如果您就做一个模型，那么这步可以不用学习。

```
fml6<-as.formula(dead == 1 ~ Temp + CRP + Sodium + Potassium + BUN + Platelets )
```

构建 model8，二项 Logistic 回归模型：

```
model8<-glm(fml8,data = dev,family = binomial(logit))
```

构建 model6，二项 Logistic 回归模型：

```
model6<-glm(fml6,data = dev,family = binomial(logit))
```

在建模人群中，利用 model8 和 model6 估算预测值，分别命名为 predmodel8 和 predmodel6。

```
dev$predmodel8<- predict(newdata=dev,model8,"response")
dev$predmodel6<- predict(newdata=dev,model6,"response")
```

在验证人群中，利用 model8 和 model6 估算预测值，命名为 predmodel8 和 predmodel6。也许您会说，怎么名字是一样的，不会冲突吗？注意这里分别指定的是 dev 和 vad 数据集，也就是根本不在一个数据集，所以没有问题。

```
vad$predmodel8<- predict(newdata=vad,model8,"response")
vad$predmodel6<- predict(newdata=vad,model6,"response")
```

下面我们开始绘制 ROC 曲线，首先要安装 pROC 包：

```
install.packages( "pROC" ) 安装 pROC 包
library(pROC) 加载 pROC 包
```

6.2.1　训练集 AUC 与 ROC

（1）model8 模型的 AUC

```
devmodelA <- roc(dead ~ predmodel8, data = dev,smooth=F)
```

devmodelA 可以展现 ROC 的 AUC，本例 AUC=0.8406，如图 6-54 所示。

```
round(auc(devmodelA),3)
round(ci(auc(devmodelA)),3)
```

可以得到 AUC 及其 95% 可信区间，结果如图 6-55 所示。

```
> devmodelA

Call:
roc.formula(formula = dead ~ predmodel8, data = dev, smooth = F)

Data: predmodel8 in 564 controls (dead 0) < 204 cases (dead 1).
Area under the curve: 0.8406
>
```

图 6-54　模型区分度结果 AUC

```
> round(auc(devmodelA),3)
[1] 0.841
> round(ci(auc(devmodelA)),3)
[1] 0.811 0.841 0.871
>
```

图 6-55　AUC 及 95% 可信区间

（2）model8 模型的 ROC

① ROC 画图方法一

该方法是以灵敏度为 Y 轴，特异度为 X 轴绘制的 ROC，非标准 ROC，但是松哥也经常看到这样发表的 SCI 论文；该图会给出 AUC、阈值及对应的灵敏度和特异度，细节丰富，如图 6-56 所示。

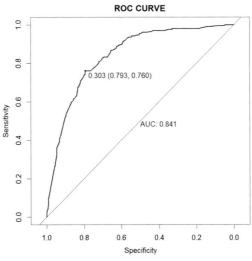

图 6-56　训练集 ROC（方法一）

```
plot(devmodelA, print.auc=TRUE, print.thres=TRUE,main = "ROC CURVE",
col= "blue",print.thres.col="blue",identity.col="blue",
identity.lty=1,identity.lwd=1)
```

plot：绘图；

devmodelA：为 8 因素模型训练集 ROC 结果

print.auc=TRUE：ROC 曲线上面标注 AUC 值

print.thres=TRUE：ROC 曲线上标注阈值

main = "ROC CURVE"：定义 ROC 曲线的标题

col= "blue"：ROC 曲线的颜色

print.thres.col="blue"：阈值的颜色

identity.col="blue"：对角线的颜色

identity.lty=1：对角线的线条类型

identity.lwd=1：对角线的线条宽度

图 6-56 很完美，但是 X 轴数值是反的，要想顺过来，应添加 legacy.axes=T 语句，如下：

```
plot(devmodelA, print.auc=TRUE, print.thres=TRUE, main = "ROC CURVE",
legacy.axes=T, col= "blue",print.thres.col="blue",identity.col="blue",
identity.lty=1, identity.lwd=1)
```

② ROC 画图方法二

该 ROC 是以灵敏度为 Y 轴，假阳性率为 X 轴绘制的 ROC，是 ROC 的标准画法。图中 X 轴和 Y 轴的标题可以在如下代码中修改。如把 TP 改为 sensitivity，把 FP 改为 1-specificity。

```
plot(1-devmodelA$specificities,devmodelA$sensitivities,type="l",col="red"
,lty=1,xlab = "FP",ylab = "TP",lwd=2)
```

plot：绘图

1-devmodelA$specificities：为 ROC 的 X 轴

devmodelA$sensitivities：为 ROC 的 Y 轴

type="l"：ROC 类型

col="red"：ROC 曲线颜色

lty=1：ROC 曲线的线条类型为 1 实线

xlab = "FP"：X 轴标题指定为 FP，自己可以根据想要修改

ylab = "TP"：Y 轴的标题为 TP，可以自己修改

lwd=2：指定线条的宽度

`abline(0,1)` 添加一条对角线（见图 6-57）。

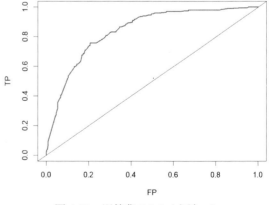

图 6-57 训练集 ROC（方法二）

③ ROC 画图方法三

这种方法类似方法一，只是图中未标统计量而已。其中 percent=TRUE 是指坐标轴采用百分制。

```
devrocA <- plot.roc(dev$dead, dev$predmodel8, main="dev ROC",
percent=TRUE, col="1")
```

plot.roc：绘制 ROC

dev$dead 和 dev$predmodel6：为验证集的因变量和预测概率

main="vad ROC"：定义 ROC 曲线的标题

percent=TRUE：指采用百分制

col="1"：指颜色指定为 1 黑色（见图 6-58）。

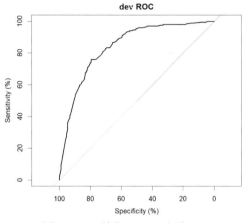

图 6-58　训练集 ROC（方法三）

（3）model6 的 AUC

```
devmodelB <- roc(dead ~ predmodel6, data = dev,smooth=F)
```

devmodelB 计算了 AUC=0.8273。

```
round(auc(devmodelB),3)
round(ci(auc(devmodelB)),3)
```

给出了 AUC 及其 95% 可信区间，如图 6-60 所示。

```
> devmodelB

Call:
roc.formula(formula = dead ~ predmodel6, data = dev, smooth = F)

Data: predmodel6 in 564 controls (dead 0) < 204 cases (dead 1).
Area under the curve: 0.8273
>
```

图 6-59　model6 训练集 AUC

```
> round(auc(devmodelB),3)
[1] 0.827
> round(ci(auc(devmodelB)),3)
[1] 0.796 0.827 0.859
>
```

图 6-60　model6 训练集 AUC
及 95% 可信区间

（4）model6 模型的 ROC

① ROC 画图方法一

Model6 模型 ROC 曲线，如图 6-61 所示，代码解释同上。

```
plot(devmodelB, print.auc=TRUE, print.thres=TRUE,main = "ROC CURVE", col=
"red",print.thres.col="red",identity.col="red",identity.lty=1,identity.lwd=1)
```

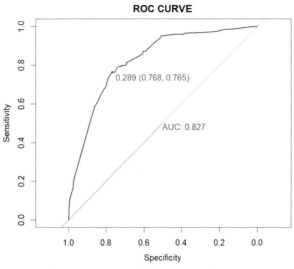

图 6-61　model6 训练集 ROC（方法一）

② ROC 画图方法二（见图 6-62）

```
plot(1-devmodelB$specificities,devmodelB$sensitivities,type="l",col="red"
,lty=1,xlab = "FP",ylab = "TP",lwd=2)
  abline(0,1)
```

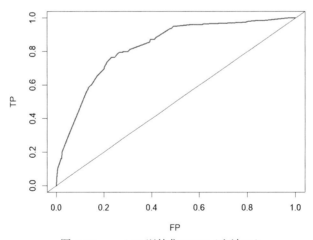

图 6-62　model6 训练集 ROC（方法二）

③ ROC 画图方法三

```
devrocB <- plot.roc(dev$dead, dev$predmodel6, main="dev ROC",
percent=TRUE, col="1")
```
　　　您可以再设置 percent=F 看看（见图 6-63）。

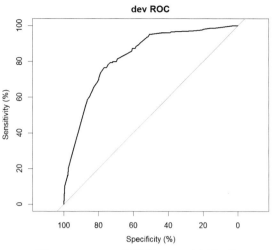

图 6-63　model6 训练集 ROC（方法三）

6.2.2　验证集 AUC 和 ROC

（1）model8 模型 AUC 分析

```
vadmodelA <- roc(dead ~ predmodel8, data = vad,smooth=F)
```

`vadmodelA`：计算了 model8 模型在验证集的表现，AUC=0.8577，如图 6-64 所示。

```
Call:
roc.formula(formula = dead ~ predmodel8, data = vad, smooth = F)

Data: predmodel8 in 218 controls (dead 0) < 94 cases (dead 1).
Area under the curve: 0.8577
>
```

图 6-64　model8 验证集 AUC

```
round(auc(vadmodelA),3)
round(ci(auc(vadmodelA)),3)
```

给出了 model8 模型在验证集的 AUC 及其 95% 可信区间，见图 6-50。

```
> round(auc(vadmodelA),3)
[1] 0.858
> round(ci(auc(vadmodelA)),3)
[1] 0.816 0.858 0.900
>
```

图 6-65　model8 验证集 AUC 及 95% 可信区间

（2）model8 模型 ROC 分析

① ROC 画图方法一

```
plot(vadmodelA, print.auc=TRUE, print.thres=TRUE,main = "ROC CURVE", col=
"blue",print.thres.col="blue",identity.col="blue",identity.lty=1,identity.lwd=1)
```

代码解释同上，不再重复了！

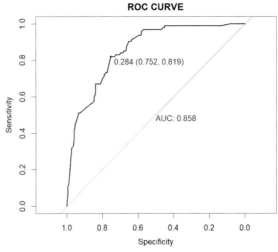

图 6-66　model8 验证集 ROC（方法一）

② ROC 画图方法二（见图 6-67）

```
plot(1-vadmodelA$specificities,vadmodelA$sensitivities,type="l",col="red"
,lty=1,xlab = "FP",ylab = "TP",lwd=2)
  abline(0,1)
```

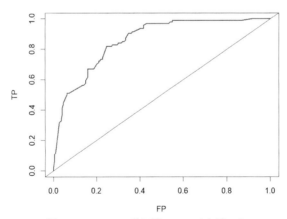

图 6-67　model8 验证集 ROC（方法二）

③ ROC 画图方法三（见图 6-68）

```
vadrocB <-plot.roc(vad$dead, vad$predmodel8, main="vad ROC", percent=TRUE, col="1")
```

（3）model6 模型 AUC

代码如下：

```
vadmodelB <- roc(dead ~ predmodel6, data = vad,smooth=F)
```

vadmodelB 计算了 model6 模型在验证集的 AUC=0.8222，如图 6-69 所示。

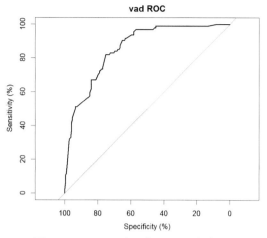

图 6-68　model8 验证集 ROC（方法三）

```
> vadmodelB

Call:
roc.formula(formula = dead ~ predmodel6, data = vad, smooth = F)

Data: predmodel6 in 218 controls (dead 0) < 94 cases (dead 1).
Area under the curve: 0.8222
>
```

图 6-69　model6 验证集 AUC

（4）model6 模型 ROC 曲线

① ROC 画图方法一（见图 6-70）

```
plot(vadmodelB, print.auc=TRUE, print.thres=TRUE,main = "ROC CURVE", col=
"red",print.thres.col="red",identity.col="red",identity.lty=1,identity.lwd=1)
```

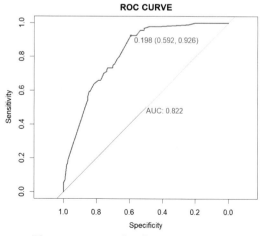

图 6-70　model6 验证集 ROC（方法一）

② ROC 画图方法二（见图 6-71）

```
plot(1-vadmodelB$specificities,vadmodelB$sensitivities,type="l",col="red"
,lty=1,xlab = "FP",ylab = "TP",lwd=2)
    abline(0,1)
```

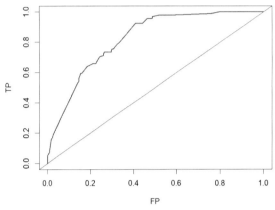

图 6-71　model6 验证集 ROC（方法二）

③ ROC 画图方法三

```
vadrocB <-plot.roc(vad$dead, vad$predmodel6, main="vad ROC", percent=TRUE, col="1")
```

plot.roc：绘制 ROC

vad$dead 和 vad$predmodel6：为验证集的因变量和预测概率

main="vad ROC"：定义 ROC 曲线的标题

percent=TRUE：指采用百分制

col="1"：指颜色指定为 1 黑色（见图 6-72）。

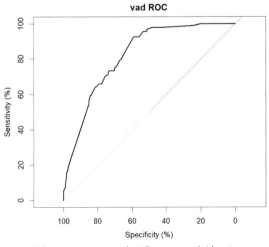

图 6-72　model6 验证集 ROC（方法三）

6.2.3　绘制多条 ROC 曲线

加载 pROC 包：

```
library(pROC)
```

（1）建模集多条 ROC 方法一

绘制 model8 和 model6 模型在训练集的 ROC 曲线，绘制 model8 在训练集 ROC 的曲线：

```
devroc1 <- plot.roc(dev$dead, dev$predmodel8, main="dev ROC", percent=TRUE,
col="1")
```

绘制 model6 模型建模集多条 ROC 曲线：

```
devroc2 <- lines.roc(dev$dead, dev$predmodel6, percent=TRUE, col="2")
```

添加图例：

```
legend("bottomright", legend=c("devmodel8", "devmodel6"), col=c("1", "2"), lwd=2)
```

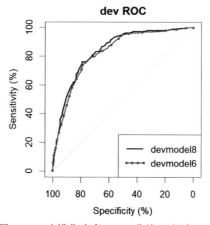

图 6-73　建模集多条 ROC 曲线（方法一）

（2）建模集多条 ROC 方法二（见图 6-74）

采用 plot 函数，绘制多条 ROC 曲线：

```
plot(1-devmodelA$specificities,devmodelA$sensitivities,type="l",col="red",lty=1,
xlab = "FP",ylab = "TP",lwd=2)
lines(1-devmodelB$specificities,devmodelB$sensitivities,type="l",col="green",lty=1,
lwd=2)
abline(0,1)
legend(0.55,0.45,c("modelA","modelB"),
    lty = c(1,1,1),
    lwd = c(2,2,2),
    col = c("red","green"))
```

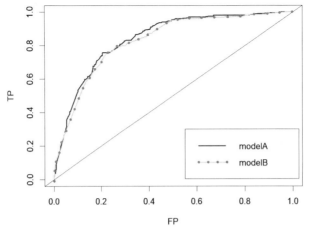

图 6-74　建模集多条 ROC 曲线（方法二）

（3）验证集多条 ROC 方法一（见图 6-75）

代码如下，解释同前：

```
vadroc1 <- plot.roc(vad$dead, vad$predmodel8, main="vad ROC",
percent=TRUE, col="1")
vadroc2 <- lines.roc(vad$dead, vad$predmodel6, percent=TRUE, col="2")
legend("bottomright", legend=c("vadmodelA", "vadmodelB"), col=c("1", "2"), lwd=2)
```

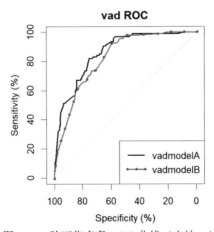

图 6-75　验证集多条 ROC 曲线（方法一）

（4）验证集多条 ROC 方法二（见图 6-76）

```
plot(1-vadmodelA$specificities,vadmodelA$sensitivities,type="l",col="red",lty=1,
xlab = "FP",ylab = "TP",lwd=2)
lines(1-vadmodelB$specificities,vadmodelB$sensitivities,type="l",col="green",
lty=1,lwd=2)
abline(0,1)          # 添加对角线
legend(0.55,0.45,c("modelA","modelB"),
```

```
lty = c(1,1),      #设置线条类型
lwd = c(2,2),      #设置线条宽度
col = c("red","green"))   #设置线条颜色
```

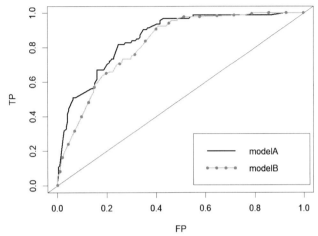

图 6-76　验证集多条 ROC 曲线（方法二）

6.2.4　两条 ROC 曲线比较

（1）建模集 ROC 比较

建模集 ROC 曲线下面积比较（见图 6-77）：

```
roc.test(devroc1,devroc2)
```

```
> roc.test(devroc1,devroc2)

        DeLong's test for two correlated
        ROC curves

data:  devroc1 and devroc2
Z = 2.2099, p-value = 0.02711
alternative hypothesis: true difference in AUC is not equal to 0
95 percent confidence interval:
 0.001509757 0.025190285
sample estimates:
AUC of roc1 AUC of roc2
  84.06428    82.72928
```

图 6-77　建模集 ROC 曲线下面积比较

由结果可见，AUC1=0.8406，AUC2=0.8273，采用 DeLong 检验，Z=2.2099，P=0.02711 ＜ 0.05，说明两个模型的 ROC 曲线面积有差异。可见 8 因素模型比 6 因素模型的区分度要好。

（2）验证人群 ROC 比较

验证集 ROC 曲线下面积比较，结果如图 6-78 所示。

```
roc.test(vadroc1,vadroc2)
```

```
> roc.test(vadroc1,vadroc2)

          DeLong's test for two correlated ROC curves

data:  vadroc1 and vadroc2
Z = 3.8151, p-value = 0.0001361
alternative hypothesis: true difference in AUC is not equal to 0
95 percent confidence interval:
 0.01725142 0.05370310
sample estimates:
AUC of roc1 AUC of roc2
   85.76518    82.21745
```

图 6-78　验证集 ROC 曲线下面积比较

结果同上，在验证集，8 因素模型依然比 6 因素模型的区分能力要好，AUC1=0.8576 要高于 AUC2=0.8222。

6.2.5　Bootstrap 法 ROC 内部验证

这个非常重要，因为当我们研究的样本量不大时，往往是不能进行数据拆分的，也就是不能进行单独的验证集验证。但是，临床预测模型如果不验证怎么能说明模型有效呢？因此，当样本量不大，不能进行拆分的时候，那就只能进行内部验证了，内部验证的方法中，Bootstrap 是一种非常好的方法，尤其针对小样本的时候。

（1）建模集区分度 Bootstrap

```
roc1<- roc(dead ~ predmodel8, data = dev,smooth=F)
```

AUC 可信区间：

```
ci(roc1)
```

ROC 曲线可信区间，如图 6-79 所示。

```
plot(roc1)
sens.ci <- ci.se(roc1, specificities=seq(0, 1, 0.1),boot.n=100)   #bootsrap=100 次
plot(sens.ci, type="shape", col="lightblue")      # 添加灵敏度可信区间
plot(sens.ci, type="bars")    # 添加可信区间线。
```

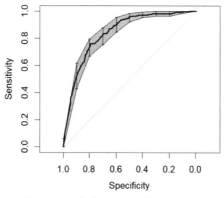

图 6-79　建模集 ROC 曲线 Bootstrap

阈值的可信区间 CI of thresholds，如图 6-80 所示。

```
plot(roc1)
plot(ci.thresholds(roc1))
```

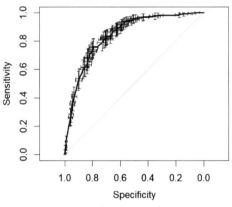

图 6-80　建模集阈值的可信区间

（2）验证集区分度 Bootstrap

代码如下：

```
roc2 <- roc(dead ～ predmodel8, data = vad,smooth=F)
```

AUC 可信区间：

```
ci(roc2)
```

ROC 曲线可信区间，如图 6-81 所示。

```
plot(roc2)
sens.ci <- ci.se(roc1, specificities=seq(0, 1, 0.1),boot.n=100)   #bootsrap=100 次
plot(sens.ci, type="shape", col="lightblue")
plot(sens.ci, type="bars")
```

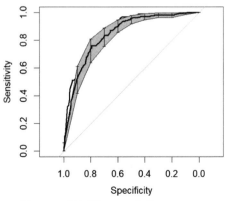

图 6-81　验证集 ROC 曲线 Bootstrap

阈值的可信区间（见图 6-82）：

```
plot(roc2)
plot(ci.thresholds(roc2))
```

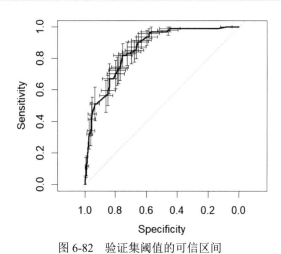

图 6-82　验证集阈值的可信区间

6.3　Logistic 回归校准度评价：HL 检验与校准曲线

区分度反映的是预测模型是否能够把发病与未发病的人区分开来的能力，校准度反映的是模型预测得准不准。对于 Logistic 回归，可以采用 Hosmer-Lemeshow 检验或者校准曲线来进行检验或展示。

6.3.1　calibrate 包 val.prob 函数校准曲线实现

`install.packages("calibrate")`　　安装 calibrate 包

`install.packages("rms")`　　安装 rms 包，用于回归分析

`library(calibrate)`　　加载 calibrate 包

`library(rms)`　　加载 rms 包

`library(MASS)`　　加载 MASS 包，如未安装请安装

在建模人群中绘制 Calibration plot：

`val.prob(dev$predmodel8,dev$dead)`　　绘制训练集 8 因素模型的校准曲线。

其中 Ideal 为对角参考线，另外两条线越接近 Ideal 线，说明模型的准确度越高。图 6-83 效果很好，3 条线几乎重合。图中一些重要指标解释如下：Dxy 的一半 +0.5 就等于 AUC，C(ROC) 就是 C-index，对于 Logistic 回归，就是 AUC；Brier 评分一般小于 0.25，说明总体表现较好。Intercept 代表截距项，Slope 代表斜率，好的校准曲线理论上截距为 0，斜率为 1，本例结果不错；下面的 Z 和 P 为检验结果，$P > 0.05$，说明准确性较好。

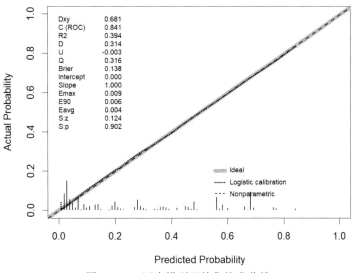

图 6-83　8 因素模型训练集校准曲线

```
val.prob(dev$predmodel6,dev$dead)
```

结果展示如图 6-84 所示。

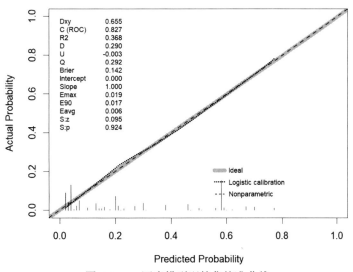

图 6-84　6 因素模型训练集校准曲线

在验证人群中绘制 Calibration plot：

```
val.prob(vad$predmodel8,vad$dead)
```

结果展示如图 6-85 所示。

结果解释如图 6-85，对比可以发现，验证集的结果没有训练集好，但这很正常，因为训练集是模型主场作战，而验证集是模型的客场作战，效果差点，完全可以理解。

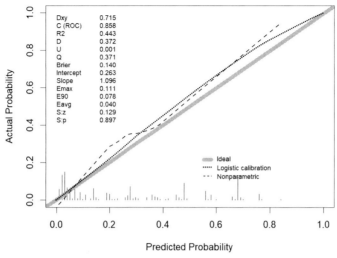

图 6-85　8 因素模型验证集校准曲线

```
val.prob(vad$predmodel6,vad$dead)
```

结果如图 6-86 所示。

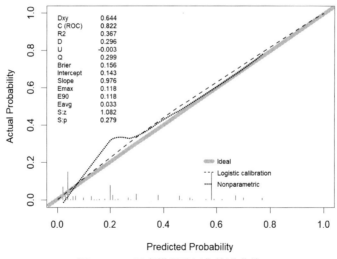

图 6-86　6 因素模型验证集校准曲线

6.3.2　Hosmer-Lemeshow test 检验

（1）在建模人群中进行 Hosmer-Lemeshow test 检验

```
source("HLtest.R")
```
　　一定要把 HLtest.R 放在之前设定的起始目录中。

```
hl.ext2(dev$predmodel8,dev$dead)
hl.ext2(dev$predmodel6,dev$dead)
```

由结果可见，训练集的 8 因素模型和 6 因素模型 HL 检验，*P* 均大于 0.05，说明实际发病与预测发病结果一致性很好。

（2）在验证人群中进行 Hosmer-Lemeshow test 检验

```
source("HLtest.R")
```
　　一定要把 HLtest.R 放在之前设定的起始目录中。

```
hl.ext2(vad$predmodel8,vad$dead)
hl.ext2(vad$predmodel6,vad$dead)
```

验证集 HL 检验，*P* 均大于 0.05，说明实际值与预测值结果一致性较好。

```
> hl.ext2(dev$predmodel8,dev$dead)

Chi-square 2.41186  p-value 0.9831606
> hl.ext2(dev$predmodel6,dev$dead)

Chi-square 4.40302  p-value 0.8829441
```

```
> hl.ext2(vad$predmodel8,vad$dead)

Chi-square 15.30075  p-value 0.08299917
> hl.ext2(vad$predmodel6,vad$dead)

Chi-square 9.207086  p-value 0.4183823
```

图 6-87　训练集 Hosmer-Lemeshow text 检验结果　　图 6-88　验证集 Hosmer-Lemeshow text 检验结果

6.3.3　riskRegression 包 plotCalibration 函数校准曲线实现

riskRegression 包可以实现 Bootstrap 方法校准曲线绘制。

```
install.packages("riskRegression")
```
　　安装 riskRegression 包

```
library(riskRegression)
```
　　加载 riskRegression 包

写出 8 因素模型的表达式：

```
formula<-dead == 1 ~ Temp + CRP + Sodium + Potassium + BUN + Platelets + age + HR
```

如图 6-89，在建模集中制作校准曲线：

```
fit1<-glm(formula,data=dev,family = binomial())   #构建 fit1 回归模型
xb<-Score(list("fit"=fit1),formula=dead ~ 1,      #模型评分
          null.model=FALSE,
          plots=c("calibration","ROC"),    #绘制校准曲线
          metrics=c("auc","brier"),        #计算 AUC 和 brier 评分
          B=1000,M=50,          #Bootstrap1000 次，每次抽样大小为 50
          data=dev)
plotCalibration(xb,col="red")     #绘制校准曲线，颜色为红色。
```

如图 6-90，在验证集中制作校准曲线，代码解释同上：

```
fit2<-glm(fit1,data=vad,family = binomial())
xb<-Score(list("fit"=fit1),formula=dead ~ 1,
          null.model=FALSE,
          plots=c("calibration","ROC"),
          metrics=c("auc","brier"),
          B=1000,M=50,
          data=vad)
plotCalibration(xb,col="red")
```

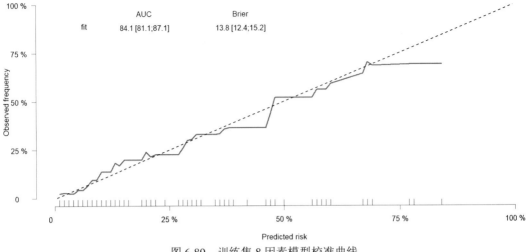

图 6-89　训练集 8 因素模型校准曲线

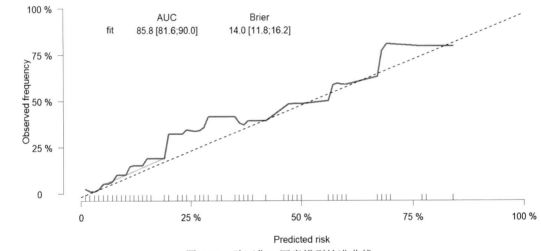

图 6-90　验证集 8 因素模型校准曲线

6.3.4　lrm+calibrate+plot 校准曲线实现

在建模集制作校准曲线（见图 6-91）：

```
install.packages("rms")        # 安装 rms 包
library(rms)                   # 加载 rms 包

fit3<-lrm(formula,data=dev,x=TRUE,y=TRUE)        # 拟合模型
cal3<-calibrate(fit3,method="boot",B=1000)       #1000 次 Bootstrap

plot(cal3,
     xlim = c(0,1),     # 设定 X 轴范围
```

```
        xlab = "Predicted Probability",    #X轴标题
        ylab = "Observed Probability",     #Y轴标题
        legend=FALSE,       # 不显示图例
        subtitles = FALSE)  # 不显示副标题

        abline(0,1,col="black",lty=2,lwd=2)    # 添加对角线，黑色，线型为2，宽度为2。

        lines(cal3[,c("predy","calibrated.orig")],type = "l",lwd=2,col="red",pch=16)
    lines(cal3[,c("predy","calibrated.corrected")],type = "l", lwd=2, col="green",
pch=16)
        legend(0.55,0.35,
              c("Ideal","Apparent","Bias-corrected"),
              lty = c(2,1,1),
              lwd = c(2,1,1),
              col = c("black","red","green"),
              bty = "n")    #"o" 为加边框
```

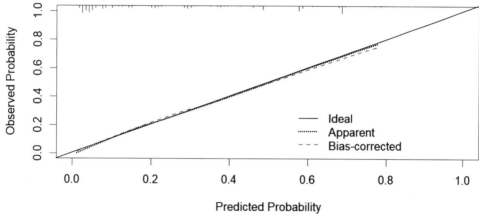

图 6-91　训练集 8 因素模型校准曲线

在验证集制作校准曲线（见图 6-92）：

```
fit4<-lrm(fit3,data=vad,x=TRUE,y=TRUE)         # 在验证集中，用fit3去拟合模型
cal4<-calibrate(fit4,method="boot",B=1000)    # 进行1000次Bootstrap

plot(cal4,                                     # 绘制cal4校准曲线
        xlim = c(0,1),                         #X轴刻度0-1
        xlab = "Predicted Probability",#X轴标题
        ylab = "Observed Probability", #Y轴标题
        legend=FALSE,                          # 不显示图例
        subtitles = FALSE)                     # 不要副标题

   abline(0,1,col="black",lty=2,lwd=2) #加一条斜对角线，颜色为黑色，线型为2，宽度为2
```

```
lines(cal4[,c("predy","calibrated.orig")],type = "l",lwd=2,col="red",pch=16)
lines(cal4[,c("predy","calibrated.corrected")],type = "l",lwd=2,col="green",pch=16)
legend(0.55,0.35,                           #添加图例
       c("Ideal","Apparent","Bias-corrected"),
       lty = c(2,1,1),
       lwd = c(2,1,1),
       col = c("black","red","green"),
       bty = "n")    #bty="o" 为加边框
```

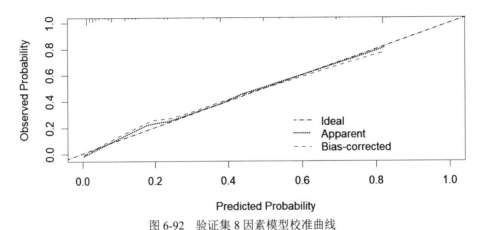

图 6-92　验证集 8 因素模型校准曲线

6.3.5　校准曲线方法四（Bootstrap 法）

在建模集制作校准曲线：

```
install.packages("lrm")
library(lrm)
fml<-dead == 1 ~ Temp + CRP + Sodium + Potassium + BUN + Platelets + age + HR
fit.dev<-lrm(fml,data=dev,x=T,y=T)
```

构建 Logistic 回归模型，hypoglycemia 为因变量，～后 N 个为自变量，data 选择建模集，x=T 和 y=T 的意思为在自变量及因变量出现缺失值时候的处理方式，数据集无缺失。

```
fit.dev     #展示模型
```

建模组中绘制校准曲线：

```
install.packages("calibrate")  # 安装 calibrate 包
library(MASS)   #加载 MASS 包
library(calibrate) #加载 calibrate 包
library(rms)      #加载 rms 包
cal1 <- calibrate(fit.dev, cmethod='hare', method='boot', B=1000,data=dev) #拟合校准曲线
```

打印出校准曲线：

```
plot(cal1,xlim=c(0,1.0),ylim=c(0,1.0))
```

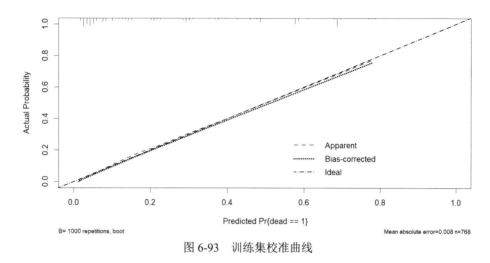

图 6-93　训练集校准曲线

验证集校准曲线 Bootstrap 法：

```
fit.vad<-lrm(fit.dev,data=vad,x=T,y=T)
cal2 <- calibrate(fit.vad, cmethod='hare', method='boot', B=1000,data=vad)
```

打印出校准曲线：

```
plot(cal2,xlim=c(0,1.0),ylim=c(0,1.0))
```

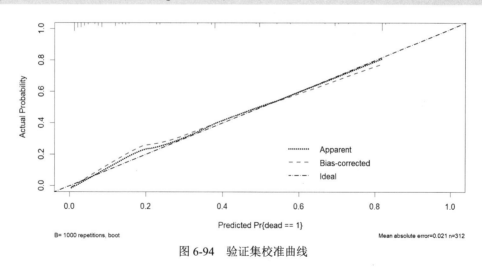

图 6-94　验证集校准曲线

6.4　Logistic 回归模型临床决策曲线（DCA）

区分度反映的是能够把病人与非病人分开的能力，属于定性的判断；校准度反映的是预测得准不准，属于定量的鉴别；而临床决策曲线是解决"最后一公里"的问题，就是您模型听着行，说着好，到底临床有没有用，对病人有没有实实在在的好处。

6.4.1 软件准备工作

如果您是从前面章节一路下来，此步可以略过，如果是"半路出家"，直接有模型，想从这里开始进行 DCA 分析，那就需要进行此步准备工作。

```
library(readr)     加载 readr 包
mydata <- read_csv("ICU.csv")     读取 ICU.csv 数据
mydata<-na.omit(mydata)     删除有缺失值的行
dev = mydata[mydata$group==1,]     提取 mydata 数据集中 group==1 的数据构建新
```
的数据集 dev
```
vad = mydata[mydata$group==0,]     提取 mydata 数据集中 group==0 的数据构建新
```
的数据集 vad

6.4.2 rmda 包决策曲线实现

安装 rmda 包：

```
install.packages("rmda")
```

加载 rmda：

```
library(rmda)
```

http://mdbrown.github.io/rmda/ 这个网址有 rmda 更详细的教程，建议阅读。

拟合 8 因素模型：

```
fml8<-as.formula(dead == 1 ～ Temp + CRP + Sodium +
                Potassium + BUN + Platelets + age + HR)
```

拟合 6 因素模型：

```
fml6<-as.formula(dead == 1 ～ Temp + CRP + Sodium + Potassium + BUN + Platelets)
```

设置训练集 8 因素模型 DCA 参数：

```
model_1<-decision_curve(fml8,    #指定 8 因素的公式
                data = dev,    #指定数据集
                family = binomial(logit),  #指定二项 Logistic 回归
                thresholds = seq(0,1,by=0.01), #设定范围与刻度
                confidence.intervals = 0.95,  #可信区间
                study.design = 'case-control',  #指定研究设计
                population.prevalence =0.3)   #指定该病患病率
```

注意，这里需要大家给出该病的患病率，这个可以查阅文献给出，本例以 0.3 进行演示。Study.design 可设置研究类型，是 cohort 还是 case-control，当研究类型为 case-control 时，还应加上患病率 population.prevalance 参数。

设置训练集 6 因素模型 DCA 参数，代码解释同上。

```
model_2<-decision_curve(fml6,
                        data = dev,
                        family = binomial(logit),
                        thresholds = seq(0,1,by=0.01),
                        confidence.intervals = 0.95,
                        study.design = 'case-control',
                        population.prevalence =0.3)   #同上，以患病率 0.3 进行演示
```

绘制曲线训练集 8 因素模型 DCA 曲线：

```
plot_decision_curve(model_1,curve.names = c('model_1'), #指定模型及名称
                    xlim = c(0,0.8), #指定 X 轴刻度范围
                    cost.benefit.axis = FALSE, #不展示成本与获益比例尺
                    col = c('red'),   #颜色设定为红色
                    confidence.intervals = FALSE,   #可信区间范围不展示
                    standardize = FALSE)   #不进行标准化
```

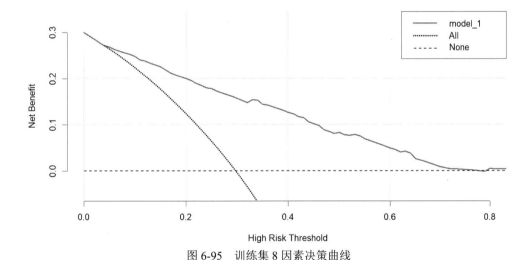

图 6-95　训练集 8 因素决策曲线

绘制训练集 6 因素模型 DCA 曲线，代码解释同上。

```
plot_decision_curve(model_2,curve.names = c('model_2'),
                    xlim = c(0,0.8),
                    cost.benefit.axis = FALSE,
                    col = c('green'),
                    confidence.intervals = FALSE,     #TRUE 显示可信区间
                    standardize = FALSE)
```

绘制多条曲线：

```
plot_decision_curve( list(model_1, model_2), #列出要展示的模型列表
                    curve.names = c("model_1", "model_2"),#指定曲线名称
                    col = c("blue", "red"),  #指定颜色
```

```
confidence.intervals = FALSE,  #remove confidence intervals
cost.benefit.axis = FALSE, #remove cost benefit axis
legend.position = "none") #remove the legend "bottomright"
```

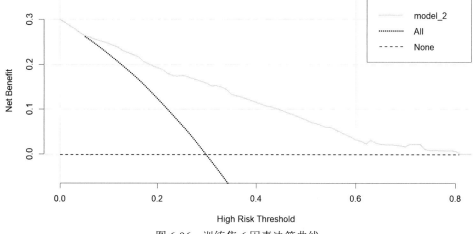

图 6-96　训练集 6 因素决策曲线

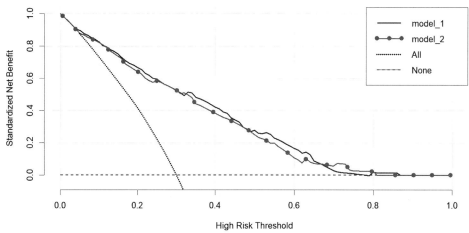

图 6-97　训练集多条决策曲线

添加可信区间，代码解释同上。

```
plot_decision_curve( list(model_1, model_2),
          curve.names = c("model_1", "model_2"),
          col = c("blue", "red"),
          confidence.intervals = TRUE,  #confidence intervals
          cost.benefit.axis = FALSE, #remove cost benefit axis
          legend.position = "topright") # "bottomright" "topright" "none"
```

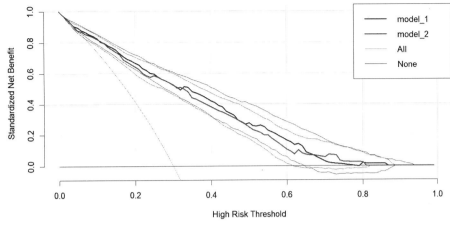

图 6-98　训练集多条决策曲线及可信区间

验证集决策曲线，需要先生成验证集的预测概率。

验证集 8 因素模型：

```
vadmodel8 <- decision_curve(dead ~ predmodel8,
                  data = vad,
                  fitted.risk = TRUE,
                  thresholds = seq(0, .9, by = .05),
                  bootstraps = 25)
     #25 次 Bootstrap，大家可以自行定义
```

```
plot_decision_curve(vadmodel8,curve.names = c('model_1'),
          legend.position = "topright",
          confidence.intervals = FALSE,    #remove confidence intervals)
          standardize = FALSE)
```

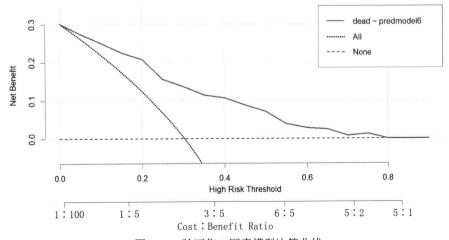

图 6-99　验证集 8 因素模型决策曲线

验证集 6 因素模型：

```
vadmodel6 <- decision_curve(dead ～ predmodel6,
                            data = vad,
                            fitted.risk = TRUE,
                            thresholds = seq(0, .9, by = .05),
                            bootstraps = 25)
```

```
plot_decision_curve(vadmodel6, legend.position = "topright",
                    confidence.intervals = FALSE,
                    standardize = FALSE)  #remove confidence intervals
```

绘制多条曲线：

```
plot_decision_curve( list(vadmodel8, vadmodel6),
                    curve.names = c("model_1", "model_2"),
                    col = c("blue", "red"),
                    confidence.intervals = FALSE,  #remove confidence intervals
                    cost.benefit.axis = FALSE, #remove cost benefit axis
                     legend.position = "topright") #remove the legend "bottomright"
"topright" "none"
```

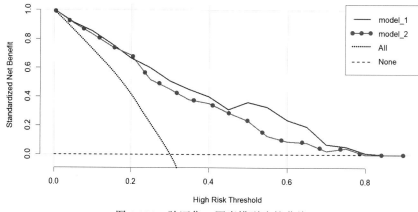

图 6-100　验证集 6 因素模型决策曲线

6.4.3　临床影响曲线（clinical impact curve）

一些 SCI 论文中，除了报告 DCA 曲线，还会报告临床影响曲线，这也可以通过 rmda 包实现，下面以 model_1 为例，制备临床影响曲线。

```
plot_clinical_impact(model_1,population.size= 1000,
                    cost.benefit.axis = T,   #成本获益比例尺
                    n.cost.benefits= 8,
                    col =c('red','blue'),   #设置颜色
                    confidence.intervals= T,   #可信区间
```

```
                    ylim=c(0,1000),   #Y轴刻度范围
                    legend.position="topright")  # 图例位置
```

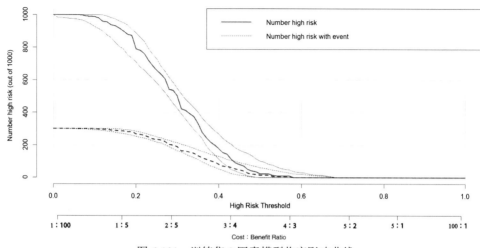

图 6-101　训练集 8 因素模型临床影响曲线

该图红色实线为模型鉴定高风险人数，蓝色虚线为各个阈值刻度下，真正发生风险事件的人数。理论上两条线越接近，说明模型效果越好。

以下为验证集 8 因素模型的临床影响曲线。

```
plot_clinical_impact(vadmodel8,population.size= 1000,  # 以 1000 人为例
                    cost.benefit.axis = T, #成本效益尺
                    n.cost.benefits= 8, #成本效益比值，默认为 6
                    col =c('red','blue'),#颜色
                    confidence.intervals= T,# 可信区间
                    ylim=c(0,1000),   #Y轴刻度范围
                    legend.position="topright")  # 图例
```

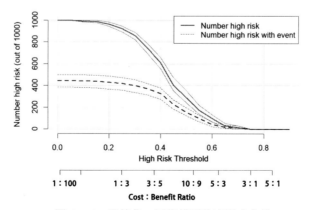

图 6-102　训练集 6 因素模型临床影响曲线

`?plot_clinical_impact` 可以查看函数的细致解释。

6.4.4　DCA 及可信区间

rmda 包尚有其他用法，可以利用 plot_roc_components 函数，绘制 DCA 及可信区间，如图 6-103 所示。

```
library(rmda)
data(dcaData)
set.seed(123)
baseline.model <- decision_curve(Cancer ~ Age + Female + Smokes,
                data = dcaData,
                thresholds = seq(0, .4, by = .001),
                bootstraps = 25) # 实际应用可以放大，通常 500 或 1000 次
```

使用默认设置进行绘图：

```
plot_roc_components(baseline.model,  xlim = c(0, 0.4), col = c("black", "red"))
```

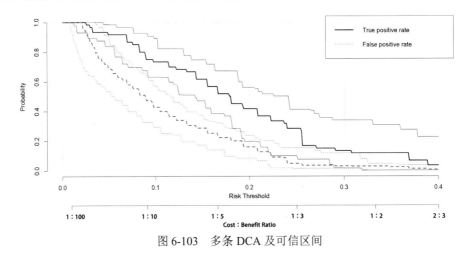

图 6-103　多条 DCA 及可信区间

6.4.5　交叉验证 DCA

这也是非常重要的分析方法，交叉验证也是针对小样本不能进行拆分验证的内部验证方法，如图 6-104 所示。

```
full.model_cv <- cv_decision_curve(Cancer ~ Age + Female + Smokes +
Marker1 + Marker2,
                        data = dcaData,
                        folds = 5,  #5 重交叉验证
                        thresholds = seq(0, .4, by = .01)) # 刻度范围
```

```
full.model_apparent <- decision_curve(Cancer ~ Age + Female + Smokes +
Marker1 + Marker2,
                        data = dcaData,
```

```
                                    thresholds = seq(0, .4, by = .01), #刻度范围
                                    confidence.intervals = 'none') #不显示可信区间
```

```
plot_decision_curve( list(full.model_apparent, full.model_cv), #模型列表
                 curve.names = c('Apparent curve', 'Cross-validated
curve'), #模型名称

                      col = c('red', 'blue'),  #颜色设置
                      lty = c(2,1), #线条类型设置
                      lwd = c(3,2, 2, 1), #线条宽度设置
                      legend.position = 'bottomright')  #图例位置
```

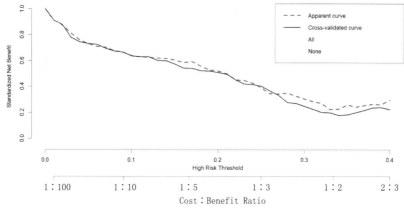

图 6-104　DCA 曲线及交叉验证

6.4.6　DCA 包临床决策曲线绘制

由如下网址，可以学习 DCA 包的细节知识：

https://www.mskcc.org/departments/epidemiology-biostatistics/biostatistics/decision-curve-analysis

读取数据：

```
library(readr)
mydata <- read_csv("ICU.csv")
```

数据集拆分：

```
dev = mydata[mydata$dataset==1,]
vad = mydata[mydata$dataset==0,]
```

调用加载包：

```
source("dca.R")
install.packages("nricens")

library(rms)
library(foreign)
```

```
library(nricens)
```

构建 2 个回归模型用于演示，modelA 为 8 因素模型：

```
fml8<-as.formula(dead == 1 ~ Temp + CRP + Sodium + Potassium + BUN +
Platelets + age + HR)
    modelA<-glm(fml8, data = dev, family = binomial(link="logit"),x=TRUE)
    summary(modelA)
```

采用 modelA 进行预测概率（建模集和验证集）：

```
dev$predmodelA<- predict(newdata=dev,modelA,"response")
vad$predmodelA<- predict(newdata=vad,modelA,"response")
View(dev)    #可以查看 dev 数据集，看是否生成了 predmodelA 预测概率
View(vad)    #可以查看 dev 数据集，看是否生成了 predmodelA 预测概率
```

modelD 为 6 因素最优模型：

```
fml6<-as.formula(dead == 1 ~ Temp + CRP + Sodium + Potassium + BUN + Platelets )

modelD <- glm(fml6, data = dev, family = binomial(link="logit"),x=TRUE)
summary(modelD)
```

采用 modelD 进行预测概率（建模集和验证集）：

```
dev$predmodelD<- predict(newdata=dev,modelD,"response")
vad$predmodelD<- predict(newdata=vad,modelD,"response")
```

```
View(dev)
```
#查看数据集

训练集 DCA（见图 6-105）：

```
dev<-as.data.frame(dev)      #将 dev 数据集定义为数据框
dca(data=dev, outcome="dead",
    predictors=c("predmodelA","predmodelD"),
    smooth="TRUE", probability=c("TRUE","TRUE"),
    xstop=0.5)
```

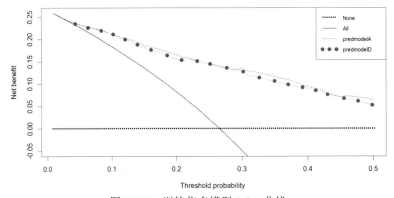

图 6-105　训练集多模型 DCA 曲线

验证集 DCA（见图 6-106）：

```
vad<-as.data.frame(vad)            #将 vad 定义为数据框
dca(data=vad, outcome="dead",
    predictors=c("predmodelA","predmodelD"),
    smooth="TRUE", probability=c("TRUE","TRUE"),
    xstop=0.5)
```

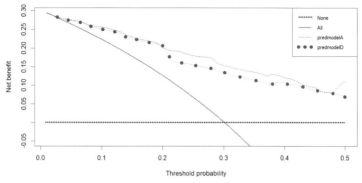

图 6-106　验证集多模型 DCA 曲线

dca.R 帮助文档，不仅可以放模型预测的概率，而且可以直接放预测因素。
```
library(MASS)data.set <- birthwt
View(data.set)
```

```
model = glm(low ~ age + lwt, family=binomial(link="logit"), data=data.set)
data.set$predlow = predict(model, type="response")
```

决策曲线 (Decision Curve Analysis)：

```
dca(data=data.set, outcome="low", predictors="predlow", smooth="TRUE",
xstop=0.50)                #predictors 为预测概率
```

```
dca(data=data.set, outcome="low", predictors=c("age", "lwt"),
probability=c("FALSE", "FALSE"))    #predictors 为方程中的变量，而且可以多个
```

```
dca(data=data.set, outcome="low", predictors="age", smooth="TRUE",
xstop=0.50, probability="FALSE", intervention="TRUE")    #百人干预净获益减少曲线
```

6.5　Logistic 回归模型可视化：Nomo 图

　　松哥认为临床预测模型与常规的预测模型最大的区别在于，常规模型往往注重建模的过程，而临床预测模型不仅注重建模的过程，更加注重模型的验证与实用。因此，临床预测模型要更加具备科学性、可靠性和实用性。科学性体现在采用先单后多策略，采用

LASSO 等变量筛选方法，构建拟合度最优的模型等；可靠性体现在采用了区分度、校准度对模型进行验证等；实用性体现在采用临床决策曲线解决模型最后临床落地"一公里"的问题，同时采用 Nomogram 解决了可视化临床应用的问题。

临床预测模型的应用目前主要包括：评分表、网站或 App、模型公式、Nomo 图。绝大多数临床研究者构建预测模型采用了 Nomo 图进行模型展示，所以本节主要讲解 Nomo 图的绘制。

6.5.1　rms 包常规普通列线图回归

安装加载包：

```
install.packages("rms")        # 安装 rms 包
library(rms)                    # 加载 rms 包
```

打包数据，这是 rms 包的固定的格式要求，直接代码操作即可：

```
ddist <- datadist(dev)
options(datadist='ddist')
```

构建 2 个回归模型，注意 Nomo 要用 lrm 构建模型：

```
modelA2 <- lrm(fml8,data=dev)
modelB2 <- lrm(fml6,data=dev)
```

设置列线图参数：第一行 modelA 就是刚才 logistic 回归的模型名称。lp 选择 "True" 或 "False"，是否显示线性预测坐标（linear predictor），fun 是要自己设一个函数，对 lp 进行转换，并建立一个新坐标轴。此处就用 Logit 变换的反函数，将 lp 转换为我们熟悉的风险概率。function(x) 1/(1+exp(-x)) 这一串，是使用 function() 构建一个自定义函数，括号中的 x 从 lp 的范围中取值，代入 1/(1+exp(-x)) 中运算。#fun.at 则是给新的坐标轴设置范围。funlabel 是给上面转换好的新坐标轴起个名字，这里是 Diagnostic possibility。其实有了这条坐标轴，上面 lp 那里也可以设为 F，不显示了。

```
nomomodelA <- nomogram(modelA2,lp=F,       #lp=F 表示不显示线性预测评分
                  fun=function(x)1/(1+exp(-x)),# 固定用法
                  fun.at=seq(0.1,1,by=0.1),   # 刻度范围
                  funlabel="Diagnostic possibility") # 概率名称
```

```
nomomodelB <- nomogram(modelB2,lp=F,
                  fun=function(x)1/(1+exp(-x)),
                  fun.at=seq(0.1,1,by=0.1),
                  funlabel="Diagnostic possibility")
```

```
plot(nomomodelA)        # 绘制 Nomo 列线图，见图 6-107
nomomodelA              # 展示 Nomo 图中，total points 的打分计算规则
plot(nomomodelB)        # 绘制模型 B 的列线图，见图 6-108
nomomodelB              # 可以展示 Nomo 图中 Total points 的打分规则
```

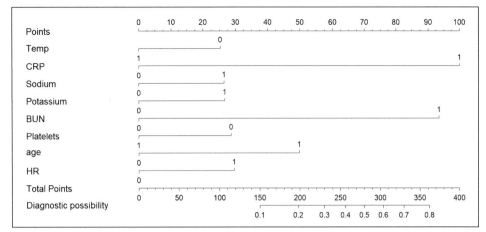

图 6-107　8 因素模型普通 Nomo 图

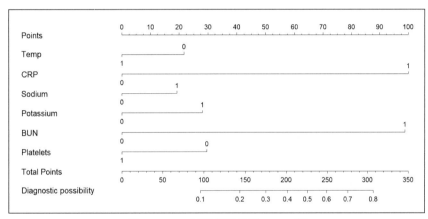

图 6-108　6 因素模型普通 Nomo 图

6.5.2　regplot 包绘制交互列线图

绘制交互式列线图安装程序包，必须用 glm 函数。

```
install.packages("regplot")          # 安装 regplot 包
library(regplot)                     # 加载 regplot 包
```

```
modelC <- glm(fml8, data = dev, family = binomial(link="logit"))
summary(modelC)
cbind(coef= coef(modelC),confint(modelC))
exp(cbind(OR= coef(modelC),confint(modelC)))
dev$predmodelC<- predict(newdata=dev,modelC,"response")
```

```
regplot(modelC,observation=dev[2,])
```

改变前面数字，即可知道数据框中第几个人的预测概率，见图 6-109。

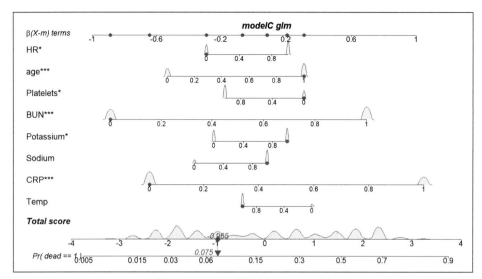

图 6-109　8 因素模型交互 Nomo 图

图 6-109 貌似挺好看，但是错误的，因为因素基本都是二分类的，要么是 0，要么是 1，没有 0.2、0.4 等小数。那是因为软件不知道上述 8 个自变量是 factor 变量，我们要告诉软件。

设定因素变量：

```
dev$Temp<-factor(dev$Temp,labels=c('<37','>=37'))
dev$CRP<-factor(dev$CRP,labels=c('<41','>=41'))
dev$Sodium<-factor(dev$Sodium,labels=c('<135','>=135'))
dev$Potassium<-factor(dev$Potassium,labels=c('<4.25','>=4.25'))
dev$BUN<-factor(dev$BUN,labels=c('<42','>=42'))
dev$Platelets<-factor(dev$Platelets,labels=c('<232','>=232'))
dev$age<-factor(dev$age,labels=c('<60','>=60'))
dev$HR<-factor(dev$HR,labels=c('<30','>=30'))
```

然后再做一遍图，发现 Nomo 图就是下面这样的了，只有整数水平，没有小数了（见图 6-110）。

如下为细节加强版（见图 6-111）：

```
regplot(modelC,#模型名称
    observation=dev[3,],#改变前面数字，即可知道数据框中第几个人预测概率
        center=TRUE,        # 将每个变量设置不从 0 开始
        title = "Nomogram",#设置标题
        points = TRUE,      #point 最大刻度设置成 100
        odds = FALSE,       # 设置是否显示 OR
        showP = TRUE,       # 显示变量是否存在统计学意义
        rank = "sd",        # 按照回归系数的 SD 进行变量排序
        clickable = TRUE) # 是否可以点击进行交互 #TRUE 体验交互
```

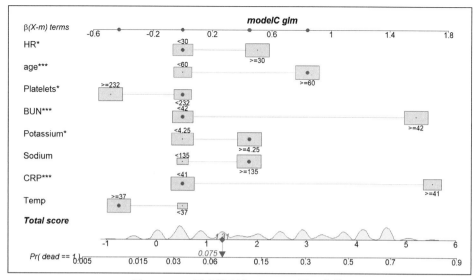

图 6-110　8 因素模型交互 Nomo 图（优化）

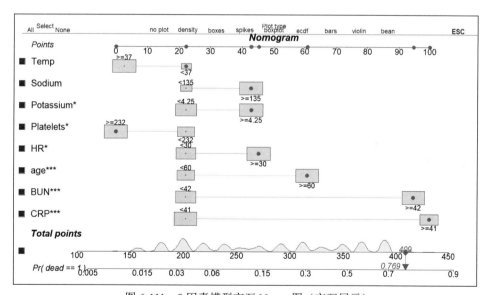

图 6-111　8 因素模型交互 Nomo 图（交互展示）

因为本例全部是分类变量，因此有些图形无法展示，如果有连续性变量，可以展示密度图、箱式图、小提琴图等。

6.5.3　普通列线图变种

普通列线图变种，可以设置上下刻度，见图 6-112：

```
dd=datadist(dev)
options(datadist="dd")
```

```
fit<-lrm(fml8,data=dev)
nomo<-nomogram(fit,#模型名称
                fun=function(x)1/(1+exp(-x)),#固定格式
                lp=T,
                fun.at = c(0.1,0.2,0.3,0.4,0.5,0.6,0.7,0.8,0.9),#设置坐标轴刻度
                conf.int = c(0.1,0.7), #可信区间范围
                funlabel = "risk")   #概率名称
```

```
plot(nomo,
     lplabel='Linear Predictor',#设置线性概率坐标轴名称
     fun.side =c(1,3,1,3,1,3,1,3,1), #坐标轴刻度位置
     col.grid=c("blue","yellow"), #垂直参考线的颜色
     col.conf=c('red','green'), #设置置信区间的颜色
     conf.space=c(0.1,0.5))   #设置置信区间条在两条坐标轴之间的位置图形需要调整大小，让
文字显示错开
```

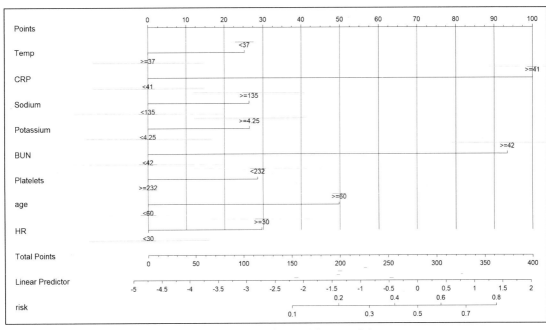

图 6-112　8 因素模型带刻度 Nomo 图

6.5.4　DynNom 包动态列线图

加载 readr 包：

```
library(readr)
mydata <- read_csv("ICU.csv")   # 读取 ICU.csv 数据
```

删除缺失值：

```
mydata<-na.omit(mydata)
```

数据集指定（如果数据集中已经有数据集分组变量，按如下指定即可）：

```
dev = mydata[mydata$group==1,]
vad = mydata[mydata$dataset==0,]
```

安装动态列线图包：

```
install.packages("DynNom")      # 安装动态列线图包 DynNom
install.packages("shiny")        # 安装 shiny 包
```

数据打包：

```
ddist <- datadist(dev)
options(datadist='ddist')
```

查看数据：

```
View(dev)
```

数据处理：

```
dev<-na.omit(dev)
dev<-as.data.frame(dev)
```

设定因素变量：

```
dev$Temp<-factor(dev$Temp,labels=c('<37','>=37'))
dev$CRP<-factor(dev$CRP,labels=c('<41','>=41'))
dev$Sodium<-factor(dev$Sodium,labels=c('<135','>=135'))
dev$Potassium<-factor(dev$Potassium,labels=c('<4.25','>=4.25'))
dev$BUN<-factor(dev$BUN,labels=c('<42','>=42'))
dev$Platelets<-factor(dev$Platelets,labels=c('<232','>=232'))
dev$age<-factor(dev$age,labels=c('<60','>=60'))
dev$HR<-factor(dev$HR,labels=c('<30','>=30'))
```

加载下列 3 个包：

```
library(shiny)
library(DynNom)
library(magrittr)
```

构建最终模型：

```
modelD<-glm(dead ~ Temp + CRP + Sodium + Potassium + BUN + Platelets +
            age + HR,family = binomial,data=dev)
```

绘制动态列线图：

```
DynNom(modelD,DNtitle="Nomogram",DNxlab="probability",data = dev)
```

动态列线图，可以选择患者的情况，单击"预测"即可得到预测概率及其 95% 可信区间。图 6-113 为松哥随性勾选的 10 种情况展示出来的风险概率图。

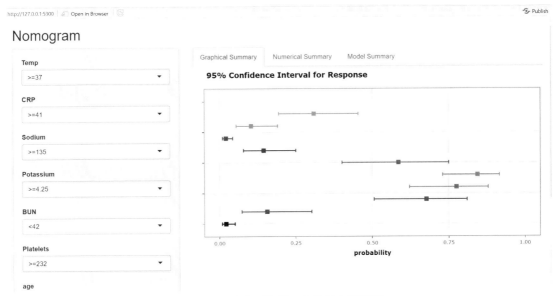

图 6-113　动态列线图—个体概率预测图

图 6-114 展示松哥随性设置 10 个人的具体指标选择情况。

```
===============================================================================
   Temp   CRP  Sodium Potassium  BUN  Platelets  age    HR   Prediction Lower.bound Upper.bound
-------------------------------------------------------------------------------
1  < 37  < 41  < 135  < 4.25    < 42  < 232     < 60  < 30   0.021      0.009       0.051
2  < 37  > =41 > =135 < 4.25    < 42  < 232     < 60  < 30   0.156      0.074       0.302
3  < 37  > =41 > =135 < 4.25    > =42 < 232     > =60 < 30   0.677      0.506       0.810
4  < 37  > =41 > =135 < 4.25    > =42 < 232     > =60 > =30  0.775      0.622       0.879
5  < 37  > =41 > =135 > =4.25   > =42 < 232     > =60 > =30  0.844      0.730       0.916
6  < 37  > =41 > =135 > =4.25   > =42 < 232     < 60  < 30   0.586      0.401       0.750
7  > =37 < 41  > =135 > =4.25   > =42 < 232     < 60  < 30   0.145      0.079       0.251
8  > =37 < 41  > =135 > =4.25   < 42  > =232    < 60  < 30   0.021      0.010       0.043
9  > =37 > =41 > =135 > =4.25   < 42  > =232    < 60  < 30   0.105      0.055       0.191
10 > =37 > =41 > =135 > =4.25   < 42  > =232    > =60 > =30  0.309      0.194       0.454
-------------------------------------------------------------------------------
```

图 6-114　动态列线图—个体概率预测表

在模型摘要中，也会展示模型的参数细节，见图 6-115。

如果想知道 Nomo 图具体的打分规则，输入构建的 Nomo 图参数即可，如输入 nomomodelA，即可得到指标的打分规则，以及对应的总分和概率，如图 6-116 所示。

另外，动态列线图还有一个 shinyPredict 包，可以同时展示多个模型，感兴趣可以自行尝试。

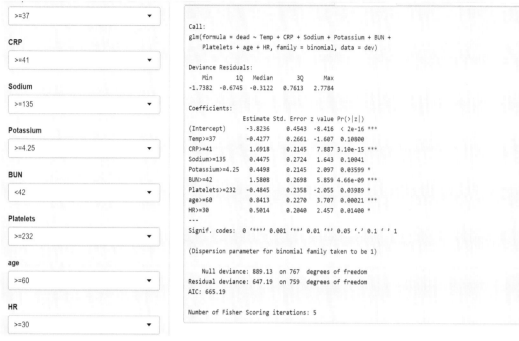

图 6-115　动态列线图—模型展示结果

图 6-116　Nomo 评分

6.5.5　制作网络版动态列线图

经常看到有人把动态列线图的网址直接写到文章里面，别人直击单击网址链接，就可以在线阅读和调用他构建的列线图。如果您的文章可以这么做，文章的档次立马就会飞起，那这个是怎么做的呢？跟着松哥来吧！

（1）生成脚本文件

先关闭上述动态列线图，然后运行如下代码，结果窗口展示如下，如图 6-117 所示，生成脚本文件。在最先定义的工作路径 D:/R work 文件夹中，生成了 Dynnomapp 文件夹，如图 6-118 所示。

```
DNbuilder(modelD)        #对模型 D 构建动态列线图
```

```
> DNbuilder(modelD)
creating new directory: D:/R work/DynNomapp
Export dataset: D:/R work/DynNomapp/dataset.RData
Export functions: D:/R work/DynNomapp/functions.R
writing file: D:/R work/DynNomapp/README.txt
writing file: D:/R work/DynNomapp/ui.R
writing file: D:/R work/DynNomapp/server.R
writing file: D:/R work/DynNomapp/global.R
>
```

图 6-117   生成动态列线图脚本文件

此电脑 > work (D:) > R work > DynNomapp			
名称	修改日期	类型	大小
data.RData	2022/5/25 8:15	R Workspace	163 KB
functions.R	2022/5/25 8:15	R 文件	3 KB
global.R	2022/5/25 8:15	R 文件	1 KB
README.txt	2022/5/25 8:15	文本文档	1 KB
server.R	2022/5/25 8:15	R 文件	7 KB
ui.R	2022/5/25 8:15	R 文件	1 KB

图 6-118   DynNomapp 文件夹

（2）shinyapps.io 注册账户

打开网站后自行注册，选择邮箱注册即可，如图 6-119 所示。注册网页打开稍微有点慢，要有耐心！

图 6-119   shinyapps.io 注册页面

注册无须验证，成功后，弹出界面如图 6-120 所示，在这里设定自己的网址，我设定的是"松哥统计"的拼音 songgetongji，您自行设定即可。

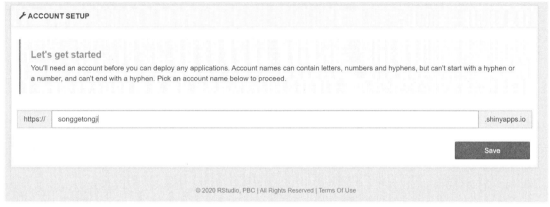

图 6-120　自定义自己的网址

来到 shinyapps.io 主页面，如图 6-121 所示，有傻瓜式教程，完成三步即可。

步骤 1：复制框中的代码到 R Studio 中运行，就是安装 reconnect 包；

步骤 2：复制框中代码到 R Studio 中运行，注意复制时要显示 Secret 后复制；

步骤 3：Rstudio 中加载 reconnect 包。

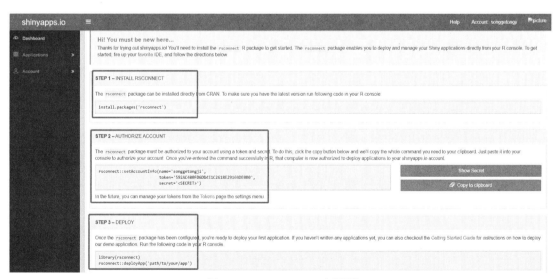

图 6-121　shinyapps.io 主页面

打开动态列线图 Dynnomapp 文件夹，单击图 6-122 中的 ui.R 文件，弹出界面如图 6-123 所示，单击"发布"图标，弹出图 6-124，动态列线图发布窗口，单击"Publish"按钮即可。

此电脑 > work (D:) > R work > DynNomapp
名称
修改日期
类型
大小
rsconnect 2022/5/25 8:59 文件夹
data.RData 2022/5/25 8:15 R Workspace 163 KB
functions.R 2022/5/25 8:15 R 文件 3 KB
global.R 2022/5/25 8:15 R 文件 1 KB
README.txt 2022/5/25 8:15 文本文档 1 KB
server.R 2022/5/25 8:15 R 文件 7 KB
ui.R 2022/5/25 9:03 R 文件 1 KB

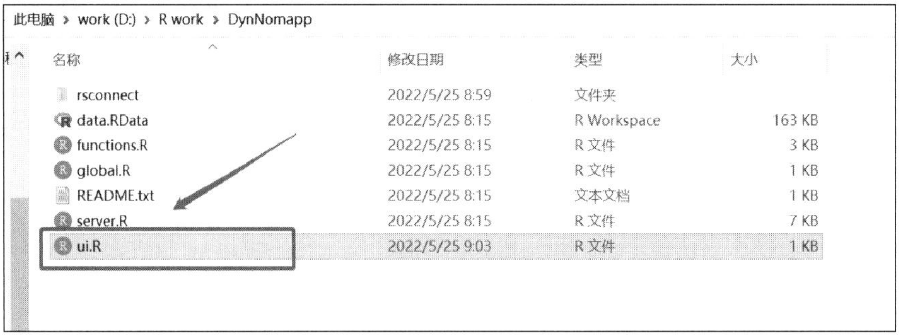

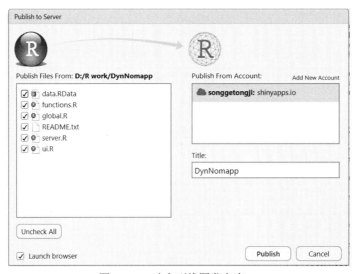

图 6-122　动态列线图 DynNomapp 文件夹

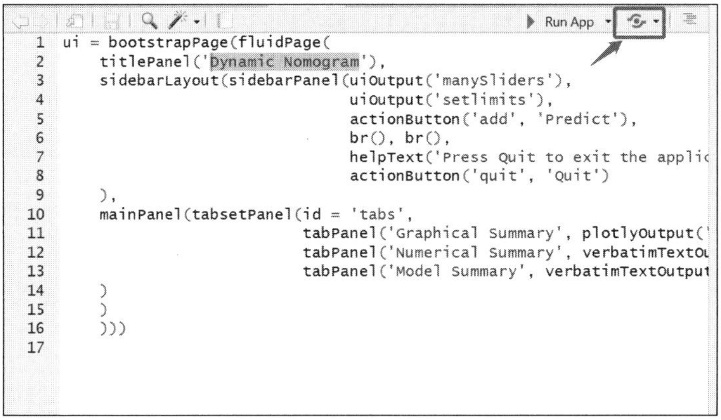

Run App
ui = bootstrapPage(fluidPage(
titlePanel('Dynamic Nomogram'),
sidebarLayout(sidebarPanel(uiOutput('manySliders'),
uiOutput('setlimits'),
actionButton('add', 'Predict'),
br(), br(),
helpText('Press Quit to exit the applic
actionButton('quit', 'Quit')
),
mainPanel(tabsetPanel(id = 'tabs',
tabPanel('Graphical Summary', plotlyOutput('
tabPanel('Numerical Summary', verbatimTextOu
tabPanel('Model Summary', verbatimTextOutput
)
)
)))

图 6-123　ui.R 发布

在图 6-123 中的阴影部分，可以自定义您的动态 Nomo 图的名称，也可以在图 6-124 处的“Title”框中修改。

Publish to Server
Publish Files From: D:/R work/DynNomapp
data.RData
functions.R
global.R
README.txt
server.R
ui.R
Uncheck All
Launch browser
Publish From Account:
Add New Account
songgetongji: shinyapps.io
Title:
DynNomapp
Publish
Cancel

图 6-124　动态列线图发布窗口

软件自行发布大概需要 2 ～ 3 分钟，敬请等待，如图 6-125 所示，完成后自动打开一个网页，就是您的网页版动态列线图了，如图 6-126 所示。

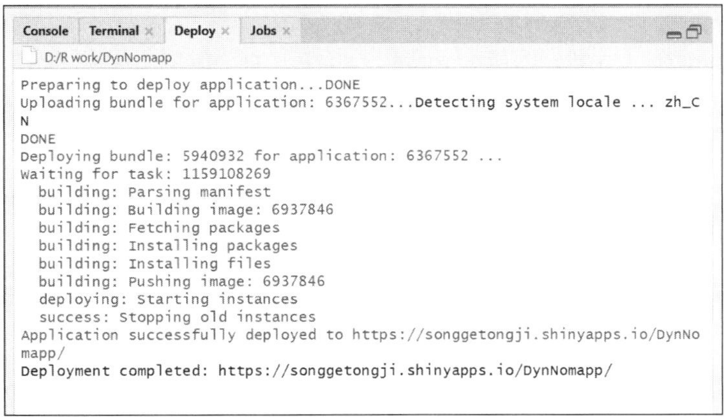

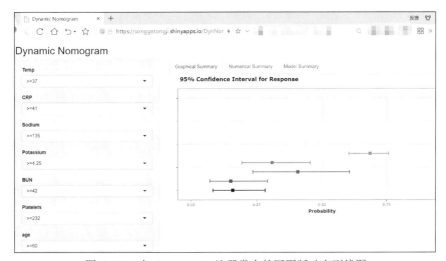

图 6-125　动态列线图发布过程

图 6-126　在 shinyapps.io 注册发布的网页版动态列线图

复制一下网址，以后发表文章时备用即可。每个账号可以免费发布 5 个，再多就要收费了。

6.6　Logistic 回归模型诊断效果评价

一般而言，从建模、区分度、校准度到 Nomo 图展示，临床预测模型的规定动作基本做完，很多临床预测模型的论文到此也就开始最后的讨论部分了。但是作为诊断预测模型，我们构建的模型对目标结局事件的诊断效果如何，尚没有按照诊断试验的要求进行诊断学的评价，诊断效果评价的思路如下。

6.6.1 诊断试验评价

用我们构建的最终模型，去预测训练集与验证集的预测概率，然后在训练集，以目标结局事件发生与否为 Y，以预测概率为 X，制作 ROC 曲线分析，寻找最佳截断值（cut off point），并以此截断值，分别在训练集和验证集进行诊断试验评价，见图 6-127。

	Optimal cut-off	Sensitivity (%)	Specificity (%)	PPV (%)	NPV (%)
Training set	0.646	80.0	73.3	88.9	57.9
Validation set	0.646	69.2	81.8	93.1	42.9
PPV positive predictive value, *NPV* negative predictive value					

图 6-127 诊断模型再评价方式 1

文献：Jian Zhang, Linhai Xiao, Shengyu Pu，et al.Can We Reliably Identify the Pathological Outcomes of Neoadjuvant Chemotherapy in Patients with Breast Cancer?Development and Validation of a Logistic Regression Nomogram Based on Preoperative Factors.Ann Surg Oncol (2021) 28:2632–2645.

6.6.2 ROC 曲线比较

就是用我们构建模型预测的概率与模型中各因素，一起绘制一个多条 ROC 曲线分析，如果预测模型较好，则预测模型 Nomo 的 ROC 曲线下面积应该比模型中其他各因素都要大。模型预测概率除了与各因素 ROC 比较，还可以与目前别人构建的模型预测因素进行比较，目的就是验证本次构建的预测模型区分度是否更好。如图 6-128（a）所示。

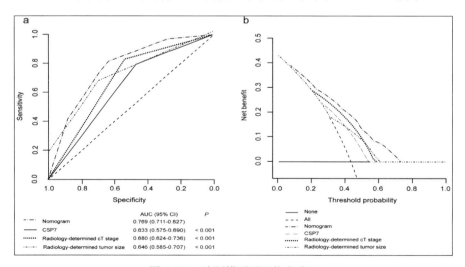

图 6-128 诊断模型再评价方式 2

文献：Xiayao Diao，Jinhua Cai，Junjiong Zheng,et al.Association of chromosome 7 aneuploidy measured by fluorescence in situ hybridization assay with muscular invasion in bladder cancer.

Cancer Communications. 2020;40:167-180.

图 6-128 右上图部分实现代码举例如下，构建 model 模型，该模型当然是我们构建的最终模型。

```
model <- glm(hypoglycemia ~ course_of_disease + Hyperlipidemia + Treat_
Time , data=dev, family = binomial(link="logit"),x=TRUE)
```

生成预测概率，用我们构建的模型，预测出概率 P 值：

```
dev$predmodel<- predict(newdata=dev,model,"response")
```

我们模型中有 3 个因素，加上 1 个预测因素，所以共可以构建 4 个 ROC 如下：

```
roc1<-roc(hypoglycemia ~ predmodel, data = dev,smooth=F)
roc2<-roc(hypoglycemia ~ course_of_disease, data = dev,smooth=F)
roc3<-roc(hypoglycemia ~ Hyperlipidemia, data = dev,smooth=F)
roc4<-roc(hypoglycemia ~ Treat_Time, data = dev,smooth=F)
```

分别绘制 4 条 ROC 曲线进行叠加即可：

```
plot(roc1,col="red",legacy.axes=T)
plot(roc2, add=TRUE, col="blue")
plot(roc3, add=TRUE, col="green")
plot(roc4, add=TRUE, col="black")
```

6.6.3　Logistic 回归分析

预测概率分位数分组后，进行 Logsitic 回归分析，有的文章是将预测因素进行四分位数分组，然后以 Q1 为参照，设置哑变量，构建 Logistic 回归模型，得到 Q2、Q3 和 Q4 的 OR，Total points 越大，也就是分位数越高，预期风险越大，亦可反映预测模型的风险预测效果，见图 6-129。

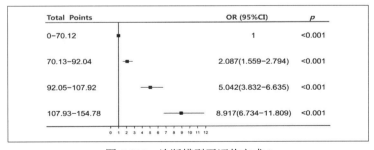

图 6-129　诊断模型再评价方式 3

文献：Shuna Huang, Xiaoxu Xie, Yi Sun, etal.Development of a nomogram that predicts the risk for coronary atherosclerotic heart disease.AGING 2020, Vol. 12, No. 10

6.7 NRI 和 IDI

由前面的基础知识介绍可知，NRI（净重新分类指数）和 IDI（综合判别改善指数）主要用于判定模型准确度的改善情况，用于优化模型或者两个模型之间比较。下面还是从案例实战来进行学习吧！

安装所需要的包（如已经安装请忽略）：

```
install.packages("nricens")
install.packages("survival")
install.packages("nricens")
install.packages("rms")
install.packages("foreign")
```

加载相应的包：

```
library(survival)
library(nricens)
library(rms)
library(readr)
```

找到我们上面演示的 fml8 和 fml6：

```
fml8<-as.formula(dead == 1 ~ Temp + CRP + Sodium +
                   Potassium + BUN + Platelets + age + HR)
fml6<-as.formula(dead == 1 ~ Temp + CRP + Sodium +
                   Potassium + BUN + Platelets)
```

构建两个广义线性模型 devmodelA 和 devmodelB，如下：

```
devmodelA <- glm(dead == 1 ~ Temp + CRP + Sodium + Potassium + BUN +
Platelets + age + HR,data=dev, family = binomial(link="logit"),x=TRUE)
```

```
devmodelB <- glm(dead == 1 ~ Temp + CRP + Sodium + Potassium + BUN +
Platelets,data=dev, family = binomial(link="logit"),x=TRUE)
```

6.7.1 净重新分类指数

计算连续的 NRI 取值为 5% 就定义为重分类了。

```
library(nricens)
NRI <- nribin(mdl.std = devmodelA, mdl.new = devmodelB,updown = 'diff',cut
= 0.05,niter = 500,alpha = 0.05)
```

由结果可见，NRI=-0.2340255，95%CI：-0.3545 ～ -0.0689。可见 NRI 为负值，说明新模型相对于旧模型，分类准确率变差了，如图 6-130 所示。

注意，如果作图区域不够大，则不会出图，如图 6-131 所示，并且显示红色警告，如发生这种情况，把作图区域调大，再跑一遍代码即可。

```
NRI estimation:
Point estimates:
                 Estimate
NRI           -0.23404255
NRI+          -0.25000000
NRI-           0.01595745
Pr(Up|Case)    0.19117647
Pr(Down|Case)  0.44117647
Pr(Down|Ctrl)  0.15780142
Pr(Up|Ctrl)    0.14184397

Now in bootstrap..

Point & Interval estimates:
                 Estimate  Std.Error       Lower       Upper
NRI           -0.23404255 0.07505415 -0.35451449 -0.06897081
NRI+          -0.25000000 0.08194958 -0.35849057 -0.06161137
NRI-           0.01595745 0.03413063 -0.06818182  0.06861063
Pr(Up|Case)    0.19117647 0.05854004  0.09340659  0.35714286
Pr(Down|Case)  0.44117647 0.07789982  0.23684211  0.54066986
Pr(Down|Ctrl)  0.15780142 0.03383452  0.06086957  0.21415608
Pr(Up|Ctrl)    0.14184397 0.04137566  0.06417112  0.23698384
> |
```

图 6-130　NRI 结果

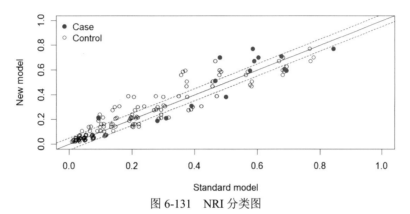

图 6-131　NRI 分类图

计算分类变量计算的 NRI，概率超过 0.48 就定义为重分组了，0.48 为模拟数据，读者应该根据之前模型 C 的 ROC 分析确定的切点，结果见图 6-132 ～图 6-134。

```
NRI <- nribin(mdl.std = devmodelA, mdl.new = devmodelB,
    updown = 'category',cut = 0.48,niter = 500,alpha = 0.05)
```

```
    Reclassification Table for all subjects:
          New
Standard  < 0.48 >= 0.48
  < 0.48     552      21
  >= 0.48     12     183

    Reclassification Table for case:
          New
Standard  < 0.48 >= 0.48
  < 0.48      76       7
  >= 0.48      6     115

    Reclassification Table for control:
          New
Standard  < 0.48 >= 0.48
  < 0.48     476      14
  >= 0.48      6      68
```

图 6-132　分类 NRI 结果

```
NRI estimation:
Point estimates:
                 Estimate
NRI           -0.009282436
NRI+           0.004901961
NRI-          -0.014184397
Pr(Up|Case)    0.034313725
Pr(Down|Case)  0.029411765
Pr(Down|Ctrl)  0.010638298
Pr(Up|Ctrl)    0.024822695

Now in bootstrap..

Point & Interval estimates:
                 Estimate   Std.Error       Lower      Upper
NRI           -0.009282436 0.039664103 -0.080204019 0.07560929
NRI+           0.004901961 0.053077024 -0.072727273 0.13809524
NRI-          -0.014184397 0.021938586 -0.070909091 0.01651376
Pr(Up|Case)    0.034313725 0.041391763  0.009345794 0.15675676
Pr(Down|Case)  0.029411765 0.028159853  0.000000000 0.10679612
Pr(Down|Ctrl)  0.010638298 0.008742406  0.000000000 0.03275862
Pr(Up|Ctrl)    0.024822695 0.020696117  0.006980803 0.07664884
> |
```

图 6-133　分类 NRI 结果及可信区间

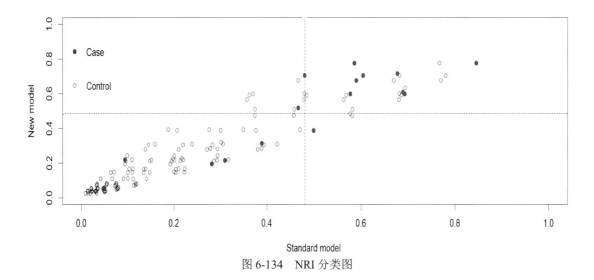

图 6-134　NRI 分类图

6.7.2　综合判别改善指数

IDI 计算，程序包准备，需要先安装 install.packages("PredictABEL") 程序包：

```
install.packages("PredictABEL")
library(PredictABEL)
library(nricens)
library(rms)
library(readr)
setwd("D:/R work")
mydata <- read_csv("ICU.csv")
```

指定训练集和验证集：

```
dev = mydata[mydata$group==1,]
vad = mydata[mydata$group==0,]
```

模型 B 是新模型、模型 A 是旧模型：

```
pstd <- devmodelA$fitted.values
pnew <- devmodelB$fitted.values
```

计算 IDI：

```
dev<-as.matrix(dev)                        # 必须如此，否则报错
reclassification(data = dev,cOutcome = 1,
 #cOutcome 的数字是指结局变量在那一列
predrisk1 = pstd,
predrisk2 = pnew,
cutoff = c(0,0.48,1))
```

结果见图 6-135，结果给出了连续 NRI、分类 NRI 和 IDI 的结果。

```
_____

       Reclassification table
_____

Outcome: absent

                 Updated Model
Initial Model [0,0.48) [0.48,1]  % reclassified
       [0,0.48)     476      14               3
       [0.48,1]       6      68               8


Outcome: present

                 Updated Model
Initial Model [0,0.48) [0.48,1]  % reclassified
       [0,0.48)      76       7               8
       [0.48,1]       6     115               5


Combined Data

                 Updated Model
Initial Model [0,0.48) [0.48,1]  % reclassified
       [0,0.48)     552      21               4
       [0.48,1]      12     183               6
_____
```

图 6-135　IDI 结果

NRI(Categorical) [95% CI]: −0.0093 [−0.0472 - 0.0287] ; p-value: 0.63159

NRI(Continuous) [95% CI]: −0.2253 [−0.3845 - −0.0661] ; p-value: 0.00555

IDI [95% CI]: -0.0208 [−0.0334 - −0.0081] ; p-value: 0.00128

IDI 第二种算法：

```
library(PredictABEL)
library(nricens)
library(rms)
library(foreign)

mydata <- read_csv("ICU.csv")
dev = mydata[mydata$group==1,]
vad = mydata[mydata$group==0,]

event<-dev$dead
z.std<-as.matrix(subset(dev,select=c(Temp, CRP, Sodium, Potassium, BUN ,
Platelets, age, HR)))
  modelA <- glm(event ~ .,binomial(logit),data.frame(event,z.std),x=TRUE)

  z.new<-as.matrix(subset(dev,select = c(Temp, CRP, Sodium, Potassium, BUN ,
Platelets)))
  modelB <- glm(event ~ .,binomial(logit),data.frame(event,z.new),x=TRUE)
```

模型 B 是新模型、模型 A 是旧模型：

```
pstd <- modelA$fitted.values
pnew <- modelB$fitted.values
```

计算 IDI：

```
dev<-as.matrix(dev)              # 必须如此，否则报错
reclassification(data = dev,cOutcome = 1,
#cOutcome 的数字是指结局变量在那一列
predrisk1 = pstd,
predrisk2 = pnew,
cutoff = c(0,0.48,1))
```

得到的结果与第一种方法一致。

6.8 如何验证别人已经发表的模型

目前临床预测模型的发文思路包括：人无我有（构建一个新的模型）、人有我优（对别人的模型进行优化）、人有我验（对别人发表的文章进行验证）、人多我比（将别人发表的多个模型，纳入自己的数据进行比较）。目前临床预测模型多数还处于人无我有的阶段，再过几年，当预测模型发文数量较多时，可能人无我有的思路就不多了，就可以转向其他几个方向了。其他 3 个方向都需要利用别人文章中已经发表的模型来预测自己的数据，那到底该如何操作呢？

如果某人发表文章，预测高血压的发病因素，构建模型得到常数项为 -17.5，age 的回归系数为 0.26，famhistory 的回归系数为 0.75，那么我们就可以用构建的这个模型，去预测自己的数据。

（1）计算一个变量名叫 logodds_Brown，这个随意，你自己取一个名字就行，写出如下公式，这个公式其实就是计算 Logistic 回归的线性预测值：

```
logodds_Brown = 0.75*(famhistory)+0.26*(age)-17.5
```

（2）将线性预测值转换为概率预测值，注意下面的 mydata 必须与你的数据集名称一致，也就是改成你的数据集的名称，然后就会在你的数据集中生成该预测模型，在你数据中预测的概率值 phat_Brown：

```
mydata$phat_Brown = exp(logodds_Brown)/(1+exp(logodds_Brown))
```

对于预测模型而言，松哥曾经有一句话"有 P 就有一切"，我们采用各种统计方式进行建模，目的就是拿到最优模型的预测概率 P 值，有了 P 值之后，就可以做区分度、校准度、临床决策曲线了，也可以根据 P 值进行高低风险或者高中低风险分组，进行模型效果验证。

这一小节内容很少，但是非常重要，对于验证别人已经发表的模型是必不可少的方法，因此，松哥还是让其自成一节了。

6.9　LASSO 在 Logistic 回归中应用

　　LASSO 是一种变量筛选技术，对纳入模型的自变量添加惩罚系数，直至将全部自变量系数压缩为零，从而可以得到变量逐步被压缩为零的一个过程，然后根据模型误差最小的原则，选择最小误差时的惩罚系数作为变量筛选的标准。

　　目前 LASSO 在预测模型中的应用有两种：一是利用 LASSO 进行变量筛选，将筛选后的变量纳入 Logistic 回归进行多因素分析，选择最终的最优模型；二是直接采用 LASSO 回归进行变量筛选和概率 *P* 值的预测，这种用法较为少用。

　　在第一种应用中，也有几种变化：①直接对所有因素进行 LASSO 回归筛选自变量，对筛选后的自变量再进行多因素 Logistic 分析；②对所有自变量进行单因素 Logistic 回归分析，然后对单因素分析结果中有意义的变量再进行 LASSO 回归筛选变量，筛选后再进行多因素 Logistic 回归。下面我们就进行案例实战吧。

6.9.1　软件包准备

安装并加载相应的包：

```
library(glmnet)
library(Matrix)
library(rms)
library(foreign)
library(readr)
```

6.9.2　数据准备

```
setwd("D:/R work")   #设置工作路径
mydata <- read_csv("ICU.csv")   #读取数据
mydata<-na.omit(mydata)   #删除缺失值
```

定义 *X* 矩阵：注意 c(2:18) 是指 dev 中第 2 列到第 18 列为自变量。

```
x <- as.matrix(dev[,c(2:18)])
```

定义 *Y* 矩阵：指定 dev 中第 1 列为 y。

```
y <- as.matrix(dev[,1])
```

6.9.3　LASSO-Logit

拟合模型：

```
fit<-glmnet(x,y,alpha=1,family='binomial')
```

```plot(fit)```　　#绘制 LASSO 回归路径图，如图 6-136 所示，默认为 L1 norm，此图少用
```

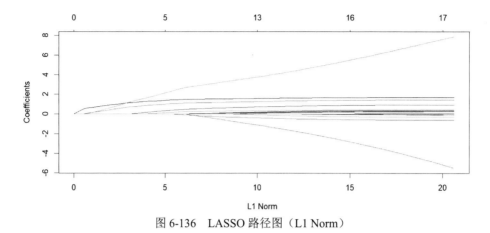

图 6-136　LASSO 路径图（L1 Norm）

```
plot(fit, xvar = "lambda", label = TRUE)      # 绘制 X 轴变量为 lambda 的路径图
plot(fit, xvar = "lambda", label = FALSE)     # 绘制 X 轴变量为 lambda 的路径图，
```
不要标签

```
abline(v=log(c(cv.fit$lambda.min,cv.fit$lambda.1se)),lty=2)      # 添加最小 lambda
```
和 1se 线，如图 6-137 所示

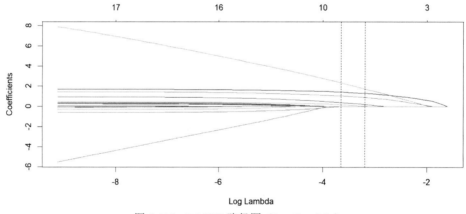

图 6-137　LASSO 路径图（Log Lambda）

`print(fit)`　　　　打印模型拟合过程，发现经过 82 步迭代，最小 lambda=0.000108，终止迭代，如图 6-138 所示

也可以直接用 LASSO 模型进行预测：

```
dev$lassopred <-predict(fit,type="response",newx=x[1:768,],s=0.000108)
```

x[1:768,]768 代表 dev 中的样本量或记录数，s=0.000108 是上面最小的 lambda。

```
View(dev)
```

在 dev 数据框中的最后 1 列生成了最小 lambda=0.000108 时，筛选的自变量进行 LASSO

回归的预测概率，可以用此概率进行预测模型的后续分析，但是一般预测模型不用这个预测概率，而用交叉验证后的结果，如图 6-139 所示。

	60 17 41.24 0.000836
	61 17 41.25 0.000762
	62 17 41.26 0.000694

```
60 17 41.24 0.000836
61 17 41.25 0.000762
62 17 41.26 0.000694
63 17 41.26 0.000633
64 17 41.27 0.000576
65 17 41.27 0.000525
66 17 41.28 0.000478
67 17 41.28 0.000436
68 17 41.29 0.000397
69 17 41.29 0.000362
70 17 41.29 0.000330
71 17 41.30 0.000300
72 17 41.30 0.000274
73 17 41.30 0.000250
74 17 41.30 0.000227
75 17 41.31 0.000207
76 17 41.31 0.000189
77 17 41.31 0.000172
78 17 41.31 0.000157
79 17 41.31 0.000143
80 17 41.31 0.000130
81 17 41.31 0.000118
82 17 41.31 0.000108
```

n	BUN	Platelets	age	RESP	HR	LAC	SPO2	Glucose	group	seed	lassopred
1	1	0	0	0	0	1	0		1	0.139644148	3.198469e-01
1	0	0	1	0	0	1	0		1	0.431302228	9.973864e-02
1	1	1	1	1	1	1	1		1	0.612178698	8.990948e-01
1	1	1	0	0	0	1	1		1	0.290753013	6.677838e-01
1	1	0	0	0	1	1	0		1	0.155731740	5.221110e-01
1	1	0	0	1	0	1	0		1	0.699504075	7.361584e-01
1	1	0	0	0	1	1	1		1	0.346298876	6.249499e-01
0	1	1	1	0	1	1	0		1	0.445638876	1.169432e-04
1	1	0	1	0	0	1	1		1	0.052416028	9.486970e-05
0	0	0	0	0	0	1	0		1	0.103201693	6.679636e-02
0	0	1	0	0	1	1	0		1	0.141156307	2.039038e-02
0	0	1	0	0	0	1	0		1	0.042937963	2.414356e-02
1	1	1	0	0	1	1	1		1	0.621706324	3.167408e-01
1	1	0	1	0	1	1	0	0		0.153591976	6.287638e-01
1	1	0	1	1	1	1	1		1	0.578133259	7.780627e-01
0	0	0	1	0	1	0	0		1	0.261857280	2.677863e-05
0	0	0	0	0	0	1	0		1	0.037091922	2.885872e-05

图 6-138　LASSO 迭代过程　　　　　　　　图 6-139　LASSO 回归预测概率值

6.9.4　CV-LASSO

`set.seed(123)`　　　#设置随机数字种子，建议设定，否则大家分析的结果有一定的差异。

`cv.fit <- cv.glmnet(x,y,alpha=1,nfolds = 10)`

alpha=1 代表 LASSO 回归，nfolds=10 代表 10 重交叉。

`plot(cv.fit)`　　　绘制交叉验证图

`abline(v=log(c(cv.fit$lambda.min,cv.fit$lambda.1se)),lty=2)`　　　添加最小 lambda 和 1se 竖线，如图 6-140 所示

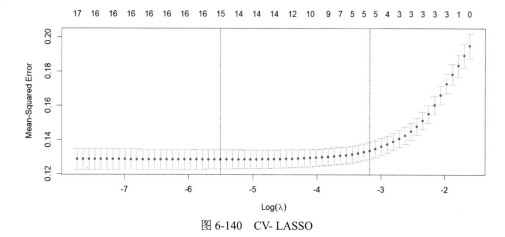

图 6-140　CV- LASSO

```
?cv.glmnet          #可以学习 cv.glmnet 的帮助手册
?glmnet             #可以学习 glmnet 的帮助手册
```

下面展示 10 重交叉验证 LASSO 回归的结果，如图 6-141 所示。

```
cv.fit$lambda.min     #10 重交叉验证的最小 lambda 值
```

```
Coefficients <- coef(fit, s = cv.fit$lambda.min)          #指定模型交叉最小 lambda
```

时的方程系数

```
Active.Index <- which(Coefficients != 0)     #选择非零的系数
```

```
Active.Coefficients <- Coefficients[Active.Index]        #定义非零的系数
```

```
Active.Index      #展示非零系数所在列
```

```
Active.Coefficients     #显示非零的系数
```

```
row.names(Coefficients)[Active.Index]        #显示非零系数的变量名
```

```
> cv.fit$lambda.min
[1] 0.004065582
> Coefficients <- coef(fit, s = cv.fit$lambda.min)
> Active.Index <- which(Coefficients != 0)
> Active.Coefficients <- Coefficients[Active.Index]
> Active.Index
 [1]  1  3  4  5  6  8  9 10 11 12 13 14 15 16 18
> Active.Coefficients
 [1] -7.74299677 -0.49049947 -0.01118104 -1.81868977  0.20478085
 [6]  1.63463769  0.30342955  0.38718275  1.34667409 -0.18628348
[11]  0.81595679  0.18860580  0.25284447  4.48264265  0.14263151
> row.names(Coefficients)[Active.Index]
 [1] "(Intercept)" "Temp"        "SYSBP"       "DIABP"
 [5] "AST"         "CRP"         "Sodium"      "Potassium"
 [9] "BUN"         "Platelets"   "age"         "RESP"
[13] "HR"          "LAC"         "Glucose"
> |
```

图 6-141　LASSO Lambda$min 结果

由结果可见，10 重交叉后，在最小 lambda=0.004065582 时，非零系数的变量有 15 个。系数如图 6-141 所示。

如果我们想以这个交叉验证最小的 lambda 作为处罚系数，进行变量筛选并建模预测，可以得到如下的预测概率：

```
dev$minlassopred<-predict(fit,type="response",newx=x[1:685,],s=cv.
fit$lambda.min)      x[1:768,]768 代表 dev 中的样本量或记录数。
```

取 1 倍标准误时，模型不为零的系数如下，如图 6-142 所示。

```
cv.fit$lambda.1se
Coefficients <- coef(fit, s = cv.fit$lambda.1se)
Active.Index <- which(Coefficients != 0)
Active.Coefficients <- Coefficients[Active.Index]
Active.Index
Active.Coefficients
row.names(Coefficients)[Active.Index]
```

```
> cv.fit$lambda.1se
[1] 0.04161249
> Coefficients <- coef(fit, s = cv.fit$lambda.1se)
> Active.Index <- which(Coefficients != 0)
> Active.Coefficients <- Coefficients[Active.Index]
> Active.Index
[1]  1  8 10 11 13 16
> Active.Coefficients
[1] -3.83032217  1.29894319  0.04503153  0.89155445  0.20311539
[6]  1.73691373
> row.names(Coefficients)[Active.Index]
[1] "(Intercept)" "CRP"         "Potassium"   "BUN"
[5] "age"         "LAC"
> |
```

图 6-142　LASSO Lambda$1 se 结果

```
dev$selassopred <-predict(fit,type="response",newx=x[1:768,],s=cv.fit$lambda.1se)
```

利用 lambda 的 1se 作为处罚系数，进行概率预测，最终我们的 dev 数据集中就有了 3 个预测概率，即直接 LASSO，选择最小误差时的预测概率，交叉验证最小 lambda 时的预测概率，以及交叉验证最小 lambda 的 1se 的预测概率，如图 6-143 所示。

	LAC	SPO2	Glucose	group	seed	lassopred	minlassopred	selassopred
0	1	0	1	1	0.139644148	3.198469e-01	0.2917631140	0.23924514
0	1	0	1	1	0.431302228	9.973864e-02	0.1078556652	0.13643021
1	1	0	1	1	0.612178698	8.990948e-01	0.8617743422	0.58546188
0	1	0	1	1	0.290753013	6.677838e-01	0.6667173607	0.58546188
0	1	0	1	1	0.155731740	5.221110e-01	0.5297353581	0.53547050
0	1	0	1	1	0.699504075	7.361584e-01	0.7180964174	0.58546188
0	1	0	1	1	0.346298876	6.249499e-01	0.5441276002	0.27813991
1	0	0	1	1	0.445638876	1.169432e-04	0.0037981933	0.06090209
0	0	0	1	1	0.052416028	9.486970e-05	0.0030890564	0.07682083
0	1	0	1	1	0.103201693	6.679636e-02	0.0678184541	0.10973914
0	1	0	1	1	0.141156307	2.039038e-02	0.0292480790	0.10973914
0	1	0	1	1	0.042937963	2.414356e-02	0.0318415948	0.10973914
1	1	0	1	1	0.621706324	3.167408e-01	0.3057051994	0.23924514
0	1	0	0	1	0.153591976	6.287638e-01	0.6343081419	0.58546188
1	1	0	1	1	0.578133259	7.780627e-01	0.7576465146	0.58546188
1	0	0	1	1	0.261857280	2.677863e-05	0.0008812879	0.02590162

图 6-143　LASSO 直接预测，min 和 1 se 预测结果

各位有兴趣可以把 3 个预测概率当作 3 个模型，进行区分度、校准度和临床决策曲线比较，如果直接用 LASSO 建模，就可以这么做。但是我们通常是利用 LASSO 来筛选变量，对筛选出来的变量再次进行多因素 Logistic 回归，以确定最终模型，因此，上述的 3 个预测概率通常不用。

6.10　交叉验证与 Bootstrap

如果样本量较大，我们常常按照 7∶3 或者 6∶4 等拆分方法，将数据集拆分为训练集和验证集。可是当样本量较少时，比如只有 100 左右，那么如果再进行拆分，势必导致

训练集样本量过少，从而无法构建稳定的预测模型。

此时，我们可以采用交叉验证或者 Bootstrap 重复抽样的方法进行内部验证。下面我们一起来实操一遍吧！

```
getwd()                查看工作路径
setwd("D:/R work")     将工作路径设定为 D 盘根目录的 R work 文件夹
library(readr)                    #加载 readr 包
mydata <- read_csv("ICU.csv")     #读取 ICU.csv 文件
mydata<-na.omit(mydata)           #删除有缺失值的行
View(mydata)               #查看数据
names(mydata)              #可以查看文件中的变量名
str(mydata)                   #必须做，了解变量类型非常重要

mydata$dead<-as.factor(mydata$dead)   #将 dead 定义为 factor 变量
install.packages("caret")        #安装 caret 包
library(caret)                   #加载 caret 包
formula<-as.formula(dead == 1 ~ Temp + CRP + Sodium + Potassium + BUN +
Platelets + age + HR)
formula
```

6.10.1 简单交叉验证

P=0.7 表示 70% 作为训练集，30% 作为验证集，number=1 是指迭代次数，LGOCV 代表简单交叉验证。

```
train.control_1<-trainControl(method="LGOCV",p=0.7,number = 1)
set.seed(123)
```

设定随机数字种子，这个无所谓，随便写，只是为了能够重现结果。

```
m1<-train(formula,data=mydata,trControl=train.control_1,
         method="glm",metric="Accuracy",preProc=c("center","scale"))
```

`print(m1)`   打印结果，如图 6-144 所示。

```
> m1
Generalized Linear Model

685 samples
  8 predictor
  2 classes: 'no', 'yes'

No pre-processing
Resampling: Repeated Train/Test Splits Estimated (1 reps, 70%)
Summary of sample sizes: 480
Resampling results:

  Accuracy   Kappa
  0.6146341  0.1802905
```

图 6-144 简单交叉验证

准确率 Accuracy=0.6146；Kappa=0.1803。Kappa ＜ 0.2 表示稳定性较差；0.2 ～ 0.4 表示尚可；0.4 ～ 0.6 表示稳定性中等；0.6 ～ 0.8 表示稳定性较好；0.8 ～ 1.0 表示稳定性很好。如下结果解释请参照此处进行。

绘制重要性图，如图 6-145 所示。

```
importance <- caret::varImp(m1,scale=TRUE)   # 大家也可以试试 scale=FALSE
plot(importance,cex.lab=0.5,main="The importance of per feature for
logistic model")
```

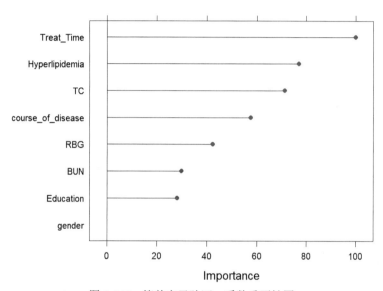

图 6-145　简单交叉验证—系数重要性图

6.10.2　十重交叉验证

```
train.control_2<-trainControl(method = "CV",number = 10) 设置交叉验证方式
set.seed(123)     设置随机数字种子
m2<-train(formula,data=mydata,trControl=train.control_2,
        method="glm",metric="Accuracy",preProc=c("center","scale"))
```

进行交叉验证，结果见图 6-146。

```
m2     # 展示结果
```

绘制重要性图，如图 6-147 所示。

```
importance <- caret::varImp(m2,scale=FALSE)
plot(importance,cex.lab=0.5,main="The importance of per feature for
logistic model")
```

```
> print(m2)
Generalized Linear Model

685 samples
  8 predictor
  2 classes: 'no', 'yes'

No pre-processing
Resampling: Cross-Validated (10 fold)
Summary of sample sizes: 616, 616, 616, 616, 616, 618, ...
Resampling results:

  Accuracy   Kappa
  0.5936262  0.1475637
```

图 6-146　十重交叉验证准确率及 KAPPA

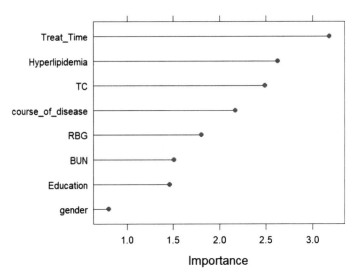

图 6-147　十重交叉验证—系数重要性图

6.10.3　留一法交叉验证

留一法 LOOCV，全称为 leave one out cross validation，下面看下实操过程。

`train.control_3<-trainControl(method = "LOOCV" )` 设置交叉验证方式

`m3<-train(formula,data=dev,trControl=train.control_3,method=" glm")` 进行交叉验证。

`m3` 展示结果，如图 6-148 所示

绘制重要性图，如图 6-149 所示。

```
importance <- caret::varImp(m3,scale=FALSE)
plot(importance,cex.lab=0.5,main="The importance of per feature for
logistic model")
```

```
> m3
Generalized Linear Model

685 samples
  8 predictor
  2 classes: 'no', 'yes'

No pre-processing
Resampling: Leave-One-Out Cross-Validation
Summary of sample sizes: 684, 684, 684, 684, 684, 684, ...
Resampling results:

  Accuracy   Kappa
  0.6058394  0.1699876
```

图 6-148　留一法验证准确率和 KAPPA

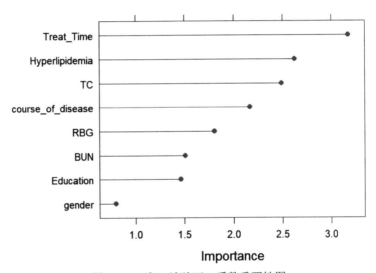

图 6-149　留一法验证—系数重要性图

6.10.4　Bootstrap CV

进行 Bootstrap 抽样后的交叉验证，可以设置 Bootstrap 的次数以及交叉验证的折 / 重数。

```
train.control_4<-trainControl(method = "repeatedcv",
                              number = 10,      #10 重交叉验证
                              repeats = 50)     #50 次抽样，建议 1000 次
```

```
set.seed(123)      # 随机数字种子
```

```
m4<-train(formula,data=dev,trControl=train.control_4,method=" glm" )      模型验证
```

`m4` 　展示结果，如图 6-150 所示

```
> m4
Generalized Linear Model

685 samples
  8 predictor
  2 classes: 'no', 'yes'

No pre-processing
Resampling: Bootstrapped (50 reps)
Summary of sample sizes: 685, 685, 685, 685, 685, 685, ...
Resampling results:

  Accuracy   Kappa
  0.5845905  0.1319112
```

图 6-150　Bootstrap-CV 验证准确率和 KAPPA

绘制重要性图，如图 6-151 所示。

```
importance <- caret::varImp(m4,scale=FALSE)
  plot(importance,cex.lab=0.5,main="The importance of per feature for
logistic model")
```

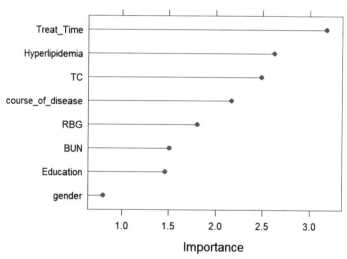

图 6-151　Bootstrap-CV 验证—系数重要性图

6.10.5　Bootstrap ROC

上述结果均是以准确度和 KAPPA 展示，如果要以 ROC 展示，操作如下。

```
train.control_5<-trainControl(method = "repeatcv",
                    number = 10,    #设置10重交叉
                    repeats = 50,    #设置50次抽样
                    classProbs = TRUE,  #采用分类概率
                    summaryFunction = twoClassSummary)
```

```
set.seed(123)      设置随机数字种子
```

```
m5<-train(formula,
          data=mydata,
          trControl=train.control_5,
          method="glm",
          metric="ROC")
```

m5   展示结果，如图 6-152 所示。

```
Generalized Linear Model

685 samples
  8 predictor
  2 classes: 'no', 'yes'

No pre-processing
Resampling: Cross-Validated (10 fold, repeated 50 times)
Summary of sample sizes: 616, 616, 616, 616, 616, 618, ...
Resampling results:

  ROC        Sens       Spec
  0.6147346  0.7466275  0.3981471
```

图 6-152   Bootsrap ROC 结果

第 7 章
R 语言预后临床预测模型实战

本章讲解基于 R 语言的预后临床预测模型的实战，包括模型构建与评价、模型验证和模型展示。

本章演示案例为肝癌死亡数据，具体变量编码如下：变量 dead 为结局变量，time 为时间变量；ID 为编号，group 为分组变量，将数据集分为训练集和验证集，其他变量为自变量，其中 age 为连续性变量，而 age66 是对年龄进行二分类分组的变量。对年龄采用如此处理是在寻找具体哪种纳入形式较好，如果单因素都有统计学意义，最终纳入模型也只能有一个，因为其为同一个变量的两种形式。

预测模型目前主流为 Logistic 回归和生存分析的 COX 回归，因变量均为分类变量，因此，在数据整理时，最好将自变量从专业的角度进行分类化，结果更好解释一些，变量及赋值见表 7-1，数据文件 liver_cancer_Cox.csv。

表 7-1 案例数据变量及赋值

变　　量	标　　签	水 平 设 置
ID	编号	Number
sex	性别	1=male　0=female
age	年龄	连续性变量（实际年龄）
age66	>66 岁	1= 是　0= 否
HBV	HBV 抗体	1= 是　0= 否
HCV	HCV 抗体	1= 是　0= 否
Alc	谷丙	1= 是　0= 否
burden	疾病负担	1-2-3-4
CTP	评分	0-1-2
ps	评分	1-2-3-4
NewAFP	甲胎蛋白	1= 是　0= 否
DM	糖尿病	1= 是　0= 否
GFR60	滤过率	1= 是　0= 否
group	分组	1=dev　0=vad
dead	肝癌死亡	1= 是　0= 删失
time	时间	连续性

7.1　COX 回归模型构建

7.1.1　数据读取

设置工作路径，请先在 D 盘根目录新建一个 R work 文件夹：

```
setwd("D:/R work")
```

```
library(foreign)        调用 foreign 包
```

```
rawdata<-read.csv("liver_cancer_Cox.csv")
```

读取 R work 中的 liver_cancer_Cox.csv。

```
View(rawdata)        查看数据，如图 7-1 所示
```

	铭绳D	Sex	Age	age66	HBV	HCV	Alc	burden	CTP	PS	NewAFP	DM	GFR60	group	dead	time
386	3738	0	76	1	1	0	0	3	1	4	0	0	1	1	1	1
385	3715	1	87	1	1	0	0	1	1	3	0	1	0	0	0	8
384	3703	1	55	0	0	0	0	2	0	3	0	1	0	1	1	5
383	3592	1	49	0	1	0	0	3	2	1	1	0	1	1	1	2
382	3590	1	89	0	0	0	0	1	1	4	0	0	0	1	1	13
381	3561	1	56	0	1	0	0	1	2	1	0	0	1	1	1	2
380	3492	1	76	1	0	1	0	2	1	2	0	1	0	1	1	16
379	3476	1	52	0	0	0	0	1	2	1	0	0	0	1	1	1
378	3473	1	62	0	0	0	0	3	1	1	0	0	0	1	0	4
377	3415	1	72	1	1	0	0	2	1	1	0	0	1	0	0	6
376	3399	1	76	1	0	0	0	1	3	3	0	0	1	1	1	3
375	3357	1	67	1	1	0	0	1	3	3	0	0	1	1	1	3

图 7-1　案例数据

```
str(rawdata)
```

查看数据的类型，如图 7-2 所示，这个非常重要；在 R 语言建模中，对于无序多分类变量一定要设置为 factor 类型，数值变量和二分类变量采用 int（整数型）或 dbl（浮点型）都可以；等级变量根据专业和统计需求，可以当作数值或者无序多分类，本例中 CTP 和 PS 为等级，当作数值进行处理。注意，等级变量当作无序多分类变量进行统计分析更加保险。

```
> str(rawdata)        注:查看数据的类型,非常重要
'data.frame':   386 obs. of  16 variables:
 $ 铭绳D : int  6 9 15 20 25 26 27 43 53 71 ...
 $ Sex   : int  1 1 1 0 1 1 1 1 1 1 ...
 $ Age   : int  81 79 79 72 60 56 80 85 87 64 ...
 $ age66 : int  1 1 1 1 0 0 1 1 1 0 ...
 $ HBV   : int  1 0 1 0 0 1 1 0 1 1 ...
 $ HCV   : int  0 0 0 0 1 0 0 0 0 0 ...
 $ Alc   : int  0 0 0 0 0 0 0 0 0 1 ...
 $ burden: int  3 2 3 3 3 3 2 3 2 ...
 $ CTP   : int  0 0 0 0 0 0 1 0 2 2 ...
 $ PS    : int  4 4 4 3 4 4 4 3 3 3 ...
 $ NewAFP: int  0 1 0 0 0 0 0 0 0 1 ...
 $ DM    : int  0 1 0 1 1 0 0 1 0 0 ...
 $ GFR60 : int  1 0 1 1 0 1 1 0 1 0 ...
 $ group : int  0 1 0 1 0 1 0 1 0 1 ...
 $ dead  : int  1 1 1 1 1 1 1 1 0 1 ...
 $ time  : int  2 2 1 36 3 3 3 2 1 2 ...
```

图 7-2　数据结构

```
summary(rawdata)                    #对数据进行简单描述
rawdata<-na.omit(rawdata)           #删除缺失数据
```

数据集区分：

```
dev = rawdata[rawdata$group==1,]          #提取 group=1 为训练集
vad = rawdata[rawdata$group==0,]          #提取 group=0 为验证集
```

7.1.2 软件包准备

```
install.packages("survival")          # 安装生存分析包
library(survival)                      # 加载生存分析包
```

目前常用预测模型构建方法为先单后多法，即先进行单因素分析，将单因素分析中有意义的结果再纳入多因素分析，进行各因素的 PK，构建最终模型。当自变量较多时，常规的先单后多比较耗费时间，所以松哥在常规先单后多的基础上，给出了批量执行的实战代码。

7.1.3 先单因素分析

拟合一个 COX 回归模型 fit，其为 Sex 的单因素分析：

```
fit<-coxph(Surv(time,dead==1) ~ Sex,data=dev)
```

coxph：生存分析函数

Surv(time,dead==1)：相当于生存分析的因变量 y，包括结局和时间两个变量

dead==1：指定目标结局变量的 1 水平为发生目标 Event

Sex：纳入的单因素自变量

data=dev：指定数据集为训练集

fit   主要看 $P=0.906 > 0.05$，因此，Sex 单因素分析发现其与肝癌死亡无关，如图 7-3 所示

```
> fit
Call:
coxph(formula = Surv(time, dead == 1) ~ Sex, data = dev)

       coef exp(coef) se(coef)      z     p
Sex -0.02202   0.97822  0.18584 -0.118 0.906

Likelihood ratio test=0.01  on 1 df, p=0.9059
n= 193, number of events= 177
```

图 7-3　Sex 单因素分析结果

继续拟合 Age 的单因素 COX 回归模型。

```
fit<-coxph(Surv(time,dead==1) ~ Age,data = dev)
```

fit   #$P=0.0567$，注意虽然此处比 0.05 大，但是比 0.1 小，因此，这个指标也可以考虑纳入多因素分析的哦，如图 7-4 所示

```
> fit
Call:
coxph(formula = Surv(time, dead == 1) ~ Age, data = dev)

        coef exp(coef) se(coef)      z      p
Age -0.009565  0.990480 0.005020 -1.905 0.0567

Likelihood ratio test=3.6  on 1 df, p=0.05772
n= 193, number of events= 177
```

图 7-4　Age 单因素分析结果

继续拟合 age66 的单因素 COX 回归模型：

```
fit<-coxph(Surv(time,dead==1) ～ age66,data = dev)
```

`fit` 发现 age66 的 $P=0.19$，如图 7-5 所示，此时对于年龄这个因素，后续分析可以考虑纳入 age，因为其 $P=0.0567$

```
> fit
Call:
coxph(formula = Surv(time, dead == 1) ~ age66, data = dev)

          coef exp(coef) se(coef)      z    p
age66 -0.1998    0.8189   0.1523 -1.312 0.19

Likelihood ratio test=1.71  on 1 df, p=0.1906
n= 193, number of events= 177
```

图 7-5　age66 单因素分析结果

如此继续，将所有单因素分析完毕，以 $P < 0.1$ 为纳入标准，选择有意义的单因素分析结果纳入多因素分析。注意，单因素分析纳入标准目前没有统一标准，可以选择 $P < 0.05$、$P < 0.1$、$P < 0.15$、$P < 0.2$，甚至松哥还看到过 $P < 0.3$ 的 SCI 论文文献。您以后做分析，根据自己的专业进行选择，在发表文章时介绍自己选择的 P 界值即可。

7.1.4　后多因素分析

后多因素分析就是将单因素分析有意义的变量，纳入多因素分析。前文我们分析的 3 个变量，尽管按照 $P < 0.1$ 的纳入标准，只有一个因素可以纳入多因素分析，但是松哥为了演示多因素分析的过程，依然将 3 个都纳入进行演示。重点在后面的批量执行。

```
fit<-coxph(Surv(time,dead==1) ～ Sex + Age + age66,data = dev)
```

`fit` 结果见图 7-6，由结果可见 3 个因素的多因素分析结果，此时各因素的 P 值与单因素有所不同，那是因为纳入多因素，各因素之间产生了相互影响，本例纳入后发现 3 个因素都没有统计学意义，$P > 0.05$。

```
> fit
Call:
coxph(formula = Surv(time, dead == 1) ~ Sex + Age + age66, data = dev)

          coef exp(coef) se(coef)      z     p
Sex   -0.02008   0.98012  0.18669 -0.108 0.914
Age   -0.01587   0.98426  0.01023 -1.551 0.121
age66  0.21878   1.24455  0.31188  0.701 0.483

Likelihood ratio test=4.12  on 3 df, p=0.2489
n= 193, number of events= 177
```

图 7-6　多因素分析结果

```
summary(fit)
```

获取模型摘要，如图 7-7 所示，可以得到模型的系数、HR、SE、Z 和 P 值；还可以得到 HR 的 95% 可信区间，同时还有 Concordance 和 se，这个就是 C 指数。这些指标在后面模型评价时再说。

```
> summary(fit)
Call:
coxph(formula = Surv(time, dead == 1) ~ Sex + Age + age66, data = dev)

  n= 193, number of events= 177

          coef exp(coef) se(coef)       z Pr(>|z|)
Sex   -0.02008   0.98012  0.18669  -0.108    0.914
Age   -0.01587   0.98426  0.01023  -1.551    0.121
age66  0.21878   1.24455  0.31188   0.701    0.483

      exp(coef) exp(-coef) lower .95 upper .95
Sex      0.9801     1.0203    0.6798     1.413
Age      0.9843     1.0160    0.9647     1.004
age66    1.2446     0.8035    0.6754     2.293

Concordance= 0.557  (se = 0.028 )
Likelihood ratio test = 4.12  on 3 df,   p=0.2
Wald test             = 4.18  on 3 df,   p=0.2
Score (logrank) test = 4.19  on 3 df,   p=0.2
```

图 7-7　模型摘要

```
cbind(coef= coef(fit),confint(fit))          #计算回归系数及可信区间
exp(cbind(OR= coef(fit),confint(fit)))       #HR 及可信区间
```

上述两行代码，可以分别计算回归系数及 95% 可信区间以及 HR 值及 95% 可信区间，如图 7-8 所示。

```
> cbind(coef= coef(fit),confint(fit))        #计算回归系数及可信区间
             coef       2.5 %        97.5 %
Sex   -0.02007719 -0.38598218  0.345827796
Age   -0.01586773 -0.03592494  0.004189485
age66  0.21877573 -0.39250055  0.830052015
> exp(cbind(OR= coef(fit),confint(fit)))     #HR及可信区间
            OR       2.5 %     97.5 %
Sex  0.9801230  0.6797826  1.413159
Age  0.9842575  0.9647127  1.004198
age66 1.2445521  0.6753660  2.293438
```

图 7-8　模型系数及可信区间

7.1.5　批量单因素分析

下面才是松哥要讲的建模重点！首先构建一个自定义函数：

```
uni_cox_model<-function(x){
  FML<-as.formula(paste0("Surv(time,dead==1) ~ ",x))                #构建 FML 公式
  cox1<-coxph(FML,data = dev)    #将公式放入 coxph 函数中，指定数据集为 dev
  cox2<-summary(cox1)            #展示 COX1 的模型摘要
```

计算我们所要的指标：

```
  HR<-round(cox2$conf.int[,2],2)          #提取结果中第二列的 HR，保留 2 位小数
  CI<-paste0(round(cox2$conf.int[,3:4],2),collapse = '-') #提取 3-4 列，用 "-" 链接
  P<-round(cox2$coefficients[,5],3)       #提取 5 列的 P 值，保留 3 为小数
```

将计算出来的指标制作为数据框：

```
  uni_cox_model<-data.frame('characteristics'=x,
                            'HR'=HR,
```

```
                                    'CI'=CI,
                                    'P'=P)
    return(uni_cox_model)
  }
```

指定参与分析的若干自变量 X：

```
variable.names<-colnames(dev)[c(2:13)]
```

要核实这里的 X 对应的列是否正确。这个您以后要根据您的数据填写。

```
variable.names    #核实一下，选择纳入的自变量是否正确，如图 7-9 所示
```

```
> variable.names
 [1] "Sex"     "Age"     "age66"  "HBV"    "HCV"     "Alc"     "burden" "CTP"
 [9] "PS"      "NewAFP" "DM"      "GFR60"
```

图 7-9　案例中变量

运行上面自定义批量执行函数：

```
uni_cox<-lapply(variable.names,uni_cox_model)    #将提取变量名与模型结果
```
组装。

```
uni_cox    #展示每个自变量分析后，提取出来的结果数据，图 7-10 展示了前 6 条。
```

```
install.packages("plyr")    # 安装 plyr 包，用于组合数据
```

```
library(plyr)    #加载调用 plyr 包
```

生成单变量分析的综合结果：

```
uni_cox<-ldply(uni_cox,data.frame)    # 将 uni_cox 结果组装为数据框
```

看下结果是什么样子的：

```
uni_cox    #由结果可见，对 12 个因素的单因素分析结果进行了组合展示，如图 7-11
```
所示。

```
> uni_cox
[[1]]
  characteristics   HR      CI      P
1             Sex 1.02 0.68-1.41 0.906

[[2]]
  characteristics   HR     CI      P
1             Age 1.01 0.98-1 0.057

[[3]]
  characteristics   HR      CI     P
1           age66 1.22 0.61-1.1 0.19

[[4]]
  characteristics   HR      CI       P
1             HBV 0.68 1.09-1.99 0.012

[[5]]
  characteristics   HR      CI       P
1             HCV 0.98 0.75-1.39 0.898

[[6]]
  characteristics   HR      CI       P
1             Alc 0.82 0.85-1.74 0.284
```

图 7-10　批量单因素分析结果

```
> uni_cox
   characteristics   HR       CI      P
1              Sex 1.02 0.68-1.41 0.906
2              Age 1.01    0.98-1 0.057
3            age66 1.22  0.61-1.1 0.190
4              HBV 0.68 1.09-1.99 0.012
5              HCV 0.98 0.75-1.39 0.898
6              Alc 0.82 0.85-1.74 0.284
7           burden 0.50  1.58-2.5 0.000
8              CTP 0.77 1.05-1.59 0.015
9               PS 0.73 1.13-1.69 0.002
10          NewAFP 0.48 1.53-2.85 0.000
11              DM 1.12 0.64-1.25 0.515
12           GFR60 1.15 0.65-1.17 0.366
```

图 7-11　批量单变量分析结果合并

```
View(uni_cox)        # 在数据框中展示，如图 7-12 所示
```

	characteristics	HR	CI	P
1	Sex	1.02	0.68-1.41	0.906
2	Age	1.01	0.98-1	0.057
3	age66	1.22	0.61-1.1	0.190
4	HBV	0.68	1.09-1.99	0.012
5	HCV	0.98	0.75-1.39	0.898
6	Alc	0.82	0.85-1.74	0.284
7	burden	0.50	1.58-2.5	0.000
8	CTP	0.77	1.05-1.59	0.015
9	PS	0.73	1.13-1.69	0.002
10	NewAFP	0.48	1.53-2.85	0.000
11	DM	1.12	0.64-1.25	0.515
12	GFR60	1.15	0.65-1.17	0.366

图 7-12　批量单因素结果数据框格式

```
write.csv(uni_cox, "unicox.csv")
```

将上述 uni_cox 的结果写入工作路径，即 D 盘根目录 R work 中，取名为 unicox.csv。

7.1.6　多因素分析

直接将 $P < 0.1$ 的变量 characteristics 提取出来：

```
uni_cox$characteristics[uni_cox$P<= 0.1]        # 可见单因素有 6 个因素 P < 0.1，
```
如图 7-13 所示

```
> uni_cox$characteristics[uni_cox$P<= 0.1]
[1] "Age"     "HBV"     "burden" "CTP"     "PS"       "NewAFP"
>
```

图 7-13　$P < 0.1$ 单因素分析结果

```
fml<-as.formula(paste0('Surv(time,dead==1) ~ ',paste0(uni_cox$characteristics[uni_
cox$P<0.1],collapse = '+')))
```

构建一个 fml 模型，用 paste0 函数，将 6 个单因素分析结果中有意义的变量用 "+"
相连。

```
fml      # 展示一下我们刚构建的模型
```

```
Surv(time, dead == 1) ~ Age + HBV + burden + CTP + PS + NewAFP
```

下面展示多因素 COX 回归，多因素回归有不同回归策略，所谓的回归策略可以简单地
理解为自变量的筛选过程。

（1）多因素强制回归（enter 法）

构建多因素强制回归，定义为 mcox：

```
mcox<-coxph(fml,data=dev)
summary(mcox)
```

展示模型摘要，分为两部分，上半部分为模型系数，下半部分为 HR 及可信区间。我们可以发现，采用强制法，6 个单因素分析结果中有意义的变量，其中 Age 在多因素分析时没有统计学意义了。

后面将会展示多种多因素分析方法，临床预测模型最终模型的选择是以 AIC 或 BIC 最小为准则的。此时看下结果即可，后续我们会对多种模型进行比较，选择最优的模型，如图 7-14 所示。

```
> summary(mcox)
Call:
coxph(formula = fml, data = dev)

  n= 193, number of events= 177

            coef exp(coef)  se(coef)      z Pr(>|z|)
Age    -0.001520  0.998481  0.005565 -0.273  0.78473
HBV     0.393894  1.482744  0.169360  2.326  0.02003 *
burden  0.556209  1.744048  0.124725  4.459 8.22e-06 ***
CTP     0.384079  1.468261  0.128748  2.983  0.00285 **
PS      0.293231  1.340753  0.106518  2.753  0.00591 **
NewAFP  0.370963  1.449130  0.167755  2.211  0.02701 *
---
Signif. codes:  0 '***' 0.001 '**' 0.01 '*' 0.05 '.' 0.1 ' ' 1

       exp(coef) exp(-coef) lower .95 upper .95
Age       0.9985     1.0015    0.9876     1.009
HBV       1.4827     0.6744    1.0639     2.066
burden    1.7440     0.5734    1.3658     2.227
CTP       1.4683     0.6811    1.1408     1.890
PS        1.3408     0.7458    1.0881     1.652
NewAFP    1.4491     0.6901    1.0431     2.013

Concordance= 0.722  (se = 0.022 )
Likelihood ratio test= 68.7  on 6 df,   p=8e-13
Wald test            = 63.5  on 6 df,   p=9e-12
Score (logrank) test = 67.21  on 6 df,   p=2e-12
```

图 7-14　多因素分析结果（enter 法）

（2）向前法多因素分析，见图 7-15

```
install.packages("MASS")      # 安装 MASS 包
library(MASS)                 # 载入调用 MASS 包

fmcox<-stepAIC(mcox,direction ="forward",data=dev)
summary(fmcox)
```

注意这个向前法代码给出了强制回归一样的结果，不能展示向前的过程，可以采用第 6 章的方法处理，但是预测模型一般都不采用向前法，因此，此处不再展示具体做法。

（3）向后法多因素 COX，见图 7-16

```
bmcox<-stepAIC(mcox,direction = "backward",data=dev)
```

展示了向后剔除变量的过程，第一步全部纳入，第二步，剔除了 Age 后，得到最小 AIC 模型。

```
> summary(fmcox)
Call:
coxph(formula = Surv(time, dead == 1) ~ Age + HBV + burden +
    CTP + PS + NewAFP, data = dev)

  n= 193, number of events= 177

           coef exp(coef)  se(coef)      z Pr(>|z|)
Age    -0.001520  0.998481  0.005565 -0.273  0.78473
HBV     0.393894  1.482744  0.169360  2.326  0.02003 *
burden  0.556209  1.744048  0.124725  4.459 8.22e-06 ***
CTP     0.384079  1.468261  0.128748  2.983  0.00285 **
PS      0.293231  1.340753  0.106518  2.753  0.00591 **
NewAFP  0.370963  1.449130  0.167755  2.211  0.02701 *
---
Signif. codes:  0 '***' 0.001 '**' 0.01 '*' 0.05 '.' 0.1 ' ' 1

       exp(coef) exp(-coef) lower .95 upper .95
Age      0.9985     1.0015    0.9876     1.009
HBV      1.4827     0.6744    1.0639     2.066
burden   1.7440     0.5734    1.3658     2.227
CTP      1.4683     0.6811    1.1408     1.890
PS       1.3408     0.7458    1.0881     1.652
NewAFP   1.4491     0.6901    1.0431     2.013

Concordance= 0.722  (se = 0.022 )
Likelihood ratio test= 68.7  on 6 df,   p=8e-13
Wald test            = 63.5  on 6 df,   p=9e-12
Score (logrank) test = 67.21 on 6 df,   p=2e-12
```

图 7-15　多因素分析结果（向前法）

```
> #向后法
> bmcox<-stepAIC(mcox,direction = "backward",data=dev)
Start:  AIC=1490.81
Surv(time, dead == 1) ~ Age + HBV + burden + CTP + PS + NewAFP


          Df    AIC
- Age      1 1488.9
<none>       1490.8
- NewAFP   1 1493.8
- HBV      1 1494.2
- PS       1 1496.6
- CTP      1 1498.1
- burden   1 1510.5

Step:  AIC=1488.89
Surv(time, dead == 1) ~ HBV + burden + CTP + PS + NewAFP

          Df    AIC
<none>       1488.9
- NewAFP   1 1492.1
- HBV      1 1493.2
- PS       1 1494.7
- CTP      1 1497.5
- burden   1 1508.6
```

图 7-16　多因素分析过程（向后法）

```
summary(bmcox)
```

展示向后法最终 5 因素模型的结果，发现 5 个因素都是有意义的，见图 7-17。

```
> summary(bmcox)
Call:
coxph(formula = Surv(time, dead == 1) ~ HBV + burden + CTP +
    PS + NewAFP, data = dev)

  n= 193, number of events= 177

         coef exp(coef) se(coef)      z Pr(>|z|)
HBV    0.4077    1.5034   0.1614  2.526  0.01154 *
burden 0.5555    1.7428   0.1246  4.458 8.28e-06 ***
CTP    0.3949    1.4842   0.1230  3.211  0.00132 **
PS     0.2919    1.3389   0.1065  2.741  0.00612 **
NewAFP 0.3766    1.4573   0.1664  2.263  0.02366 *
---
Signif. codes:  0 '***' 0.001 '**' 0.01 '*' 0.05 '.' 0.1 ' ' 1

       exp(coef) exp(-coef) lower .95 upper .95
HBV        1.503     0.6652     1.096     2.063
burden     1.743     0.5738     1.365     2.225
CTP        1.484     0.6738     1.166     1.889
PS         1.339     0.7469     1.087     1.650
NewAFP     1.457     0.6862     1.052     2.019

Concordance= 0.723  (se = 0.022 )
Likelihood ratio test= 68.63  on 5 df,   p=2e-13
Wald test            = 63.28  on 5 df,   p=3e-12
Score (logrank) test = 66.99  on 5 df,   p=4e-13
```

图 7-17　多因素分析结果（向后法）

（4）双向逐步法多因素 COX 回归

展示逐步法的结果，发现 2 步构建了最终模型。结果和向后法一致，见图 7-18。

```
dbmcox<-stepAIC(mcox,direction = "both",data=dev)
```

```
> dbmcox<-stepAIC(mcox,direction = "both",data=dev)
Start:  AIC=1490.81
Surv(time, dead == 1) ~ Age + HBV + burden + CTP + PS + NewAFP

         Df    AIC
- Age     1 1488.9
<none>      1490.8
- NewAFP  1 1493.8
- HBV     1 1494.2
- PS      1 1496.6
- CTP     1 1498.1
- burden  1 1510.5

Step:  AIC=1488.89
Surv(time, dead == 1) ~ HBV + burden + CTP + PS + NewAFP

         Df    AIC
<none>      1488.9
+ Age     1 1490.8
- NewAFP  1 1492.1
- HBV     1 1493.2
- PS      1 1494.7
- CTP     1 1497.5
- burden  1 1508.6
```

图 7-18　多因素分析过程（双向法）

```
summary(dbmcox)
```

展示了逐步法最终模型的结果，得到与前文一致的结果，说明真正的爱情是经得起考验的，不管你采用何种方法，最终都能走到一起，如图 7-19 所示。

```
> summary(dbmcox)
Call:
coxph(formula = Surv(time, dead == 1) ~ HBV + burden + CTP +
    PS + NewAFP, data = dev)

  n= 193, number of events= 177

          coef exp(coef) se(coef)     z Pr(>|z|)
HBV     0.4077    1.5034   0.1614 2.526  0.01154 *
burden  0.5555    1.7428   0.1246 4.458 8.28e-06 ***
CTP     0.3949    1.4842   0.1230 3.211  0.00132 **
PS      0.2919    1.3389   0.1065 2.741  0.00612 **
NewAFP  0.3766    1.4573   0.1664 2.263  0.02366 *
---
Signif. codes:  0 '***' 0.001 '**' 0.01 '*' 0.05 '.' 0.1 ' ' 1

        exp(coef) exp(-coef) lower .95 upper .95
HBV         1.503     0.6652     1.096     2.063
burden      1.743     0.5738     1.365     2.225
CTP         1.484     0.6738     1.166     1.889
PS          1.339     0.7469     1.087     1.650
NewAFP      1.457     0.6862     1.052     2.019

Concordance= 0.723  (se = 0.022 )
Likelihood ratio test= 68.63  on 5 df,   p=2e-13
Wald test            = 63.28  on 5 df,   p=3e-12
Score (logrank) test = 66.99  on 5 df,   p=4e-13
```

图 7-19　多因素分析结果（双向法）

7.1.7　模型比较

（1）展示模型 AIC

```
AIC(mcox,fmcox,bmcox,dbmcox)
```

展示各模型的 AIC，发现向后法和逐步法的 AIC 小于强制法和向前法，但是只是简单比较，没有经过统计学检验，如图 7-20 所示。

```
> AIC(mcox,fmcox,bmcox,dbmcox)
        df      AIC
mcox     6 1490.814
fmcox    6 1490.814
bmcox    5 1488.889
dbmcox   5 1488.889
>
```

图 7-20　各模型 AIC 展示

（2）模型比较

下面对各模型 AIC 比较，如图 7-21 所示。

```
anova(mcox,fmcox)
anova(mcox,bmcox)
anova(mcox,dbmcox)
```

```
> anova(mcox,fmcox)
Analysis of Deviance Table
 Cox model: response is  Surv(time, dead == 1)
 Model 1: ~ Age + HBV + burden + CTP + PS + NewAFP
 Model 2: ~ Age + HBV + burden + CTP + PS + NewAFP
   loglik Chisq Df P(>|Chi|)
1 -739.41
2 -739.41     0  0         1
> anova(mcox,bmcox)
Analysis of Deviance Table
 Cox model: response is  Surv(time, dead == 1)
 Model 1: ~ Age + HBV + burden + CTP + PS + NewAFP
 Model 2: ~ HBV + burden + CTP + PS + NewAFP
   loglik  Chisq Df P(>|Chi|)
1 -739.41
2 -739.44 0.0745  1    0.7848
> anova(mcox,dbmcox)
Analysis of Deviance Table
 Cox model: response is  Surv(time, dead == 1)
 Model 1: ~ Age + HBV + burden + CTP + PS + NewAFP
 Model 2: ~ HBV + burden + CTP + PS + NewAFP
   loglik  Chisq Df P(>|Chi|)
1 -739.41
2 -739.44 0.0745  1    0.7848
```

图 7-21　各模型 AIC 比较（1）

```
anova(mcox,bmcox)
anova(mcox,dbmcox)
anova(bmcox,dbmcox)
```

```
> anova(mcox,bmcox)
Analysis of Deviance Table
 Cox model: response is  Surv(time, dead == 1)
 Model 1: ~ Age + HBV + burden + CTP + PS + NewAFP
 Model 2: ~ HBV + burden + CTP + PS + NewAFP
   loglik  Chisq Df P(>|Chi|)
1 -739.41
2 -739.44 0.0745  1    0.7848
> anova(mcox,dbmcox)
Analysis of Deviance Table
 Cox model: response is  Surv(time, dead == 1)
 Model 1: ~ Age + HBV + burden + CTP + PS + NewAFP
 Model 2: ~ HBV + burden + CTP + PS + NewAFP
   loglik  Chisq Df P(>|Chi|)
1 -739.41
2 -739.44 0.0745  1    0.7848
> anova(bmcox,dbmcox)
Analysis of Deviance Table
 Cox model: response is  Surv(time, dead == 1)
 Model 1: ~ HBV + burden + CTP + PS + NewAFP
 Model 2: ~ HBV + burden + CTP + PS + NewAFP
   loglik Chisq Df P(>|Chi|)
1 -739.44
2 -739.44     0  0         1
> |
```

图 7-22　各模型 AIC 比较（2）

　　由结果可见，两两比较，均为 $P > 0.05$，说明 AIC 之间并无统计学差异，此时往往根据自变量较少原则，选择纳入 5 个因素的模型。一般认为 AIC 越小，模型预测结果越准，虽然经两两比较 AIC 无统计学差异，但是我们用较少的因素构建的模型，可以得到用较多的因素构建的模型一样的预测效果，那么我们宁愿选择较少因素的模型。所以，我们选择 5 因素的向后法模型作为最终的结果

```
msumcox<-summary(bmcox)
msumcox
```

（3）多因素结果制表

`names(dev)` # 查看 dev 的变量，发现第 5、8、9、10、11 为我们最终模型中的变量，如图 7-23 所示

```
> names(dev)
 [1] "ID"     "Sex"    "Age"    "age66"  "HBV"    "HCV"    "Alc"    "burden"
 [9] "CTP"    "PS"     "NewAFP" "DM"     "GFR60"  "group"  "dead"   "time"
> |
```

图 7-23　查看模型中变量

```
multinames<-as.character(colnames(dev)[c(5,8:11)])    # 提取所要的变量名
MHR<-round(msumcox$coefficients[,2],2)     # 提取所要的 HR
MPV<-round(msumcox$coefficients[,5],3)     # 提取所要的 P 值
MCIL<-round(msumcox$conf.int[,3],2)        # 提取所要的可信区间下限
MCIU<-round(msumcox$conf.int[,4],2)        # 提取所要的可信区间上限
MCI<-paste0(MCIL,'-',MCIU)                 # 组合 95% 可信区间

mulcox<-data.frame('characteristics'=multinames,      # 组合数据框
                'Hazard Ratio'= MHR,
                'CI95'= MCI,
                'P value' = MPV)
```

`mulcox`　# 将多因素分析结果合并展示，如图 7-24 所示

```
> mulcox
        characteristics Hazard.Ratio       CI95 P.value
HBV                 HBV         1.50   1.1-2.06   0.012
burden           burden         1.74  1.37-2.22   0.000
CTP                 CTP         1.48  1.17-1.89   0.001
PS                   PS         1.34  1.09-1.65   0.006
NewAFP           NewAFP         1.46  1.05-2.02   0.024
> |
```

图 7-24　多因素最终结果

（4）单因素与多因素表整合

整合表格，将单因素和多因素分析结果组合为 Final。

```
Final<-merge.data.frame(uni_cox,mulcox,by ='characteristics',all=T,sort = T)
View(Final)
```

查看合并结果，几乎达到发表的格式，如图 7-25 所示。

	characteristics	HR	CI	P	Hazard.Ratio	CI95	P.value
1	Age	1.01	0.98-1	0.057	NA	NA	NA
2	age66	1.22	0.61-1.1	0.190	NA	NA	NA
3	Alc	0.82	0.85-1.74	0.284	NA	NA	NA
4	burden	0.50	1.58-2.5	0.000	1.74	1.37-2.22	0.000
5	CTP	0.77	1.05-1.59	0.015	1.48	1.17-1.89	0.001
6	DM	1.12	0.64-1.25	0.515	NA	NA	NA
7	GFR60	1.15	0.65-1.17	0.366	NA	NA	NA
8	HBV	0.68	1.09-1.99	0.012	1.50	1.1-2.06	0.012
9	HCV	0.98	0.75-1.39	0.898	NA	NA	NA
10	NewAFP	0.48	1.53-2.85	0.000	1.46	1.05-2.02	0.024
11	PS	0.73	1.13-1.69	0.002	1.34	1.09-1.65	0.006
12	Sex	1.02	0.68-1.41	0.906	NA	NA	NA

图 7-25　先单后多结果合并发表表格

```
write.csv(Final, "Finalcox.csv")      # 保存结果
```

至此，基于先单后多策略的 COX 回归预后预测模型的构建结束。下面我们来进行模型验证。

7.2　预后模型区分度分析

对于预后模型，其区分度的评价包括 C 指数和 ROC 曲线。C 指数是对模型整体区分度进行评价，而 ROC 曲线则是对某个时点区分度进行评价，下面逐一道来。

7.2.1　Concordance index

C-index 是评价预后模型区分度非常重要的指标，R 语言中有多种实现方法，逐一道来吧！不要认为松哥讲一种能够发表文章用的就行，关键有的方法可以实现 Bootstrap，有的可以实现 95% 可信区间，研究目的不同，选择不同。

（1）cph 包计算 C-index

基于 rms 包，只能对训练集估算，无法估算验证集以及无法估算可信区间。

```
install.packages("rms")      # 安装 rms 包
library(rms)                 # 加载 rms 包
```

rms 包函数一般都需运行这两行代码，属于规定动作，对数据进行打包。

```
dd<- datadist(dev)
options(datadist='dd')
```

重写一遍最终模型，注意与 coxph 模型表达不一样，主要为了方便绘制最终的 Nomo 图，cph 函数是 rms 包中的函数，coxph 是 survival 包中的函数。Nomo 图是采用 rms 包绘制的，因此，生存分析需要用 rms 包中的 cph 函数构建模型。

```
fcox<-cph(Surv(time,dead) ~ HBV + burden + CTP + PS + NewAFP,
          surv=T,x=T,y=T,data = dev)
```

fcox　　　#展示 COX 回归结果，如图 7-26 所示。其中的 Dxy 是我们所要的结果，C-index=Dxy/2+0.5=0.723

```
> fcox
Cox Proportional Hazards Model

cph(formula = Surv(time, dead) ~ HBV + burden + CTP + PS + NewAFP,
    data = dev, x = T, y = T, surv = T)

                        Model Tests      Discrimination
                                            Indexes
Obs       193    LR chi2    68.63     R2      0.299
Events    177    d.f.           5     Dxy     0.446
Center 3.1587    Pr(> chi2) 0.0000    g       0.801
                 Score chi2 66.99     gr      2.228
                 Pr(> chi2) 0.0000

         Coef    S.E.    Wald Z Pr(>|z|)
HBV    0.4077  0.1614   2.53    0.0115
burden 0.5555  0.1246   4.46    <0.0001
CTP    0.3949  0.1230   3.21    0.0013
PS     0.2919  0.1065   2.74    0.0061
NewAFP 0.3766  0.1664   2.26    0.0237
```

图 7-26　多因素 COX 回归结果

通过如下公式计算 C 指数：

$$C=Dxy/2+0.5$$

（2）validate 函数实现

模型做 C-index 的 boot 交叉验证（可以做 C 指数的 Bootstrap，用的是 cph 模型的结果，可以做训练集和验证集），先安装如下 4 个包：

```
install.packages("pec")
install.packages("survival")
install.packages("rms")
install.packages("prodlim")
```

加载如下 4 个包：

```
library(pec)          #做 C-index 的包
library(survival)
library(rms)
library(prodlim)
set.seed(123)
```

设置随机数字种子，可随便设置个数，目的就是同步，不设置的话，你再次分析得到的结果和你上一次分析的结果会有一点差异，设置后，每次结果都会一样。

```
validate(fcox, method="boot", B=500, dxy=T)
```

500 次 Bootstrap 计算原始 Dxy 和 Bootstrap 校正 Dxy，C-index=Dxy/2+0.5），内部验证。训练集原始 Dxy=0.4462 和 Bootstrap 校正 Dxy=0.4253，如图 7-27 所示。

```
> validate(fcox, method="boot", B=500, dxy=T)      #训练集原始Dxy和Bootstrap校正Dxy
        index.orig training  test optimism index.corrected   n
Dxy        0.4462    0.4551 0.4342   0.0209          0.4253 500
R2         0.2993    0.3181 0.2846   0.0335          0.2659 500
Slope      1.0000    1.0000 0.9186   0.0814          0.9186 500
D          0.0437    0.0476 0.0411   0.0065          0.0372 500
U         -0.0013   -0.0013 0.0013  -0.0026          0.0013 500
Q          0.0450    0.0489 0.0398   0.0091          0.0359 500
g          0.8009    0.8502 0.7692   0.0810          0.7199 500
>
```

图 7-27　训练集 C_index 和 Bootstrap 的 C_index

```
fvad <-cph(Surv(time, dead) ~ predict(fcox,newdata=vad),x=T, y=T,surv=T,
data=vad)
```

验证集原始 Dxy 和 Bootstrap 校正 Dxy：

```
validate(fvad, method="boot", B=500, dxy=T)
```

验证集原始数据 Dxy=0.3988，500 次 Bootstrap 校正后，校正 Dxy=0.3970，如图 7-28 所示。

```
> fvad <-cph(Surv(time, dead) ~ predict(fcox,newdata=vad),x=T, y=T,surv=
T, data=vad)#验证集原始Dxy和Bootstrap校正Dxy
> validate(fvad, method="boot", B=500, dxy=T)
        index.orig training  test optimism index.corrected   n
Dxy        0.3988    0.4006 0.3988   0.0018          0.3970 500
R2         0.2519    0.2624 0.2519   0.0106          0.2413 500
Slope      1.0000    1.0000 0.9857   0.0143          0.9857 500
D          0.0368    0.0391 0.0368   0.0024          0.0344 500
U         -0.0013   -0.0013 0.0025  -0.0038          0.0025 500
Q          0.0381    0.0405 0.0343   0.0062          0.0319 500
g          0.6306    0.6709 0.6306   0.0403          0.5902 500
>
```

图 7-28　验证集 C-index 和 Bootstrap 的 C_index

用这个方法可以实现训练集和验证集的 C-index，而且可以估算 Bootstrap 的 C-index。

（3）rcorrcens 函数实现

这个函数可以计算 C 指数，可以做训练集和验证集的 C 指数，但不可以进行 Bootstrap。

```
rcorrcens(Surv(time,dead) ~ predict(fcox, newdata=dev), data = dev)      #训
练集 C-index
```

注意 C_index=1-c=1-0.277=0.723，如图 7-29 所示。

```
Somers' Rank Correlation for Censored Data    Response variable:Surv(time, dead)

                                      C   Dxy  aDxy    SD     Z P   n
predict(fcox, newdata = dev) 0.277 -0.446 0.446 0.043 10.32 0 193
```

图 7-29　训练集 C_index

```
rcorrcens(Surv(time, dead) ~ predict(fcox, newdata=vad), data = vad)
```

外部验证集 C-index=1-0.301=0.699，如图 7-30 所示。

```
Somers' Rank Correlation for Censored Data    Response variable:Surv(time, dead)
                                 C    Dxy  aDxy   SD    Z  P  n
predict(fcox, newdata = vad) 0.301 -0.399 0.399 0.054 7.41 0 193
>  |
```

图 7-30　验证集 C_index

（4）coxph 函数

采用 coxph 可以计算 C-index 的 95%CI，并且可以做训练集和验证集。

`library(survival)` 　　# 加载 survival 包

训练集 C_index 和 95%CI，如图 7-31 所示。

`model1<-coxph(Surv(time,dead==1) ～ HBV + burden + CTP + PS + NewAFP,data=dev)` 　　构建训练集模型，取名 model1。

`summary(model1)` 　　# 获取模型摘要

```
> summary(model1)
Call:
coxph(formula = Surv(time, dead == 1) ~ HBV + burden + CTP +
    PS + NewAFP, data = dev)

  n= 193, number of events= 177

        coef exp(coef) se(coef)     z Pr(>|z|)
HBV   0.4077    1.5034   0.1614 2.526  0.01154 *
burden 0.5555   1.7428   0.1246 4.458 8.28e-06 ***
CTP   0.3949    1.4842   0.1230 3.211  0.00132 **
PS    0.2919    1.3389   0.1065 2.741  0.00612 **
NewAFP 0.3766   1.4573   0.1664 2.263  0.02366 *
---
Signif. codes:  0 '***' 0.001 '**' 0.01 '*' 0.05 '.' 0.1 ' ' 1

       exp(coef) exp(-coef) lower .95 upper .95
HBV       1.503     0.6652     1.096     2.063
burden    1.743     0.5738     1.365     2.225
CTP       1.484     0.6738     1.166     1.889
PS        1.339     0.7469     1.087     1.650
NewAFP    1.457     0.6862     1.052     2.019

Concordance= 0.723  (se = 0.022 )
Likelihood ratio test= 68.63  on 5 df,   p=2e-13
Wald test           = 63.28  on 5 df,   p=3e-12
Score (logrank) test = 66.99  on 5 df,   p=4e-13
```

图 7-31　C_index 及 se

可以直接得到 C 指数：

Concordance= 0.723　(se = 0.022)

C 指数可信区间计算公式为：

95%CI:C+/-1.96×se

```
L<-0.723-1.96*0.022
L
U<-0.723+1.96*0.022
U
```

可以通过计算得到 C_index 的 95% 可信区间，如图 7-32 所示。

```
> #Concordance= 0.723  (se = 0.022 )
> #95%CI:C+/-1.96*se
> L<-0.723-1.96*0.022
> L
[1] 0.67988
> U<-0.723+1.96*0.022
> U
[1] 0.76612
>
```

图 7-32　训练集 C_index 及 95% 可信区间

验证集 C-index 和 95%CI，如图 7-33 所示。

```
model2<-coxph(Surv(time,dead==1) ~ predict(model1,newdata=vad),data=vad)
```

```
summary(model2)        # 获取模型摘要信息
```

```
> summary(model2)
Call:
coxph(formula = Surv(time, dead == 1) ~ predict(model1, newdata = vad),
    data = vad)

  n= 193, number of events= 172

                                 coef exp(coef) se(coef)      z Pr(>|z|)
predict(model1, newdata = vad) 0.8443    2.3264   0.1127 7.495 6.64e-14 ***
---
Signif. codes:  0 '***' 0.001 '**' 0.01 '*' 0.05 '.' 0.1 ' ' 1

                               exp(coef) exp(-coef) lower .95 upper .95
predict(model1, newdata = vad)     2.326     0.4299     1.865     2.901

Concordance= 0.699  (se = 0.027 )
Likelihood ratio test= 55.98  on 1 df,   p=7e-14
Wald test            = 56.17  on 1 df,   p=7e-14
Score (logrank) test = 56.78  on 1 df,   p=5e-14

>
```

图 7-33　验证集 C-index 及 se

可以得到：

Concordance= 0.699 (se = 0.027)

按照可信区间计算公式：

95%CI:C+/−1.96×se

```
L<-0.699-1.96*0.027
L
U<-0.699+1.96*0.027
U
```

```
> #Concordance= 0.699  (se = 0.027 )
> #95%CI:C+/-1.96*se
> L<-0.699-1.96*0.027
> L
[1] 0.64608
> U<-0.699+1.96*0.027
> U
[1] 0.75192
>
```

图 7-34　验证集 C_index 及 95% 可信区间

7.2.2　Time-ROC

因为生存分析要考虑不同的生存时间，故 ROC 分析必须考虑具体的时间，可以采用 survivalROC 包实现。

```
library(survival)      #加载 survival 包
coxmod<-coxph(Surv(time,dead==1) ~ HBV + burden + CTP + PS + NewAFP, data=dev)
```

构建 coxmod5 因子多因素最终模型，以死亡率为连续变量进行 ROC 曲线分析。

（1）计算时点死亡概率

训练集 3 个月死亡概率，其等于 1 ～ 3 个月的生存概率

```
dev$three.month.death.Probability =
c(1- (summary(survfit(coxmod,newdata=dev),times=3)$surv))
```

训练集 6 个月死亡概率，其等于 1 ～ 6 个月的生存概率

```
dev$six.month.death.Probability =
c(1- (summary(survfit(coxmod,newdata=dev),times=6)$surv))
```

验证集 3 个月死亡概率，其等于 1 ～ 3 个月的生存概率

```
vad$three.month.death.Probability =
c(1- (summary(survfit(coxmod,newdata=vad),times=3)$surv))
```

验证集 6 个月死亡概率，其等于 1 ～ 6 个月的生存概率

```
vad$six.month.death.Probability =
 c(1- (summary(survfit(coxmod,newdata=vad),times=6)$surv))
```

（2）安装包

安装 survivalROC 包：

```
install.packages("survivalROC")
library(survivalROC)    #加载 survivalROC 包
```

（3）拟合训练集时点 ROC 曲线

训练集用"KM"法拟合 3 个月时点生存 ROC 曲线：

```
SROC= survivalROC(Stime = dev$time, status = dev$dead,
                marker = dev$three.month.death.Probability,
                predict.time = 3, method= "KM" )         #构建生存函数
```

Stime：设置生存时间变量

status：设置解决变量

marker：设置模型预测的概率 P

predict.time：设置研究的时间节点

method：为采用生存分析的方法，一般默认 Kaplan-Merier 法（KM）。

```
cut.op= SROC$cut.values[which.max(SROC$TP-SROC$FP)]          #计算最佳截断值
```

cut.op　　#输出最佳截断值，注意这里是 3 个月时的死亡率，如图 7-35 所示

```
> #训练集用"KM"法拟合3时点生存ROC曲线
> SROC= survivalROC(Stime = dev$time, status = dev$dead,
+                   marker = dev$three.month.death.Probability,
+                   predict.time = 3, method= "KM" )        #构建生存函数
> cut.op= SROC$cut.values[which.max(SROC$TP-SROC$FP)]       #计算最佳截断值
> cut.op      # 输出最佳截断值，注意这里是3月死亡率
[1] 0.573671
```

图 7-35　训练集 3 个月时点 ROC 最佳界值

绘制训练集 3 月时点生存 ROC 曲线，见图 7-36。

```
plot(SROC$FP,SROC$TP, type="l", xlim=c(0,1), ylim=c(0,1),
     xlab = paste( "FP","\n", "AUC = ",round(SROC$AUC,3)),
     ylab = "TP", col="red")
```

```
abline(0,1)
legend("bottomright",c("3月生存ROC曲线 "),col="red",lty=c(1,1))
```

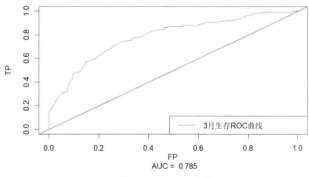

图 7-36　训练集 3 个月时点 ROC

训练集用"KM"法拟合 6 月生存 ROC 曲线：

```
SROC= survivalROC(Stime = dev$time, status = dev$dead,
              marker = dev$six.month.death.Probability,
              predict.time = 6, method= "KM") #构建生存函数
```

```
cut.op= SROC$cut.values[which.max(SROC$TP-SROC$FP)]          #计算最佳截断值
```

cut.op　　#输出最佳截断值，注意这里是 6 个月的死亡率

图 7-37 输出 6 个月 ROC 的最佳界值。

```
> 注: 训练集用"KM"法拟合6月生存ROC曲线
> SROC= survivalROC(Stime = dev$time, status = dev$dead,
+                   marker = dev$six.month.death.Probability,
+                   predict.time = 6, method= "KM") #构建生存函数
> cut.op= SROC$cut.values[which.max(SROC$TP-SROC$FP)]    # 计算最佳截断值
> cut.op # 输出最佳截断值，注意这里是五年的死亡率
[1] 0.5828354
>
```

图 7-37　训练集 6 个月时点 ROC 最佳界值

绘制训练集 6 月时点生存 ROC 曲线，如图 7-38 所示：

```
plot(SROC$FP,SROC$TP, type="l", xlim=c(0,1), ylim=c(0,1),
     xlab = paste( "FP","\n", "AUC = ",round(SROC$AUC,3)),
     ylab = "TP", col="red")
abline(0,1)
legend("bottomright",c("6月生存ROC曲线"),col="red",lty=c(1,1))
```

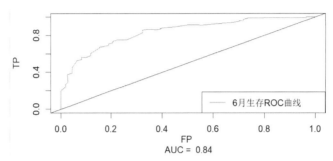

图 7-38　训练集 6 个月时点 ROC

（4）训练集多时点 ROC 曲线

下面把训练集 3 月和 6 月绘制在一张图中，如图 7-39 所示。

```
SROC1= survivalROC(Stime = dev$time, status = dev$dead,
                   marker = dev$three.month.death.Probability,
                   predict.time = 3, method= "KM" )        # 构建生存函数
```

```
cut.op= SROC1$cut.values[which.max(SROC1$TP-SROC1$FP)]       # 计算最佳截断值
cut.op      # 输出最佳截断值，注意这里是 3 月死亡率
```

绘制训练集 3 月时点生存 ROC 曲线：

```
plot(SROC1$FP,SROC1$TP, type="l", xlim=c(0,1), ylim=c(0,1),
     xlab = "FP",
     ylab = "TP", col="red")
```

绘制训练集 6 月时点生存 ROC 曲线：

```
SROC2= survivalROC(Stime = dev$time, status = dev$dead,
                   marker = dev$three.month.death.Probability,
                   predict.time = 6, method= "KM" )        # 构建生存函数
cut.op= SROC2$cut.values[which.max(SROC2$TP-SROC1$FP)]      # 计算最佳截断值
cut.op        # 输出最佳截断值，注意这里是 3 月死亡率
lines(SROC2$FP,SROC2$TP, type="l", xlim=c(0,1), ylim=c(0,1),
     xlab = "FP",
     ylab = "TP", col="blue",add=TRUE)
```

添加对角线和图例：

```
abline(0,1)
```

```
legend("bottomright",c("3月生存ROC曲线 ","6月生存ROC曲线 "),col=c("red","bl
ue"),lty=c(1,1))
```

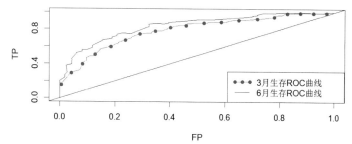

图 7-39　训练集 3 个月和 6 个月时点 ROC 曲线

（5）拟合验证集时点 ROC 曲线

下面绘制验证集 3 个月和 6 个月时点 ROC 曲线。

验证集用"KM"法拟合 3 月时点生存 ROC 曲线：

```
SROC= survivalROC(Stime = vad$time, status = vad$dead,
                  marker = vad$three.month.death.Probability,
                  predict.time = 3, method= "KM" )          #构建生存函数
cut.op= SROC$cut.values[which.max(SROC$TP-SROC$FP)]         #计算最佳截断值
```

```
cut.op        #输出最佳截断值，注意这里是 3 月死亡率
```

绘制训练集 3 个月时点生存 ROC 曲线，如图 7-40 所示。

```
plot(SROC$FP,SROC$TP, type="l", xlim=c(0,1), ylim=c(0,1),
     xlab = paste( "FP","\n", "AUC = ",round(SROC$AUC,3)),
     ylab = "TP", col="red")
```

```
abline(0,1)
legend("bottomright",c("3月生存ROC曲线 "),col="red",lty=c(1,1))
```

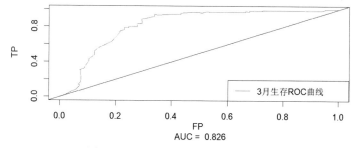

图 7-40　验证集 3 个月时点 ROC 曲线

验证集用 "KM" 法拟合 6 月时点生存 ROC 曲线：

```
SROC= survivalROC(Stime = vad$time, status = vad$dead,
                  marker = vad$three.month.death.Probability,
```

```
                    predict.time = 6, method= "KM" )        # 构建生存函数
cut.op= SROC$cut.values[which.max(SROC$TP-SROC$FP)]     # 计算最佳截断值
cut.op            # 输出最佳截断值，注意这里是 6 个月死亡率
```

绘制训练集 6 个月时点生存 ROC 曲线，如图 7-41 所示。

```
plot(SROC$FP,SROC$TP, type="l", xlim=c(0,1), ylim=c(0,1),
     xlab = "FP",
     ylab = "TP", col="red")
abline(0,1)
legend("bottomright",c("6 月生存 ROC 曲线 "),col="red",lty=c(1,1))
```

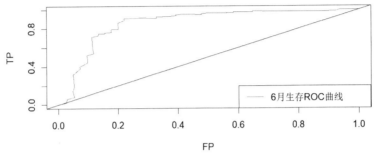

图 7-41　验证集 6 个月时点 ROC 曲线

（6）验证集多时点 ROC 曲线

验证集 3 个月和 6 个月时点 ROC 绘制在一张图中，如图 7-42 所示。

验证集 3 个月 ROC：

```
SROC3= survivalROC(Stime = vad$time, status = vad$dead,
                   marker = vad$three.month.death.Probability,
                   predict.time = 3, method= "KM" )        # 构建生存函数
```

绘制验证集 3 个月时点生存 ROC 曲线：

```
plot(SROC3$FP,SROC3$TP, type="l", xlim=c(0,1), ylim=c(0,1), lwd=2,
     xlab ="FP",
     ylab = "TP", col="red")
```

验证集 6 月 ROC：

```
SROC4= survivalROC(Stime = vad$time, status = vad$dead,
                   marker = vad$three.month.death.Probability,
                   predict.time = 6, method= "KM" )        # 构建生存函数
```

绘制训练集 6 个月时点生存 ROC 曲线：

```
lines(SROC4$FP,SROC4$TP, type="l", xlim=c(0,1), ylim=c(0,1), lwd=2,
     xlab ="FP",
     ylab = "TP", col="blue")
```

添加对角线和图例：

```
abline(0,1,lwd=2)
legend("bottomright",c("3月生存ROC曲线","6月生存ROC曲线"),col=c("red","bl
ue"),lty=c(1,1))
```

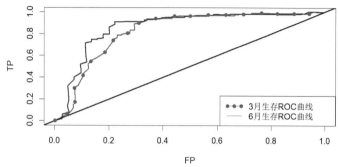

图 7-42　验证集 3 个月和 6 个月时点 ROC 曲线

有的时候我们会构建多个模型，并且要进行多个模型的同一个时间点的 ROC 比较，那么可以参照上面的多曲线 ROC，将不同模型的同一时间点 ROC 绘制在同一张 ROC 图中，便于进行图形上的直观比较。

7.2.3　时间依赖 AUC

前面我们讲解的 Time-ROC，是针对某个时间节点的，然而对于生存分析，如果研究 Time-ROC，也只能研究特定的几个我们所关心的点，但是如果我们想知道构建的模型在任意时间节点的区分度的表现，则需要用 Time-AUC 进行评价。

（1）Time-AUC

```
library(pec)    #加载pec包
fcox<-cph(Surv(time,dead) ~ HBV + burden + CTP + PS + NewAFP,
          surv=T,x=T,y=T,data = dev)    #构建模型
```

计算 Time-Cindex：

```
  C_index1<-cindex(list("model final"=fcox),    #定义模型名称
                   eval.times=seq(0,10,1),    #设置时间范围
                   cens.dodel="cox",    #指定回归方法为COX回归
                   keep.pvalue=T,    #保留P值
                   confint=T,    #可信区间
                       confLevel=0.95)    #可信区间范围
  C_index1
```

如图 7-43 所示，可见对 time=0 到 time=10 共 11 个节点估算了 ROC 曲线下的面积 AUC，如果要拓展研究的时间范围，在上述代码中修改即可。另该代码可信区间可能存在问题，虽然有设置，但并未展示。

```
>    C_index1

The c-index for right censored event times

Prediction models:

model final
model final

Right-censored response of a survival model

No.Observations: 193

Pattern:
                Freq
 event           177
 right.censored  16

Censoring model for IPCW: marginal model (Kaplan-Meier for censoring distribution)

No data splitting: either apparent or independent test sample performance

Estimated C-index in %

$AppCindex
            time=0 time=1 time=2 time=3 time=4 time=5 time=6 time=7 time=8 time=9 time=10
model final  65.7  73.7  71.4  71.1  71.3    71  71.4  71.3  71.1  70.7  70.7
```

图 7-43　时点 AUC

绘制 TIME-AUC 曲线：

```
plot(C_index1,
        xlim = c(0,10),     #设置 X 轴范围
        legend.x = 1,       #图例的位置
        legend.y = 1,       #图例的位置
        legend.cex = 0.8,   #图例的文字大小
        col = "red")        #线条颜色设置为红色
```

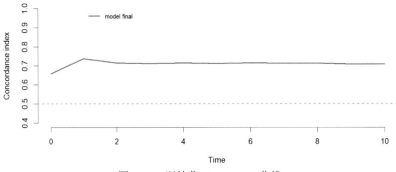

图 7-44　训练集 Time-AUC 曲线

（2）Time-C–index with Bootstrap

上述只是针对原始数据进行分析，如果进行 Bootstrap 验证，抽样几百次，得到的结果应该更加具有代表性和稳定性。

```
C_index2<-cindex(list("model Boostrap"=fcox),
                    eval.times=seq(0,10,1),
                    cens.dodel="cox",
                    keep.pvalue=T,
```

```
                     confint=T,
                     confLevel=0.95,
                     splitMethod = "bootcv",   # 采用 Bootstrap 交叉验证法
                     B = 500)      #500 次抽样
```

`C_index2`　　　# 查看各时点的 AUC，如图 7-45 所示

```
No.Observations: 193

Pattern:
                 Freq
 event          177
 right.censored 16

Censoring model for IPCW: marginal model (Kaplan-Meier for censoring distribution)

Method for estimating the prediction error:

Bootstrap cross-validation

Type: resampling
Bootstrap sample size:  193
No. bootstrap samples:  500
Sample size:  193

Estimated C-index in %

$AppCindex
                time=0 time=1 time=2 time=3 time=4 time=5 time=6 time=7 time=8 time=9 time=10
model Booststrap  65.7   73.7   71.4   71.1   71.3     71   71.4   71.3   71.1   70.7    70.7

$BootCvCindex
                time=0 time=1 time=2 time=3 time=4 time=5 time=6 time=7 time=8 time=9 time=10
model Booststrap   NaN   72.6   70.2     70   70.1   69.8   70.2   70.1   69.9   69.5    69.5
```

图 7-45　Bootstrap 时点 AUC

```
plot(C_index2,
     xlim = c(0,10),       #设置 X 轴范围
     legend.x = 1,         #图例的位置
     legend.y = 1,         #图例的位置
     legend.cex = 0.8,     #图例的文字大小
     col = "blue")         #线条颜色设置为蓝色
```

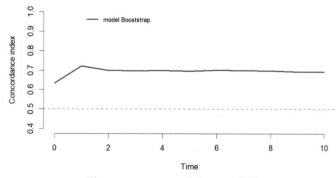

图 7-46　Bootstrap 时点 AUC 曲线

（3）单模型 Time-AUC 曲线及 Bootstrap

合并在一张图中，原始数据 C_index 和 Bootstrap C_index，如图 7-47 所示。

```
plot(C_index1,
     xlim = c(0,10),        #设置X轴范围
     legend=FALSE,          #不展示图例
     legend.x = 1,          #图例的位置
     legend.y = 1,          #图例的位置
     legend.cex = 0.8,      #图例的文字大小
     col = "red")           #线条颜色设置为红色

plot(C_index2,
     xlim = c(0,10),        #设置X轴范围
     legend.x = 1,          #图例的位置
     legend.y = 0.8,        #图例的位置
     legend.cex = 0.8,      #图例的文字大小
     col = "blue",          #线条颜色设置为蓝色
     add=TRUE)              #不单独作图，添加到上图中

legend("topright",c("model final","model Bootstrap"), #图例位置和名称
       lty = c(1,1,1),          #图例线条类型
       lwd = c(2,2,2),          #图例线条宽度
       col = c("red","blue"))   #图例颜色
```

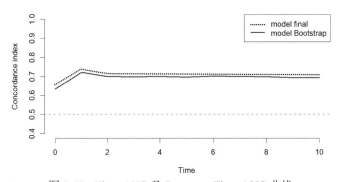

图 7-47　Time-AUC 及 Bootstrap Time-AUC 曲线

图 7-47 也可以指定图例的位置：

`legend(6,1,c("model final","model Bootstrap")`　　　　指定图例在 X 轴为 6，Y 轴 1 的位置，展示图例，大家可以自行尝试一下。

```
       lty = c(1,1,1),
       lwd = c(2,2,2),
       col = c("red","blue"))
```

（4）多模型 Time-AUC

如何做多条 Time-AUC，并且进行 Bootstrap 验证，以如下操作展示实现方法。

```
fcox1<-cph(Surv(time,dead) ~ HBV + burden + CTP + PS + NewAFP,
           surv=T,x=T,y=T,data = dev)    #构建5因素模型
```

```
fcox2<-cph(Surv(time,dead) ~ HBV + burden + CTP,
           surv=T,x=T,y=T,data = dev)      #构建3因素模型


C_index<-cindex(list("model final"=fcox1,"model new"=fcox2),  #添加2个模型
           eval.times=seq(0,10,1),
           cens.dodel="cox",
           keep.pvalue=T,
            confint=T,
            confLevel=0.95,
            splitMethod = "bootcv",
            B = 500)


 plot(C_index,
      xlim = c(0,10),        #设置X轴范围
      legend.x = 1,          #图例的位置
      legend.y = 1,          #图例的位置
      legend.cex = 0.8,      #图例的文字大小
      col =c("red","blue"))    #线条颜色设置为红色，蓝色
```

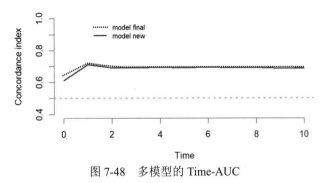

图 7-48　多模型的 Time-AUC

另外，大家也可以关注 timeROC 包，这个包的 plot 函数可以绘制时点 ROC，plotAUCcurve 函数，可以绘制不同时点的 AUC 曲线以及 95% 可信区间，大家可以安装后，查看帮助文档，如图 7-49 所示。

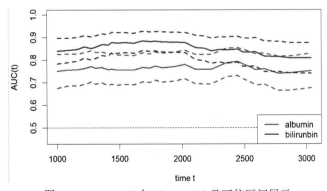

图 7-49　timeROC 包 Time-AUC 及可信区间展示

7.3 预后模型校准度分析

经过模型构建和区分度分析之后，下面就来到了校准度的分析，校准度分析更多采用的是校准曲线，看模型预测值与实际值的吻合程度，实战开始！

7.3.1 基于 rms 包的校准曲线

首先加载需要的包：

```
library(rms)            #加载 rms 包
library(survival)       #加载 survival 包
units(dev$time)<-"Month" #设置时间单位为 month
```

（1）训练集时点校准曲线

绘制训练集 3 个月校准曲线，如图 7-50 所示。

先重写一遍模型：

```
fcox<-cph(Surv(time,dead) ~ HBV + burden + CTP + PS + NewAFP,
          surv=T,x=T,y=T,
          time.inc = 3,        #3 个月时的校准曲线
          data = dev
```

拟合校准曲线绘制参数：

```
cal1<-calibrate(fcox,
          cmethod = 'KM',
          method = 'boot',     #采用 Bootsrap 法
          u = 3,               #需要与上面的 time.inc 一致
          m = 25,              #每次抽样大小，这个没有严格定义
          B = 500)             #500 次抽样
```

绘制校准曲线：

```
plot(cal1,                     #cal1 为 calibrate 结果
     lwd = 2,                  #线宽度
     lty = 1,                  #线条类型为 1 实线
     errbar.col = "blue",      #误差线颜色为蓝色
     xlim=c(0,1),              #X 轴刻度范围
     ylim = c(0,1),            #Y 轴刻度范围
     subtitles = T)            #是否副标题
```

设置中间连接线的类型：

```
lines(cal1[,c("mean.predicted","KM")],type = "b",lwd = 2, col = "red",pch=16)
```

设置参考线类型：

```
abline(0,1,lty=3,lwd=2,col="black")
```

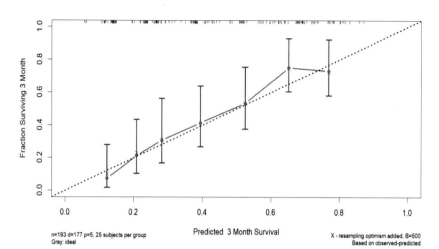

图 7-50　训练集 3 个月校准曲线

绘制训练集 6 个月校准曲线，如图 7-51 所示。

重写一遍模型：

```
fcox6<-cph(Surv(time,dead) ～ HBV + burden + CTP + PS + NewAFP,
         surv=T,x=T,y=T,
         time.inc = 6,        #6 个月时的校准曲线
         data = dev)
```

拟合校准曲线绘制参数：

```
cal2<-calibrate(fcox6,
            cmethod = 'KM',      #生存分析采用 KM 法
            method = 'boot',     #进行 Bootstrap 自助抽样
            u = 6,               #需要与上面的 time.inc 一致
            m = 25,              #每次抽样大小
            B = 500)             #设置 500 次 Bootstrap
```

绘制校准曲线：

```
plot(cal2,
     lwd = 2,
     lty = 1,
     errbar.col = "blue",       #误差线颜色
     xlim=c(0,1),               #X 轴刻度范围
     ylim = c(0,1),             #Y 轴刻度范围
     xlab = "Nomogram-Predicted Probability of 6-month OS",   #X 轴标题
     ylab = "Actual 6-month OS(proportion)",                  #Y 轴标题
     subtitles = T)     #副标题
```

设置中间连接线的类型：

```
lines(cal2[,c("mean.predicted","KM")],type = "b",lwd = 2, col = "red",pch=16)
```

参考线类型：

```
abline(0,1,lty=3,lwd=2,col="black")
```

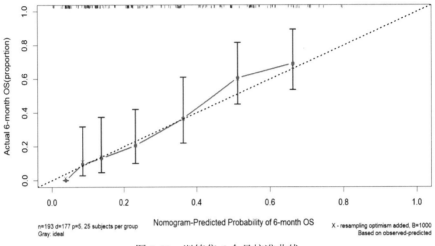

图 7-51　训练集 6 个月校准曲线

（2）验证集时点校准曲线

①验证集 3 个月校准曲线

重写一遍模型：

```
vadfcox<-cph(Surv(time,dead)~predict(fcox,newdata = vad),
        surv=T,x=T,y=T,
        time.inc = 3,        #3 个月时的校准曲线
        data = vad)
```

拟合校准曲线绘制参数：

```
        vadcal1<-calibrate(vadfcox,
                cmethod = 'KM',
                method = 'boot',
                u = 3,            #需要与上面的 time.inc 一致
                m = 25,           #每次抽样大小
                B = 500)          #500 次抽样
```

绘制校准曲线：

```
        plot(vadcal1,
            lwd = 2,      #线宽度
            lty = 1,       #线型
            errbar.col = "blue",    #误差线颜色
            xlim=c(0,1),      #X 轴刻度范围
            ylim = c(0,1),    #Y 轴刻度范围
xlab = "Nomogram-Predicted Probability of 3-month OS",  #X 轴标题
```

```
        ylab = "Actual 3-month OS(proportion)",    #Y 轴标题
        subtitles = T)    # 副标题
```

设置中间连接线的类型：

```
lines(vadcal1[,c("mean.predicted","KM")],type = "b",lwd = 2, col = "red",pch=16)
```

设置参考线类型：

```
abline(0,1,lty=3,lwd=2,col="black")
```

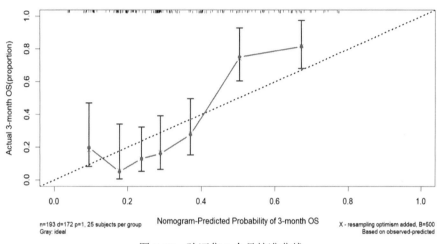

图 7-52　验证集 3 个月校准曲线

②验证集 6 个月校准曲线

重写一遍模型：

```
vadfcox6<-cph(Surv(time,dead) ～ predict(fcox6,newdata=vad),
        surv=T,x=T,y=T,
        time.inc = 6,        #6 个月时的校准曲线
        data = vad)
```

拟合校准曲线绘制参数：

```
vadcal6<-calibrate(vadfcox6,
        cmethod = 'KM',    # 采用 Kaplan-Merier 法
        method = 'boot',   # 采用 Bootstrap 法
        u = 6,             # 需要与上面的 time.inc 一致
        m = 25,            # 每次抽样大小
        B = 500)           #Bootstrap 次数
```

绘制校准曲线：

```
plot(vadcal6,
    lwd = 2,
    lty = 1,
```

```
        errbar.col = "blue",
        xlim=c(0,1),
        ylim = c(0,1),
        xlab = "Nomogram-Predicted Probability of 6-month OS",
        ylab = "Actual 6-month OS(proportion)",
        subtitles = T)
```

设置中间连接线的类型：

```
lines(vadcal6[,c("mean.predicted","KM")],type = "b",lwd = 2, col = "red",pch=16)
```

设置参考线类型：

```
abline(0,1,lty=3,lwd=2,col="black")
```

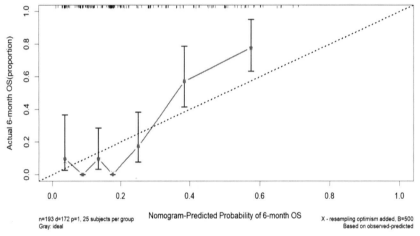

图 7-53　验证集 6 个月校准曲线

如果想研究其他时间点的校准曲线，以此类推即可。

（3）多个时间点校准曲线

①训练集 3 个月和 6 个月时间校准曲线

```
plot(cal1,lwd = 2,lty = 0,errbar.col = c("#2166AC"),
    bty = "l",      #只画左边和下边框
    xlim = c(0,1),ylim= c(0,1),
    xlab = "Nomogram-prediced OS (%)",ylab = "Observed OS (%)",
    col = c("#2166AC"),
    cex.lab=1.2,cex.axis=1, cex.main=1.2, cex.sub=0.6)
lines(cal1[,c('mean.predicted',"KM")],
    type = 'b', lwd = 1, col = c("#2166AC"), pch = 16)
mtext("")


plot(cal2,lwd = 2,lty = 0,errbar.col = c("#B2182B"),
    xlim = c(0,1),ylim= c(0,1),col = c("#B2182B"),add = T)
```

```
lines(cal2[,c('mean.predicted',"KM")],
     type = 'b', lwd = 1, col = c("#B2182B"), pch = 16)
abline(0,1, lwd = 2, lty = 3, col = c("#224444"))
legend("topleft",                        # 图例的位置
       legend = c("3-month","6-month"),  # 图例文字
       col =c("#2166AC","#B2182B"),      # 图例线的颜色，与文字对应
       lwd = 2,      # 图例中线的粗细
       cex = 1.2,    # 图例字体大小
       bty = "n")    # 不显示图例边框
```

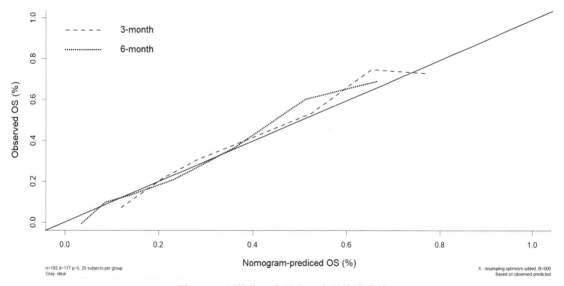

图 7-54　训练集 3 个月和 6 个月校准曲线

②验证集 3 个月和 6 个月时间校准曲线，如图 7-55 所示。

```
plot(cal1,lwd = 2,lty = 0,errbar.col = c("#2166AC"),
     bty = "l", # 只画左边和下边框
     xlim = c(0,1),ylim= c(0,1),
     xlab = "Nomogram-prediced OS (%)",ylab = "Observed OS (%)",
     col = c("#2166AC"),
     cex.lab=1.2,cex.axis=1, cex.main=1.2, cex.sub=0.6)
lines(cal1[,c('mean.predicted',"KM")],
     type = 'b', lwd = 1, col = c("#2166AC"), pch = 16)
mtext("")

plot(cal2,lwd = 2,lty = 0,errbar.col = c("#B2182B"),
     xlim = c(0,1),ylim= c(0,1),col = c("#B2182B"),add = T)
lines(cal2[,c('mean.predicted',"KM")],
     type = 'b', lwd = 1, col = c("#B2182B"), pch = 16)
abline(0,1, lwd = 2, lty = 3, col = c("#224444"))
```

```
legend("topleft",                              # 图例的位置
       legend = c("3-month","6-month"),        # 图例文字
       col =c("#2166AC","#B2182B"),            # 图例线的颜色，与文字对应
       lwd = 2,                                # 图例中线的粗细
       cex = 1.2,                              # 图例字体大小
       bty = "n")                              # 不显示图例边框
```

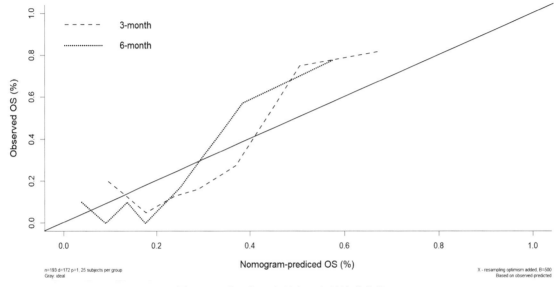

图 7-55　验证集 3 个月和 6 个月校准曲线

7.3.2　基于 pec 包的校准曲线

安装需要的包：

```
install.packages("pec")          # 安装 pec 包
library(pec)                     # 加载调用 pec 包
```

（1）时点校准曲线

构建一个 5 因素模型：

```
calcox1<-cph(Surv(time,dead) ~ HBV + burden + CTP + PS + NewAFP,
        surv=T,x=T,y=T,
        data = dev)
```

构建一个 2 因素模型：

```
calcox2<-cph(Surv(time,dead) ~ HBV + burden,
        surv=T,x=T,y=T,
        data = dev)
```

绘制训练集两个模型 6 个月校准曲线，如图 7-56 所示：

```
calPlot(list("Cox(5 variables)"=calcox1,"Cox(2 variables)"=calcox2),
        time = 6,data = dev)
```

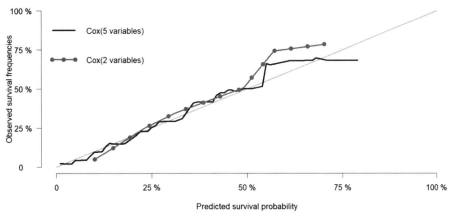

图 7-56　训练集 6 个月校准曲线（多模型）

（2）BoostCV 时点校准曲线

Bootstrap 重抽样然后交叉验证的校准曲线（属于内部验证），训练集 6 个月 BoostCV 校准曲线，如图 7-57 所示。

```
calPlot(list("Cox(5 variables)"=calcox1,"Cox(2 variables)"=calcox2),
        time = 6,         #6个月时点
        data = dev,        # 选择训练集
        splitMethod = "BoostCv",      # 进行 Bootstrap 的 CV 验证
        B=500)             #Bootstrap 次数
```

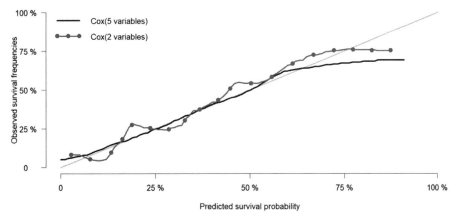

图 7-57　训练集 6 个月多模型校准曲线（Bootstrap+CV 法）

绘制验证集两个模型 6 个月校准曲线，如图 7-58 所示。

```
calPlot(list("Cox(5 variables)"=calcox1,"Cox(2 variables)"=calcox2),time =
6,data = vad)
```

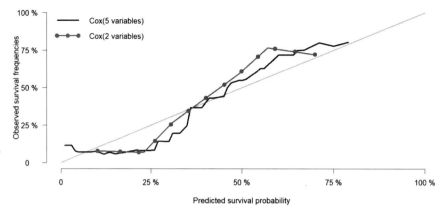

图 7-58　验证集 6 个月校准曲线（多模型）

绘制验证集两个模型校准曲线（BoostCV），如图 7-59 所示：

```
calPlot(list("Cox(5 variables)"=calcox1,"Cox(2 variables)"=calcox2),
        time = 6,data = vad,      #6 个月时间点，选择验证集
        splitMethod = "BoostCv",B=500)  #500 次，Bootstrap 抽样
```

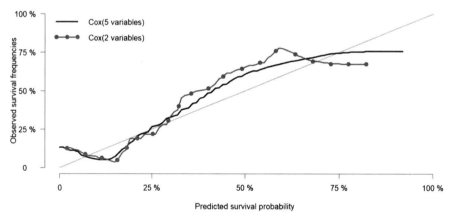

图 7-59　验证集 6 个月多模型校准曲线（Bootsrap+CV）

（3）基于 riskregression 包

安装加载相应的包：

```
install.packages("riskRegression")   # 安装包 riskRegression
library(riskRegression)              # 加载包 riskRegression
library(survival)                    # 加载 survival 包
library(prodlim)                     # 加载 prodlim
```

拟合两个模型：

```
fs1=coxph(Surv(time,dead) ~ HBV + burden + CTP,data=dev,x=1)         # 拟合 fs1 模型
fs2=coxph(Surv(time,dead) ~ NewAFP+HBV + burden + CTP,data=dev,x=1)  # 拟合 fs2 模型
```

生成模型评分：

```
xs=Score(list(Cox1=fs1,Cox2=fs2),Surv(time,dead) ～ 1,data=dev, #生成评分
        plots="cal",metrics=NULL)
```

绘制校准曲线，如图 7-60 所示：

```
plotCalibration(xs)
```

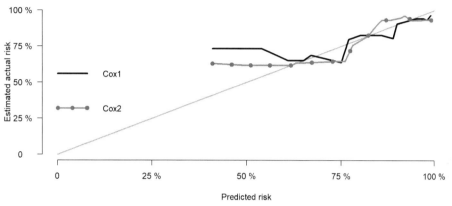

图 7-60　fs1 和 fs2 校准曲线（训练集）

```
plotCalibration(xs,cens.method="local",pseudo=1)
plotCalibration(xs,cens.method="jackknife",pseudo=1)   #加强版校准曲线,如图 7-61 所示
```

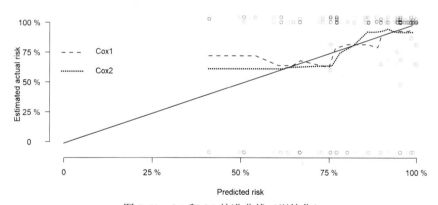

图 7-61　fs1 和 fs2 校准曲线（训练集）

```
xs=Score(list(Cox1=fs1,Cox2=fs2),Surv(time,dead) ～ 1,data=vad,
        plots="cal",metrics=NULL)
plotCalibration(xs)                       #绘制验证集 fs1 和 fs2 校准曲线,如图 7-62 所示
plotCalibration(xs,cens.method="local",pseudo=1)
```

```
plotCalibration(xs,cens.method="jackknife")    #绘制验证集 fs1 和 fs2 校准曲
```
线加强版，如图 7-63 所示

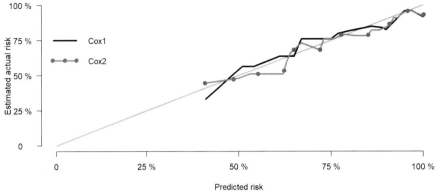

图 7-62 fs1 和 fs2 校准曲线（验证集）

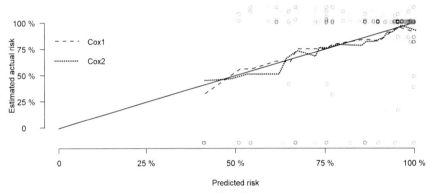

图 7-63 fs1 和 fs2 校准曲线（验证集）

（4）基于 PredictABEL 包

这个包有点特殊，R 语言前面介绍的校准曲线包绘制的都是线图或折线图，但是 PredictABEL 这个包，绘制的是散点图，松哥测试了一下，可以绘图，但效果貌似不太理想。

```
install.packages("PredictABEL")
library(PredictABEL)

cal1<-cph(Surv(time,dead) ~ HBV + burden + CTP + PS + NewAFP,
          surv=T,x=T,y=T,
          data = dev)

View(dev)
pred.lg <- predict(cal1, dev)
dev$prob <- 1/(1 + exp(-pred.lg))
prob <- dev$prob
plotCalibration(data = dev, cOutcome = 15,      #指定结局变量所在的列
                predRisk = prob, groups = 10, plottitle = "Calibration plot")
```

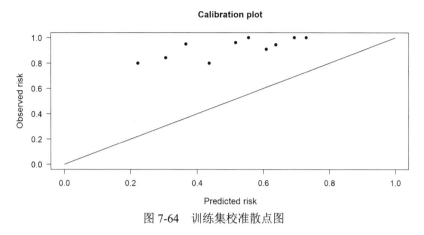

图 7-64　训练集校准散点图

```
pred.lg <- predict(cal1, vad)          # 构建模型在验证集的线性预测值
dev$prob <- 1/(1 + exp(-pred.lg))      # 利用线性预测值估计预测概率
prob <- dev$prob
plotCalibration(data = vad, cOutcome = 15,     #15 为结局变量所在的列
              predRisk = prob, groups = 10, plottitle = "Calibration plot")
```

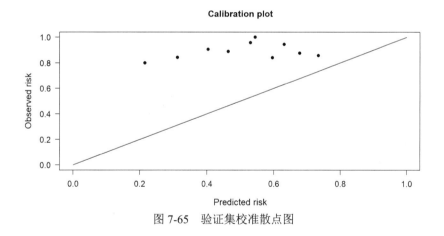

图 7-65　验证集校准散点图

7.4　预后模型决策曲线分析

松哥一直认为，决策曲线是预测模型"最后一公里"的问题。你说你构建了一个预测模型，并且说能够将患者与非患者区分开（区分度分析），而且预测得还很准（校准度分析），但是到底在临床上对病人有没有用呢？就像很多发明专利，其最大的用途就是，它是一个国家发明专利，永久待在发明专利库中，而无法走向真正的应用。

2006 年，MSKCC（纪念斯隆·凯特琳癌症研究所）的 AndrewVickers 博士等人研究出的一种评价方法决策曲线（Decision Curve Analysis，DCA），相对于第二次世界大战时期发明的 ROC 曲线，它还非常年轻，但已经得到多个重磅杂志的推荐。

DCA 原理：在回归的基础上，增加了损失函数的思想。

先学几个概念：

P：给真阳性患者施加干预的受益值（比如模型预测受试者有病，且确实也有，进行治疗，患者因被治疗而获益）。

L：给假阳性患者施加干预的损失值（比如模型预测有病，然而实际没有病，患者因被治疗，反而导致损失）。

P_i：患者 i 患病的概率，当 $P_i > P_t$ 时为阳性，给予干预。

所以较为合理的干预时机是，当且仅当 $P_i \cdot P > (1 - P_i) \cdot L$，即预期受益高于预期损失。推导一下可得，$P_i > L / (P + L)$ 即为合理的干预时机，于是把 $L / (P + L)$ 定义为 P_i 的阈值，即 P_t。

但对二元的预测指标来说，如果结果是阳性，则强制 $P_i=1$，阴性则 $P_i = 0$。这样，二元和其他类型的指标就有了可比性。

我们还可用这些参数来定义真阳性（A）、假阳性（B）、假阴性（C）、真阴性（D），见表 7-2，即：

A：$P_i \geq P_t$，实际患病；

B：$P_i \geq P_t$，实际不患病；

C：$P_i < P_t$，实际患病；

D：$P_i < P_t$，实际不患病。

表 7-2　DCA 分析表

测试结果		金　标　准	
		患　　者	非　患　者
测试结果	阳性	A	B
	阴性	C	D

测试结果		金标准	
		患者	非患者
测试结果	阳性	35	15
	阴性	30	20

我们假定一个随机抽样的样本，在某个诊断概率下，制作出表 7-2，A、B、C、D 分别为这四类个体在样本中的比例，则 $A+B+C+D = 1$。那么，患病率（π）就是 $A + C$。

在这个样本中，如果所有 $P_i \geq P_t$ 的人我们都进行治疗，那么就会有人确诊因为治疗而受益，有人误诊被无故治疗，则净受益率 $NB = A \cdot P - B \cdot L$。但 Vickers 认为，知道 P 和 L 的确切值并没有什么实际意义，人们可能更关心 L/P 的比值，所以将上面的公式强行除以 P，变成 $NB = A - B \cdot L/P$。

然后 P_t 定义公式即可以推导出：$NB = A - B \cdot P_t / (1 - P_t)$。以 P_t 为横坐标，NB 为纵坐标，画出来的曲线就是决策曲线。

若使用患病率进行校正，则 $NB = A \cdot \pi - B \cdot (1 - \pi) \times P_t / (1 - P_t)$。

那么两个极端情况的曲线也很好推导了。当所有样本都是阴性（$P_i < P_t$），所有人都没干预，那么 $A = 0$，$B = 0$，所以 $NB = 0$。

当所有样本都是阳性，所有人都接受干预，那么 $C = D = 0$，$A = \pi$，$B = 1 - \pi$（因为 $A+B+C+D=1$），则 $NB = \pi - (1 - \pi)P_t / (1 - P_t)$。

所以它斜率为负值，当然实际上，由这个表达式可知，阳性极端线不是直线，而是曲线。以上是分类模型中的决策曲线。生存模型也是有决策曲线的，具体请参考 Fitzgerald M 等的论文。图 7-66 是 Fitzgerald M 等的论文中 NB 的演示图。

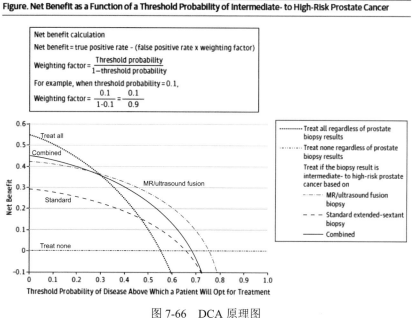

图 7-66　DCA 原理图

文献：Fitzgerald M, Saville BR, Lewis RJ. Decision curve analysis. JAMA. 2015 Jan 27;313(4): 409-10. doi: 10.1001/jama.2015.37. PMID: 25626037.

按照图 7-66 的原理，假定表 7-2 也是以 0.1 的预测概率即作为阳性的结果，那么，$NB=0.35–(0.15\times1/9)=0.33$。也就是如果以此概率诊断 100 人，有 33 个人获得净受益。

7.4.1　基于 stdca.R 的决策曲线

安装需要的包：

```
library(survival)        # 加载 survival 包
source("stdca.R")        # 调用 stdca.R，本书提供数据中找到，放入 D 盘 R Work
```

重写一遍模型：

```
fcox<-coxph(Surv(time,dead) ~ HBV + burden + CTP + PS + NewAFP,
            data = dev)
```

模型预测 3、6、12 个月死亡概率：

```
dev$pr_failure3<-c(1-summary(survfit(fcox,newdata=dev),times = 3)$surv)
dev$pr_failure6<-c(1-summary(survfit(fcox,newdata=dev),times = 6)$surv)
dev$pr_failure12<-c(1-summary(survfit(fcox,newdata=dev),times = 12)$surv)
```

训练集 3、6、12 月决策曲线分析：

```
dev<-as.data.frame(dev)
View(dev)
dca3<-stdca(data = dev,        #绘制训练集 3 个月 DCA，如图 7-67 所示
            outcome = "dead",        #结局变量
            ttoutcome = "time",       #结局时间
            timepoint = 3,           #设置研究时间点
            predictors = "pr_failure3",   #预测概率
            xstop = 0.8,     #如果出图有问题，可以调整这里的界值，如 0.5
            smooth = TRUE)   #进行曲线平滑
```

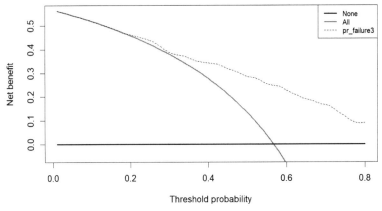

图 7-67　训练集 3 个月 DCA 曲线

```
dca3
```

展示 dca3 的作图参数，threshold 为预测概率的阈值，all 代表全部采取干预措施的净受益，none 代表全部不采取措施的净受益，此处的 pr_failure3 为我们构建模型 3 个月的预测概率的净受益；pr_failure3sm 代表曲线平滑的结果，图 7-68 和图 7-69 为训练集 6 个月 DCA。

```
dca6<-stdca(data = dev,
            outcome = "dead",        #结局变量
            ttoutcome = "time",        #结局时间
```

```
timepoint = 6,                   # 研究时间点
predictors = "pr_failure3",      # 预测概率
xstop = 0.8,                     #X 轴刻度
smooth = TRUE)                   # 进行平滑处理
```

```
$predictors
     predictor harm.applied probability
1 pr_failure3            0        TRUE

$interventions.avoided.per
[1] 100

$net.benefit
     threshold         all none pr_failure3 pr_failure3_sm
1         0.01 0.561780041    0  0.56178004     0.56177848
2         0.02 0.557308409    0  0.55730841     0.55731064
3         0.03 0.552744578    0  0.55274458     0.55274638
4         0.04 0.548085667    0  0.54808567     0.54808571
5         0.05 0.543328674    0  0.54332867     0.54332871
6         0.06 0.538470469    0  0.53847047     0.53847051
7         0.07 0.533507785    0  0.53350779     0.53350783
8         0.08 0.528437218    0  0.52843722     0.52843726
9         0.09 0.523255209    0  0.52325521     0.52325526
10        0.10 0.517958045    0  0.51795804     0.51795810
11        0.11 0.512541843    0  0.51254184     0.51243550
12        0.12 0.507002546    0  0.50700255     0.50699009
13        0.13 0.501335909    0  0.50133591     0.50187122
14        0.14 0.495537489    0  0.49734141     0.49714217
15        0.15 0.489602636    0  0.49154969     0.49148663
16        0.16 0.483526477    0  0.48562008     0.48412082
17        0.17 0.477303904    0  0.47427652     0.47582170
18        0.18 0.470929561    0  0.46925470     0.46885988
19        0.19 0.464397828    0  0.46295816     0.46449398
20        0.20 0.457702801    0  0.46331764     0.46143359
```

图 7-68　DCA 绘图参数

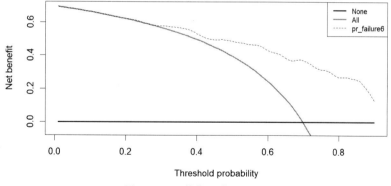

图 7-69　训练集 6 个月 DCA

dca6　　　# 可以展示 DCA 绘图图形参数，解释同上，此处不再进行展示

绘制验证集 3-6-12month 决策曲线，先模型预测 3、6、12 个月死亡概率：

```
vad$pr_failure3<-c(1-summary(survfit(fcox,newdata=vad),times = 3)$surv)
vad$pr_failure6<-c(1-summary(survfit(fcox,newdata=vad),times = 6)$surv)
vad$pr_failure12<-c(1-summary(survfit(fcox,newdata=vad),times = 12)$surv)
```

验证集 3 个月决策曲线分析，如图 7-70 所示：

```
vdca3<-stdca(data = vad,
            outcome = "dead",
            ttoutcome = "time",
            timepoint = 3,
            predictors = "pr_failure3",
            xstop = 0.8,
            smooth = TRUE)
```

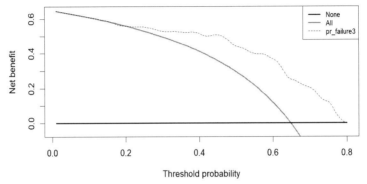

图 7-70　验证集 3 个月 DCA 曲线

`vdca3`　　# 展示 DCA 图形参数

绘制验证集 6 个月 DCA 曲线，如图 7-71 所示：

```
vdca6<-stdca(data = vad,
            outcome = "dead",
            ttoutcome = "time",
            timepoint = 6,
            predictors = "pr_failure6",
            xstop = 0.8,
            smooth = TRUE)
```

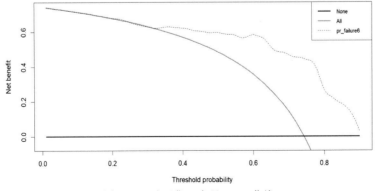

图 7-71　验证集 6 个月 DCA 曲线

`vdca6`　　# 展示 DCA 绘图图形参数

将多条曲线放入一张图，先构建 fcoxA 模型：

```
fcoxA<-coxph(Surv(time,dead) ~ HBV + burden + CTP + PS + NewAFP,
            data = dev)
```

模型预测 6 个月死亡概率：

```
dev$pr_failure6A<-c(1-summary(survfit(fcoxA,newdata=dev),times = 6)$surv)
```

fcoxA 模型组 6 个月 DCA，如图 7-72 所示：

```
dca6A<-stdca(data = dev,
            outcome = "dead",
            ttoutcome = "time",
            timepoint = 6,
            predictors = "pr_failure6A",
            xstop = 0.8,
            smooth = TRUE)
```

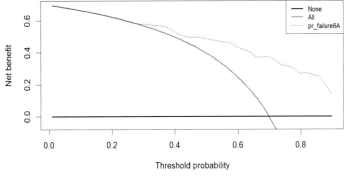

图 7-72　fcoxA 模型组 6 个月 DCA

构建 fcoxB 模型：

```
fcoxB<-coxph(Surv(time,dead) ~ HBV + burden,data = dev)
```

模型预测 6 个月死亡概率：

```
dev$pr_failure6B<-c(1-summary(survfit(fcoxB,newdata=dev),times = 6)$surv)
```

fcoxB 模型组 6 个月 DCA，如图 7-73 所示：

```
dca6B<-stdca(data = dev,
            outcome = "dead",
            ttoutcome = "time",
            timepoint = 6,
            predictors = "pr_failure6B",
            xstop = 0.8,
            smooth = TRUE)
```

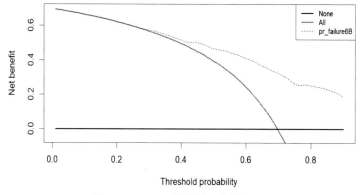

图 7-73　fcoxB 模型组 6 个月 DCA

多曲线叠加，如图 7-74 所示：

```
plot(dca6A$net.benefit.threshold,dca6A$net.benefit.none,type = "l",lwd=2,xlim =
c(0,.80),ylim = c(-.05,.80),xlab = "Threshold Probability",ylab = "Net benefit")

lines(dca6A$net.benefit$threshold,dca6A$net.benefit$all,
type = "l",col="red",lwd=2)

lines(dca6A$net.benefit$threshold,dca6A$net.benefit$none,
type = "l",col="red",lwd=2,lty=2)

lines(dca6A$net.benefit$threshold,dca6A$net.benefit$pr_failure6A,
type = "l",col="blue")

lines(dca6B$net.benefit$threshold,dca6B$net.benefit$pr_failure6B,
type = "l", col ="green", lty=2)

legend("topright",cex = 0.8,legend = c("ALL","fCOXA","fcoxB","None"),
col = c("red","blue","green","red"),lwd=c(2,2,2,2),lty = c(1,1,2,2))
```

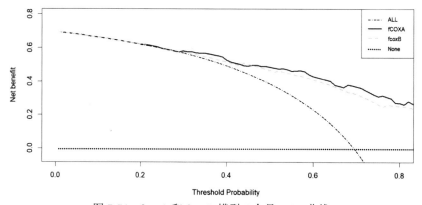

图 7-74　fcoxA 和 fcoxB 模型 6 个月 DCA 曲线

7.4.2　基于 dcurves 包的决策曲线

安装加载相应的包：

```
install.packages("dcurves")    #如安装不成功到 R 中安装
library(dcurves)               #加载 dcurves
library(survival)              #加载 survival 包
library(dplyr)                 #加载 dplyr 包


rawdata<-read.csv("live_cancer_Cox.csv")          #读取数据
rawdata<-na.omit(rawdata)                          #删除缺失值
```

数据集区分：

```
dev = rawdata[rawdata$group==1,]         #定义训练集
vad = rawdata[rawdata$group==0,]         #定义验证集
```

构建 2 个模型——Cox1（5 因素模型）和 cox2（3 因素模型）：

```
cox1<-coxph(Surv(time,dead==1) ~ HBV + burden + CTP + PS + NewAFP,data=dev)
cox2<-coxph(Surv(time,dead==1) ~ HBV + burden + CTP ,data=dev)
```

计算 2 个模型 3 个月的死亡概率：

```
dev$pr_failure1_3 = c(1- (summary(survfit(cox1, newdata=dev), times=3)$surv))
dev$pr_failure2_3 = c(1- (summary(survfit(cox2, newdata=dev), times=3)$surv))
```

计算 2 个模型 6 个月的死亡概率：

```
dev$pr_failure1_6 = c(1-(summary(survfit(cox1, newdata=dev), times=6)$surv))
dev$pr_failure2_6 = c(1-(summary(survfit(cox2, newdata=dev), times=6)$surv))
```

绘制训练集 3 个月 DCA，如图 7-75 所示：

```
dca(Surv(time,dead) ~ pr_failure1_3,
    data = dev,
    time = 3,
    thresholds = 1:100 / 100) %>%    #thresholds = seq(0, 0.35, by = 0.01)
    plot(smooth = T)
```

绘制 Cox2 模型 3 个月校准曲线，如图 7-76 所示：

```
dca(Surv(time,dead) ~ pr_failure2_3,
    data = dev,
    time = 3,
    thresholds = 1:100 / 100) %>%    #thresholds = seq(0, 0.35, by = 0.01)
    plot(smooth = T)
```

Cox1 训练集 6 个月 DCA，如图 7-77 所示：

```
dca(Surv(time,dead) ~ pr_failure1_6,
    data = dev,
```

```
time = 6,
thresholds = 1:100 / 100) %>%
plot(smooth = T)
```

Cox2 模型 6 个月决策曲线，如图 7-78 所示：

```
dca(Surv(time,dead) ~ pr_failure2_6,
    data = dev,
    time = 6,
    thresholds = 1:100 / 100) %>%
plot(smooth = T)
```

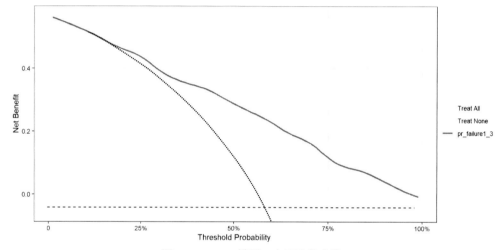

图 7-75　Cox1 模型 3 个月决策曲线

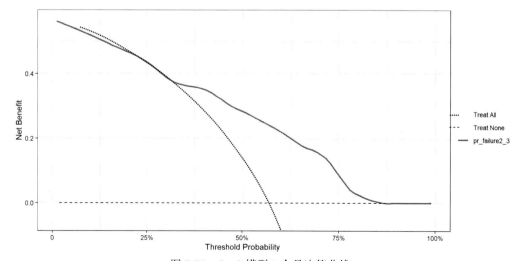

图 7-76　Cox2 模型 3 个月决策曲线

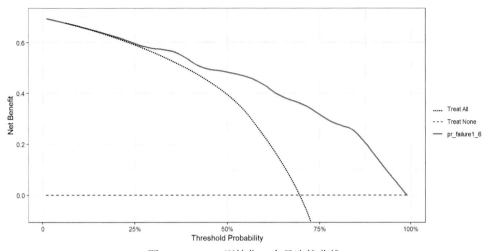

图 7-77　Cox1 训练集 6 个月决策曲线

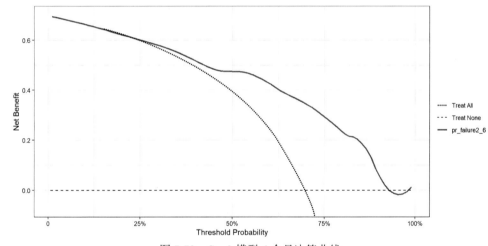

图 7-78　Cox2 模型 6 个月决策曲线

Cox1 和 Cox2 模型验证集的 3 个月死亡概率：

```
vad$pr_failure1_3 = c(1-(summary(survfit(cox1, newdata=vad), times=3)$surv))
vad$pr_failure2_3 = c(1-(summary(survfit(cox2, newdata=vad), times=3)$surv))
```

Cox1 和 Cox2 模型验证集的 6 个月死亡概率：

```
vad$pr_failure1_6 = c(1-(summary(survfit(cox1, newdata=vad), times=6)$surv))
vad$pr_failure2_6 = c(1-(summary(survfit(cox2, newdata=vad), times=6)$surv))
```

Cox1 模型验证集 3 个月 DCA，如图 7-79 所示：

```
dca(Surv(time,dead) ~ pr_failure1_3,
    data = vad,
```

```
    time = 3,
    thresholds = 1:100 / 100) %>%
  plot(smooth = T)
```

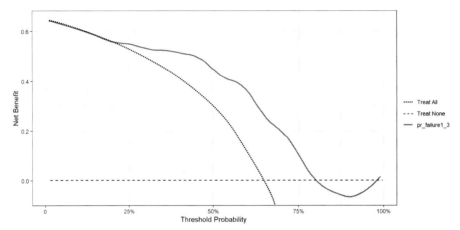

图 7-79　Cox1 模型验证集 3 个月决策曲线

Cox2 模型验证集 3 个月 DCA，如图 7-80 所示。

```
dca(Surv(time,dead) ~ pr_failure2_3,
    data = vad,
    time = 3,
    thresholds = 1:100 / 100) %>%
    plot(smooth = T)
```

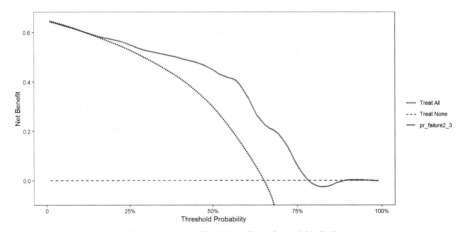

图 7-80　Cox2 模型验证集 3 个月决策曲线

Cox1 模型验证集 6 个月 DCA，如图 7-81 所示：

```
dca(Surv(time,dead) ~ pr_failure1_6,
    data = vad,
```

```
    time = 6,
    thresholds = 1:100 / 100) %>%
  plot(smooth = T)
```

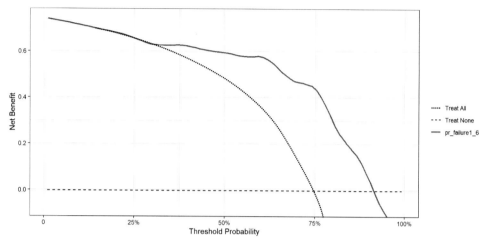

图 7-81　Cox1 模型验证集 6 个月决策曲线

Cox2 模型验证集 6 个月 DCA，如图 7-82 所示：

```
dca(Surv(time,dead) ~ pr_failure2_6,
    data = vad,
    time = 6,
    thresholds = 1:100 / 100) %>%
plot(smooth = T)
```

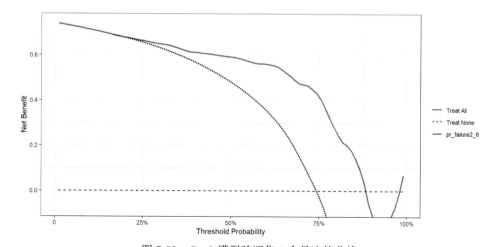

图 7-82　Cox2 模型验证集 6 个月决策曲线

多条 DCA 曲线（适用于不同模型的同一个时间点），训练集 Cox1 和 Cox2 模型 3 个月 DCA，如图 7-83 所示：

```
dca(Surv(time,dead) ~ pr_failure1_3+pr_failure2_3,
    data = dev,
    time = 3,
    thresholds = 1:100 / 100) %>%
    plot(smooth = T)
```

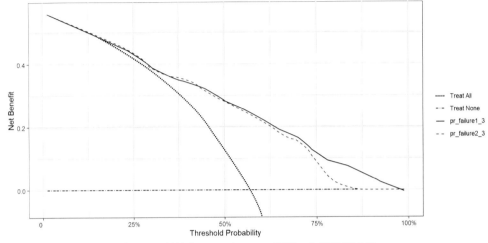

图 7-83　训练集 Cox1 和 Cox2 模型 3 个月决策曲线

训练集 Cox1 和 Cox2 模型 6 个月 DCA，如图 7-84 所示：

```
dca(Surv(time,dead) ~ pr_failure1_6+pr_failure2_6,
    data = dev,
    time = 6,
    thresholds = 1:100 / 100) %>%
    plot(smooth = T)
```

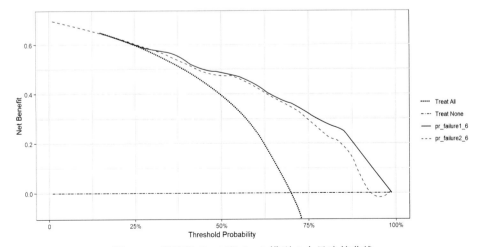

图 7-84　训练集 Cox1 和 Cox2 模型 6 个月决策曲线

验证集 Cox1 和 Cox2 模型 3 个月 DCA，如图 7-85 所示：

```
dca(Surv(time,dead) ~ pr_failure1_3+pr_failure2_3,
    data = vad,
    time = 3,
    thresholds = 1:100 / 100) %>%
    plot(smooth = T)
```

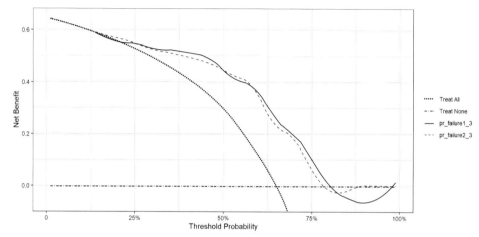

图 7-85　验证集 Cox1 和 Cox2 模型 3 个月决策曲线

验证集 Cox1 和 Cox2 模型 6 个月 DCA，如图 7-86 所示：

```
dca(Surv(time,dead) ~ pr_failure1_6+pr_failure2_6,
    data = vad,
    time = 6,
    thresholds = 1:100 / 100) %>%
    plot(smooth = T)
```

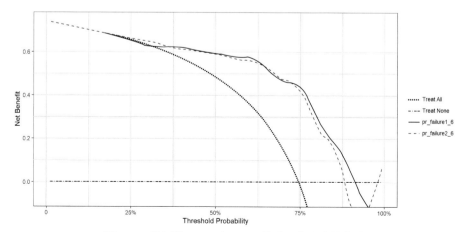

图 7-86　验证集 Cox1 和 Cox2 模型 6 个月决策曲线

7.4.3 基于 ggDCA 包的决策曲线

准备数据：

```
setwd("D:/R work")          #设置工作路径
library(foreign)            #调用 foreign 包

rawdata<-read.csv("liver_cancer_Cox.csv")        #读取 R work 中的
View(rawdata)                                    #查看数据
str(rawdata)                                      #查看数据的类型，非常重要

summary(rawdata)                                  #数据进行简单描述
rawdata<-na.omit(rawdata)                         #删除缺失数据
```

数据集区分：

```
dev = rawdata[rawdata$group==1,]     #提取 group=1 为训练集
vad = rawdata[rawdata$group==0,]     #提取 group=0 为验证集
```

（1）安装 devtools

```
install.packages("devtools")
```

由于 survival 包版本问题，从 CRAN 安装的 ggDCA 会报错。因此，要从作者的 github 上下载 ggDCA。

（2）从 github 安装 ggDCA

ggDCA 包既可以做 Logistic 回归的 DCA，也可以做 COX 回归的 DCA，后面逐个进行演示。

```
devtools::install_github('yikeshu0611/ggDCA')
```

注：若是 devtools::install_github('yikeshu0611/ggDCA') 也报错，可先运行：

```
options(unzip ='internal')
devtools::install_github('yikeshu0611/ggDCA')
```

加载如下 4 个包：

```
library(ggDCA)
library(rms)
library(ggplot2)
library(Hmisc)
```

打包数据：

```
ddist <- datadist(dev)
options(datadist = "ddist")
```

（3）Logistic 回归模型 DCA

构建两个 Logistic 回归模型 lrm1 和 lrm2 进行演示：

```
lrm1 <- lrm(dead ~ HBV + burden, data=dev)
lrm2 <- lrm(dead ~ HBV + burden + CTP + PS + NewAFP, data=dev)
```

对模型进行 DCA 分析：

```
dca_lrm <- dca(lrm1,lrm2,model.names = c("modelA", "modelB"))
```

head(dca_lrm)　　　# 查看分析的结果前 6 条，如图 7-87 所示

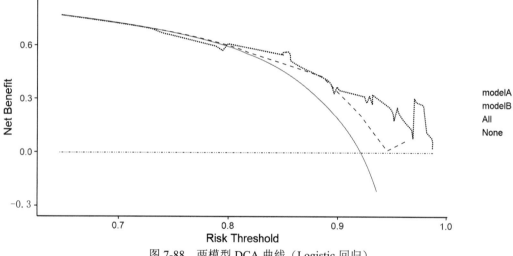

图 7-87　DCA 绘图参数

ggplot(dca_lrm, lwd = 0.5)　　　# 绘制 DCA 曲线，如图 7-88 所示

图 7-88　两模型 DCA 曲线（Logistic 回归）

（4）COX 回归模型 DCA

①多模型 COX 决策曲线

构建 COX 回归模型（cph1 和 cph2）：

```
cph1 <- cph(Surv(time, dead) ~ HBV + burden, data=dev)
cph2 <- cph(Surv(time, dead) ~ HBV + burden + CTP + PS + NewAFP, data=dev)
```

DCA 分析，构建绘图参数：

```
dca_cph <- dca(cph1, cph2, model.names = c("modelC", "modelD"))
```

head(dca_cph)　　　# 查看分析的结果前 6 条，如图 7-89 所示

```
> head(dca_cph)
   thresholds       TPR        FPR         NB time  model
1  0.1764575 0.5126020 0.48739798 0.4081690    2 modelC
2  0.2677668 0.5024696 0.43017287 0.3451617    2 modelC
3  0.3258481 0.4963130 0.36897195 0.3179722    2 modelC
4  0.4689908 0.4397475 0.27009703 0.2011961    2 modelC
5  0.5510417 0.4247425 0.20220047 0.1765660    2 modelC
6  0.7235093 0.2458981 0.07016408 0.0622957    2 modelC
> |
```

图 7-89　决策曲线绘图参数

`ggplot(dca_cph, lwd = 0.5)` 　　　# 绘制 DCA 曲线，如图 7-90 所示

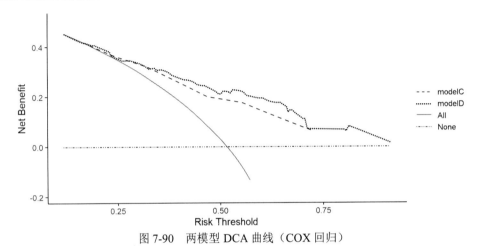

图 7-90　两模型 DCA 曲线（COX 回归）

②单个模型，不给 times 赋值，默认验证中位时间

绘制中位生存时间的 DCA，如图 7-91 所示：

```
dca_cph <- dca(cph1, model.names = "modelA")
ggplot(dca_cph)
```

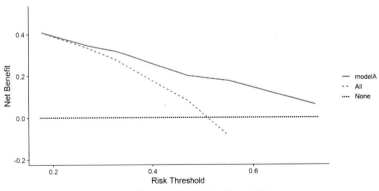

图 7-91　单 COX 模型中位生存时间 DCA

③单个模型，多个时间点（生存时间的下四分位数、中位数、上四分位数），如图 7-92 所示

```
times = round(quantile(dev$time, c(0.25, 0.5, 0.75)), 2)
dca_cph <- dca(cph1, model.names = "modelA", times = times)
ggplot(dca_cph)
```

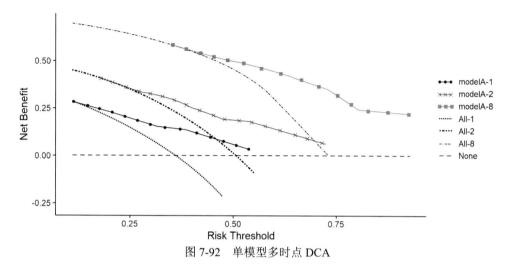

图 7-92　单模型多时点 DCA

④多个模型，同一个时间点

绘制多模型，同时点 DCA 曲线，如图 7-93 所示：

```
dca_cph <- dca(cph1, cph2, model.names = c("modelA", "modelB"), times = 2)
ggplot(dca_cph)
```

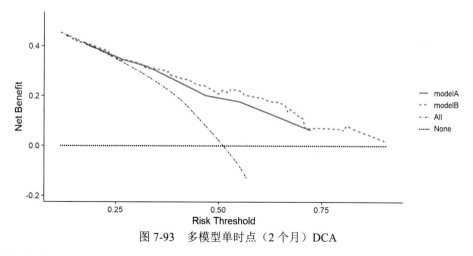

图 7-93　多模型单时点（2 个月）DCA

⑤多个模型多个时间点决策曲线

绘制多模型多时间点 DCA，如图 7-94 所示：

```
dca_cph <- dca(cph1, cph2, model.names = c("modelA", "modelB"), times = c(3, 6, 12))
ggplot(dca_cph)
```

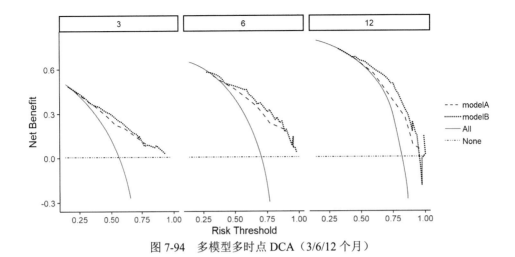

图 7-94　多模型多时点 DCA（3/6/12 个月）

7.5　交叉验证

交叉验证和 Bootstrap 都是模型内部验证的方法。本节讲解一下交叉验证，利用交叉验证的方法去筛选自变量，采用的是 CoxBoost 包，这个包安装有一点难度，请细心安装。

1. 下载 CoxBoost 安装包

2. 安装如果不成功，看是否缺 Rtools；

3. 下载 Rtools 网址：

https://mirrors.tuna.tsinghua.edu.cn/CRAN/bin/windows/Rtools/history.html

4. 安装 Rtools

5. 重启 Rstudio，输入代码运行如下：

```
writeLines('PATH="${RTOOLS40_HOME}\\usr\\bin;${PATH}"', con = " ~ /.
Renviron")
```

6. 然后再安装 CoxBoost 包，即可安装成功！

7. 测试 Rtools 是否安装成功，输入代码 Sys.which("make")，返回不是空值即可

```
install.packages("CoxBoost")
library(CoxBoost)
```

```
setwd("D:/R work")          #设置工作路径
library(foreign)            #调用 foreign 包
rawdata<-read.csv("liver_cancer_Cox.csv")          #读取 R work 中的数据
```

数据集区分：

```
dev = rawdata[rawdata$group==1,]
vad = rawdata[rawdata$group==0,]
```

```
View(dev)      # 查看数据

time<-dev$time              # 指定生存时间变量
status<-dev$dead            # 指定生存结局变量
x<-as.matrix(dev[,2:13])     # 指定自变量的矩阵


cbfit<-CoxBoost(time = time,
      status = status,
       x=x,                #x 必须为矩阵格式
        stepno = 100,      #设置 Bootstrap 次数, 最大为 500 次, 预设后期要改
        penalty = 50)      # 设置惩罚值为 50, 预设后期要改
```

summary(cbfit)　　　# 查看 Bootstrap 结果, 如图 7-95 所示, 由结果可见, 模型系数＞ 0
有 9 个, ＜ 0 有 3 个

```
> summary(cbfit)
100 boosting steps resulting in 12 non-zero coefficients
partial log-likelihood: -734.8337

Optional covariates with non-zero coefficients at boosting step 100:
parameter estimate > 0:
 Sex, age66, HBV, HCV, Alc, burden, CTP, PS, NewAFP
parameter estimate < 0:
 Age, DM, GFR60
>
```

图 7-95　预分析结果

如下不可以含有缺失值:

```
optim.res<-optimCoxBoostPenalty(time = time,
              status = status,
              x=x,
              trace = FALSE,      # 不显示迭代过程
              start.penalty = 10)  #设置惩罚值起点, 过程较长, 需要等待较长一段时间,
3 ～ 4 分钟
```

optim.res$penalty　　　# 查看最佳惩罚值, 如图 7-96 所示。

```
> optim.res$penalty
[1] 1280
>
```

图 7-96　最佳惩罚值

10 重交叉验证:

```
set.seed(123)
cv.res<-cv.CoxBoost(time = time,
        status = status,
        x=x,                    #x 必须为矩阵
        maxstepno = 500,         # 设置 Bootstrap 最大次数为 500
```

```
        K=10,                            #设置10折交叉验证
        type = "verweij",               #计算带外数据的偏似然贡献值
        penalty=optim.res$penalty)      #设置最优惩罚值
```

绘制最优 Bootstrap 筛选图，如图 7-97 所示：

```
plot(cv.res$mean.logplik)
```

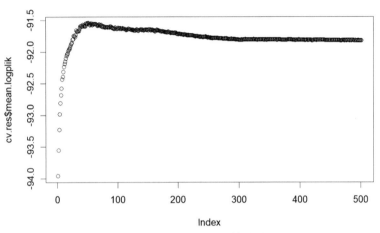

图 7-97　最优 Bootstrap 筛选图

```
cv.res$optimal.step      #最佳抽样次数，如图 7-98 所示
```

```
> cv.res$optimal.step
[1] 50
>
```

图 7-98　最佳 Bootstrap 次数

重新建立模型，放入前面找到的 2 个最佳值。

```
cbfit<-CoxBoost(time = time,
        status = status,
        x=x,
        stepno = cv.res$optimal.step,       #设置 Bootstrap 次数
        penalty = optim.res$penalty)        #设置惩罚值为 50
```

```
summary(cbfit)      #查看模型非零系数变量，如图 7-99 所示
```

```
> summary(cbfit)
50 boosting steps resulting in 7 non-zero coefficients
partial log-likelihood: -741.2186

Optional covariates with non-zero coefficients at boosting step 50:
parameter estimate > 0:
 HBV, burden, CTP, PS, NewAFP
parameter estimate < 0:
 Age, GFR60
>
```

图 7-99　最终分析结果

```
names<-cbfit$xnames[which(cbfit$coefficients[51,]!=0)]
```
　　# 此处 51，因为前面
我们最优迭代为 50，所以 51 行为最终结果

```
coef<-cbfit$coefficients[51,][which(cbfit$coefficients[51,]!=0)]
```

```
cbind(names,coef)
```
　　# 得到筛选的模型系数，如图 7-100 所示

```
> coef<-cbfit$coefficients[51,][which(cbfit$coefficients[51,]!=0)]
> cbind(names,coef)
       names   coef
[1,] "Age"    "-0.00945108782061306"
[2,] "HBV"    "0.123448233555994"
[3,] "burden" "0.34852152688787"
[4,] "CTP"    "0.166746498118761"
[5,] "PS"     "0.12895541514155"
[6,] "NewAFP" "0.148108205198449"
[7,] "GFR60"  "-0.0343064022547547"
>
```

图 7-100　交叉验证分析筛选的变量及系数

7.6　预后模型 Nomo 展示

从新建的预测模型发现，模型能够分开，分得准确，则临床可用。那么如何使用呢？
常见的有直接应用构建的模型公式，构建到网页形成一个网页版风险预测工具，构建一个
评分量表以及绘制 Nomogram。从发表文章的情况看，Nomo 图最为常用，故本节主要介绍
Nomo 图的绘制。

7.6.1　普通生存概率列线图

加载相应的包：

```
library(foreign)      # 读取 SPSS 文件
library(rms)          # 回归及绘制列线图
library(survival)     # 生存分析包


rawdata<-read.csv("liver_cancer_Cox.csv")          # 读取 R work 中的
mydata<-as.data.frame(mydata)          # 将 mydata 指定为数据框格式
```

数据集区分：

```
dev = rawdata[rawdata$group==1,]
vad = rawdata[rawdata$group==0,]
```

对数据集打包，规定动作：

```
dd<-datadist(dev)
options(datadist = "dd")
```

拟合一个 COX 模型：

```
fcox<-cph(Surv(time,dead) ~ HBV + burden + CTP + PS + NewAFP,x=T,y=T,surv = T,
```

```
        data = dev)
```

设置生存函数：

```
surv<-Survival(fcox)
```

计算时点生存概率：

```
surv1<-function(x)surv(1*3,lp=x)    #3 个月生存函数
surv2<-function(x)surv(1*6,lp=x)    #6 个月生存函数
surv3<-function(x)surv(1*12,lp=x)   #12 个月生存函数
```

构建 Nomo 参数：

```
nomocox<-nomogram(fcox,
        fun=list(surv1,surv2,surv3),
        lp=F,
        funlabel = c("3-Month Survival prob","6-Month survival Prob","12-
month survival prob"),
        maxscale = 100,    #将 points 刻度设置为 100 或者 10
        fun.at = c("0.9","0.85","0.80","0.70","0.60","0.50","0.40","0.30",
"0.20", "0.10"))
```

```
plot(nomocox)
```
    # 绘制 Nomo 图，如图 7-101 所示

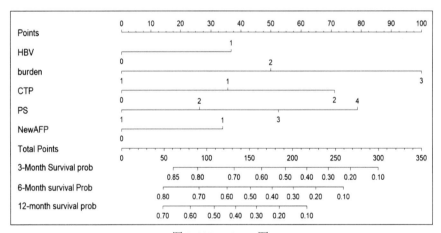

图 7-101　Nomo 图

上图绘制了 3 个月、6 个月和 12 个月死亡风险概率的 Nomo 图，稍微欠缺的一点，就是图中数字不知道表达何种意义，这个我们在诊断预测模型的 Nomo 图中讲解过，需要对上述因素进行 level 水平指定，请参考相关章节，然后再次做出优化后的图形，以显示自己是否掌握了相关的操作。

7.6.2 中位生存时间列线图

拟合一个 COX 模型 f2:

```
f2 <- cph(Surv(time,dead) ~ HBV + burden + CTP + PS + NewAFP, data=dev,
x=T, y=T, surv = T)

med <- Quantile(f2)      # 计算中位生存时间
surv <- Survival(f2)     # 构建生存概率函数
```

绘制 COX 回归中位生存时间的 Nomogram 图:

```
nom <- nomogram(f2, fun=function(x) med(lp=x),
                funlabel="Median Survival Time")
par(mar=c(4,5,3,2),cex=0.8)     # 设置画布
plot(nom)                       # 绘制 Nomo 图
```

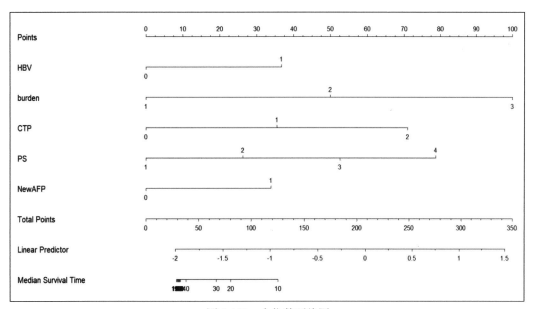

图 7-102　中位数列线图

可以增加中位数、25% 位数和 75% 位数生存时间列线图,如图 7-103 所示:

```
nom2<- nomogram(f2,fun=list(function(x) med(lp=x,q=0.5),
                function(x) med(lp=x,q=0.25),
                function(x) med(lp=x,q=0.75)),
     funlabel=c("Median Survival Time","1Q Survival Time","3Q Survival Time"),
                lp=F)

plot(nom2)
```

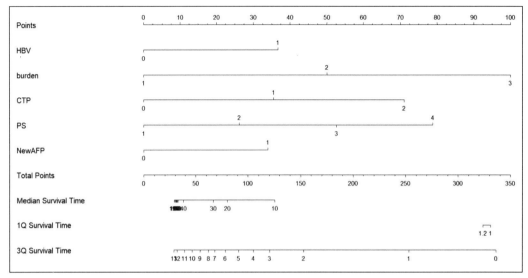

图 7-103 中位数 -Q1-Q3 列线图

7.6.3 网格线列线图

```
plot(nom2,cex.axis=1.0,              # 坐标轴刻度文字的缩放倍数
    xfrac=.25,                       # 左侧标签与刻度的距离
    cex.lab=0.5,                     # 坐标轴标签（名称）的缩放倍数
    col.grid=c("red","green"))       # 画网格不同颜色标注，如图 7-104 所示
```

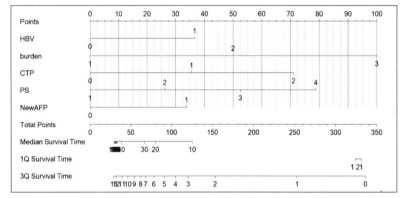

图 7-104 网格刻度列线图

7.6.4 动态列线图

安装如下 3 个包：

```
Install.packages("shiny")
Install.packages("DynNom")
```

```
Install.packages("magrittr")
```

加载包：

```
library(shiny)
library(DynNom)
library(magrittr)
```

绘制动态列线图，图 7-105 ～图 7-109 为动态列线图全局以及相应的子图。

```
DynNom(fcox,DNtitle="Nomogram",DNxlab="probability",data = dev)
```

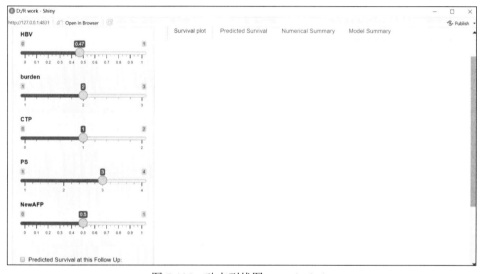

图 7-105　动态列线图—survival plot

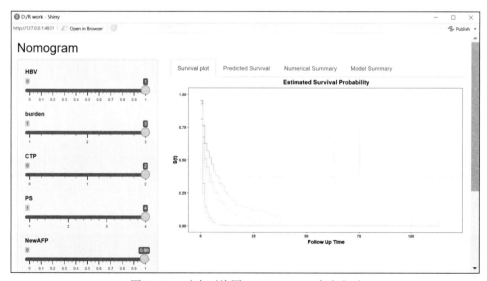

图 7-106　动态列线图—survival plot 自定义后

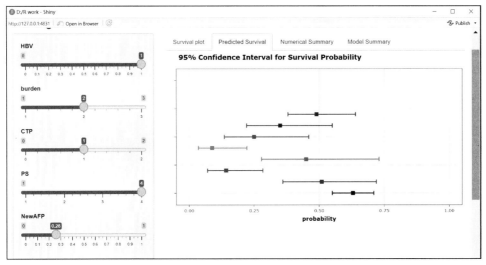

图 7-107　动态列线图—预测生存概率森林图

	time	HBV	burden	CTP	PS	NewAFP	Prediction	Lower.bound	Upper.bound
1	2	0.470	2	1	3	0.500	0.630	0.550	0.710
2	2	0.470	3	2	1	0.500	0.510	0.360	0.720
3	2	0.470	3	2	4	0.990	0.143	0.072	0.284
4	2	1	1	2	4	0.990	0.450	0.279	0.730
5	2	1	3	2	4	0.990	0.090	0.036	0.222
6	2	1	2	2	4	0.990	0.250	0.136	0.460
7	2	1	2	2	4	0.260	0.350	0.221	0.550
8	2	1	2	1	4	0.260	0.490	0.380	0.640

图 7-108　动态列线图—自定义生存概率

Effects　　　　　　Response : Surv(time, dead)

Factor	Low	High	Diff.	Effect	S.E.	Lower 0.95	Upper 0.95
HBV	0	1	1	0.40771	0.16141	0.091355	0.72406
Hazard Ratio	0	1	1	1.50340	NA	1.095700	2.06280
burden	1	3	2	1.11100	0.24923	0.622510	1.59950
Hazard Ratio	1	3	2	3.03740	NA	1.863600	4.95040
CTP	0	2	2	0.78973	0.24596	0.307660	1.27180
Hazard Ratio	0	2	2	2.20280	NA	1.360200	3.56730
PS	3	4	1	0.29187	0.10648	0.083177	0.50056
Hazard Ratio	3	4	1	1.33890	NA	1.086700	1.64970
NewAFP	0	1	1	0.37660	0.16644	0.050381	0.70281
Hazard Ratio	0	1	1	1.45730	NA	1.051700	2.01940

图 7-109　模型摘要

　　网页版列线图的构建，参照第 6 章诊断模型动态列线图部分。ShinyPredict 动态列线图，亦请参考前面内容。

7.7　NRI 和 IDI

7.7.1　NRI（净重新分类指数）

安装加载相应的包：

```
library(survival)              # 加载 survival 包
install.packages("nricens")    # 安装 nricens 包
library(nricens)               # 加载 nricens 包
```

拟合 2 个模型，fit1 代表旧模型，fit2 代表新模型：

```
fit1<-coxph(Surv(time,dead) ~ HBV + burden,x=T,data = dev)
fit2<-coxph(Surv(time,dead) ~ HBV + burden + CTP + PS + NewAFP,x=T,data = dev)
```

（1）分类 NRI

```
set.seed(123)      # 设定种子，保证大家结果一致
```

```
nricens(mdl.std=fit1,
    mdl.new=fit2,
    t0=12,                    # 设置要比较的时间点
    cut = c(0.2,0.4),         # 设置分类界值，这个要结合临床实际确定，此处为演示
    updown = "category",      # 指定为分类 NRI
    niter = 100)              # 设定迭代次数，方便计算可信区间，如图 7-110～图 7-112 所示
```

结果可见 NRI=0.00954，P=0.000 < 0.05，因此，新模型的分类比之于旧模型有正向改善。但是 Bootstrap 的结果并不好，因为其 95% 可信区间已经包含 0。图 7-112 是分类 NRI 散点图，该图很少见于文献中。由本例可见，以 0.2 和 0.4 为分割，从统计角度来说效果不佳。所有案例几乎位于同一象限。

```
Reclassification Table for all subjects:
              New
Standard < 0.2 < 0.4 >= 0.4
    < 0.2     0     0     0
    < 0.4     0     0     0
    >= 0.4    0     4   189

Reclassification Table for case:
              New
Standard < 0.2 < 0.4 >= 0.4
    < 0.2     0     0     0
    < 0.4     0     0     0
    >= 0.4    0     3   150

Reclassification Table for control:
              New
Standard < 0.2 < 0.4 >= 0.4
    < 0.2     0     0     0
    < 0.4     0     0     0
    >= 0.4    0     1    30
```

图 7-110　NRI 表格

```
Point estimates:
                    Estimate
NRI              0.009537324
NRI+            -0.018993352
NRI-             0.028530675
Pr(Up|Case)      0.000000000
Pr(Down|Case)    0.018993352
Pr(Down|Ctrl)    0.028530675
Pr(Up|Ctrl)      0.000000000

Now in bootstrap..

Point & Interval estimates:
                 Estimate       Lower       Upper
NRI           0.009537324 -0.06230936  0.19674324
NRI+         -0.018993352 -0.03058116  0.02662913
NRI-          0.028530675 -0.08151584  0.20690885
Pr(Up|Case)   0.000000000  0.00000000  0.02662913
Pr(Down|Case) 0.018993352  0.00000000  0.03058116
Pr(Down|Ctrl) 0.028530675  0.00000000  0.22668022
Pr(Up|Ctrl)   0.000000000  0.00000000  0.10868778
```

图 7-111　NRI 结果

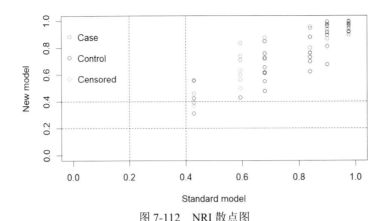

图 7-112　NRI 散点图

（2）连续 NRI

设定随机数字种子：

```
set.seed(123)
```

计算连续 NRI：

```
nricens(mdl.std=fit1,
        mdl.new=fit2,
        t0=12,                  #设置要比较的时间点
        cut = 0,        #设置 0 界值，这个一定要结合临床实际确定，此处为演示
        updown = "diff",        #指定为 updown=iiff，代表连续性 NRI
        niter = 100)            #设定迭代次数，方便计算可信区间，如图 7-113 所示
```

```
Point estimates:
                 Estimate
NRI             0.7400303
NRI+            0.2017516
NRI-            0.5382787
Pr(Up|Case)     0.6014741
Pr(Down|Case)   0.3997225
Pr(Down|Ctrl)   0.7664430
Pr(Up|Ctrl)     0.2281643

Now in bootstrap..

Point & Interval estimates:
                 Estimate      Lower      Upper
NRI             0.7400303  0.04004938 1.1783045
NRI+            0.2017516  0.01066446 0.4635215
NRI-            0.5382787 -0.04379668 0.7943595
Pr(Up|Case)     0.6014741  0.50187851 0.7324773
Pr(Down|Case)   0.3997225  0.26895572 0.4940524
Pr(Down|Ctrl)   0.7664430  0.47582029 0.9248422
Pr(Up|Ctrl)     0.2281643  0.11747572 0.5196170
> |
```

图 7-113　连续 NRI 结果

由图 7-113 可见，连续 NRI=0.7400，95% 可信区间均大于 0，说明确实有正向改善。图 7-114 为连续 NRI 散点图，对角线上方红色多（case），对角线下方黑色（control）多，说明新模型比之于旧模型有正向改善。

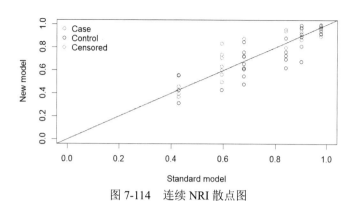

图 7-114　连续 NRI 散点图

7.7.2　IDI

安装 survIDINRI 包：

```
install.packages("survIDINRI")
```

加载下列 3 个包，未安装请先安装：

```
library(survival)
library(survIDINRI)
library(survC1)
```

读取数据：

```
rawdata<-read.csv("live_cancer_Cox.csv")          #读取 R work 中的
```

数据集区分：

```
dev = rawdata[rawdata$group==1,]
vad = rawdata[rawdata$group==0,]
```

```
y<-dev[,c("time","dead")]      #设置 y 为时间和结局
```

```
old<-dev[,c("HBV","burden")]                    #设置旧模型中自变量
new<-dev[,c("HBV","burden","CTP","PS")]         #设置新模型中自变量
x<-IDI.INF(y,old,new,t0=12,npert = 200)         #IDI 分析
```

`IDI.INF.OUT(x)`　　#M1 即 IDI，如图 7-115 所示，由结果可见 IDI=0.025，*P*=0.09 ＞ 0.05，95%CI 也包含 0，因此，IDI 无统计学意义

```
> IDI.INF.OUT(x)      #M1即IDI
     Est.  Lower Upper p-value
M1 0.025 -0.002 0.072   0.090
M2 0.021 -0.101 0.237   0.488
M3 0.017 -0.022 0.074   0.368
> |
```

图 7-115　IDI 分析结果

`IDI.INF.GRAPH(x)`　　#IDI 分类图，如图 7-116 所示总体上红色多蓝色少，说明 IDI 有正向改善

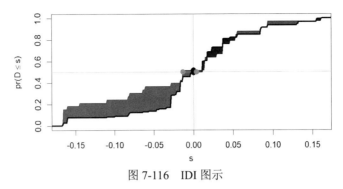

图 7-116   IDI 图示

```
?IDI.INF       # 可以看具体参数解释
```

7.8   LASSO-COX

7.8.1   数据准备

```
library(foreign)         # 调用 foreign 包
rawdata<-read.csv("liver_cancer_Cox.csv")        # 读取 R work 中的
View(rawdata)            # 查看数据
str(rawdata)            # 查看数据的类型，非常重要
summary(rawdata)        # 数据进行简单描述

rawdata<-na.omit(rawdata)       # 删除缺失数据
```

数据集区分：

```
dev = rawdata[rawdata$group==1,]
vad = rawdata[rawdata$group==0,]
```

安装加载包：

```
install.packages("glmnet")       # 安装 glmnet 包
library(glmnet)                  # 加载 glmnet 包
library(survival)                # 加载 survival 包
```

```
dev<-dev[dev$time != 0,]       # 切记，time 不可以出现等于 0 的 case，否则后续不
```
能运行

7.8.2   LASSO-COX

注意 LASSO 回归的 X 必须为矩阵格式，先定义 X。

```
x<-as.matrix(dev[,c(2:3,5:13)])       # 选中本例分析中的自变量，制作矩阵。
y<-data.matrix(Surv(dev$time,dev$dead))        # 结局变量制作矩阵
```

```
fit<-glmnet(x,y,family = "cox")      # 拟合 LASSO-COX 回归
```

（1）X 轴为 lnlambda

```
plot(fit,xvar=" lambda",label=TRUE)      # 绘制 LASSO 路径图，如图 7-117 所示
```

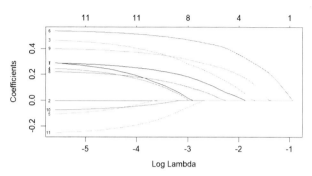

图 7-117　LASSO 路径图（lnlambda）

（2）X 轴为 L1 Norm，如图 7-118 所示。

```
plot(fit,xvar="norm",label=TRUE)
```

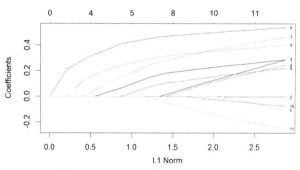

图 7-118　LASSO 路径图（L1 Norm）

（3）X 轴为 Fraction Deviance Explained，如图 7-119 所示。

```
plot(fit,xvar="dev",label=TRUE)
```

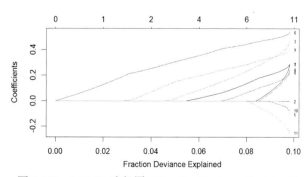

图 7-119　LASSO 路径图（Fraction Deviance Explained）

```
print(fit)          #绘制 LASSO 过程，如图 7-120 所示。
```

```
Call:  glmnet(x = x, y = y, family = "cox")       26 10 9.04 0.03815
                                                   27 10 9.16 0.03476
     Df %Dev  Lambda                               28 10 9.26 0.03167
1     0 0.00 0.39040                               29 10 9.34 0.02886
2     1 0.84 0.35580                               30 10 9.41 0.02629
3     1 1.55 0.32420                               31 11 9.48 0.02396
4     1 2.15 0.29540                               32 11 9.54 0.02183
5     1 2.65 0.26910                               33 11 9.59 0.01989
6     2 3.08 0.24520                               34 11 9.63 0.01812
7     2 3.67 0.22340                               35 11 9.66 0.01651
8     2 4.16 0.20360                               36 11 9.69 0.01505
9     2 4.57 0.18550                               37 11 9.71 0.01371
10    3 4.98 0.16900                               38 11 9.73 0.01249
11    4 5.44 0.15400                               39 11 9.74 0.01138
12    4 5.91 0.14030                               40 11 9.76 0.01037
13    4 6.30 0.12790                               41 11 9.77 0.00945
14    4 6.63 0.11650                               42 11 9.78 0.00861
15    4 6.90 0.10610                               43 11 9.79 0.00784
16    5 7.18 0.09672                               44 11 9.79 0.00715
17    5 7.46 0.08812                               45 11 9.80 0.00651
18    5 7.70 0.08029                               46 11 9.80 0.00593
19    5 7.90 0.07316                               47 11 9.80 0.00541
20    6 8.07 0.06666                               48 11 9.81 0.00493
21    6 8.24 0.06074                               49 11 9.81 0.00449
22    6 8.39 0.05534                               50 11 9.81 0.00409
23    6 8.54 0.05043                               51 11 9.81 0.00373
24    8 8.73 0.04595
25   10 8.89 0.04187
```

图 7-120　LASSO 压缩过程

```
lasso.coef<-coef(fit,s=0.00373)
```

```
lasso.coef          # 在最小 lambda 时，lasso 回归各变量系数，如图 7-121 所示
```

```
> lasso.coef          注：在最小lambda时，lasso回归个变量系数
11 x 1 sparse Matrix of class "dgCMatrix"
                 1
Sex     0.287983105
Age    -0.003358225
HBV     0.465532003
HCV     0.246001466
Alc    -0.105980415
burden  0.536916927
CTP     0.287879451
PS      0.220858445
NewAFP  0.400156999
DM     -0.073958599
GFR60  -0.250919398
>
```

图 7-121　最小 lambda 时筛选变量及系数

7.8.3　CV-LASSO

图 7-122 为 CV-LASSO 交叉验证图。

```
cv.fit<-cv.glmnet(x,y,family="cox")       #CV-LASSO
plot(cv.fit)                              # 绘制 CV-LASSO
abline(v=log(c(cv.fit$lambda.min,cv.fit$lambda.1se)),lty=2,lwd=1.5) #加粗 2 条线
```

取最小值时，LASSO 系数，如图 7-123 所示：

```
cv.fit$lambda.min     #最小误差时 lambda
Coefficients <- coef(fit, s = cv.fit$lambda.min)   #最小误差时 lambda 对应模型系数
Active.Index <- which(Coefficients != 0) #系数不为零指示指数
Active.Coefficients <- Coefficients[Active.Index]   # 系数不为零的系数
Active.Index    # 不为零的指示指数
```

```
Active.Coefficients    # 不为零的系数
row.names(Coefficients)[Active.Index]     # 不为零系数对应的变量
```

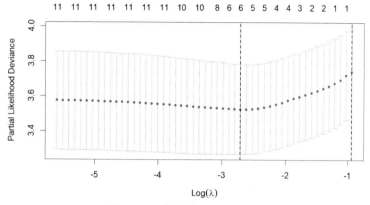

图 7-122　交叉验证 LASSO 图

```
> #如果取最小值时
> cv.fit$lambda.min
[1] 0.06666203
> Coefficients <- coef(fit, s = cv.fit$lambda.min)
> Active.Index <- which(Coefficients != 0)
> Active.Coefficients <- Coefficients[Active.Index]
> Active.Index
[1] 3 6 7 8 9 11
> Active.Coefficients
[1] 0.238880675  0.449253594  0.143110464  0.070651712  0.289535263 -0.002178659
> row.names(Coefficients)[Active.Index]
[1] "HBV"      "burden"  "CTP"      "PS"       "NewAFP"  "GFR60"
> |
```

图 7-123　lambda.min 是筛选变量及系数

如果取 1 倍标准误，如图 7-124 所示：

```
cv.fit$lambda.1se       #最小误差 1 个 se 处的 lambda
Coefficients <- coef(fit, s = cv.fit$lambda.1se)     #1se 时 lambda 对应的模型系数
Active.Index <- which(Coefficients != 0)   # 不为零指示指数
Active.Coefficients <- Coefficients[Active.Index]   # 不为零系数
Active.Index     #展示不为零指数
Active.Coefficients    #展示不为零的模型系数
row.names(Coefficients)[Active.Index]   #展示不为零系数的变量名
```

```
> cv.fit$lambda.1se
[1] 0.3904409
> Coefficients <- coef(fit, s = cv.fit$lambda.1se)
> Active.Index <- which(Coefficients != 0)
> Active.Coefficients <- Coefficients[Active.Index]
> Active.Index
integer(0)
> Active.Coefficients
numeric(0)
> row.names(Coefficients)[Active.Index]
character(0)
> |
```

图 7-124　lambda.1 se 是筛选变量及系数

就本例来看，CVLASSO 并未取得较好的效果，但是一般而言，CVLASSO 取 1se 的结果，通常表现较好。

7.9 模型效果验证

7.9.1 风险分组后 KM 曲线

数据准备：

```
library(foreign)              #调用 foreign 包
rawdata<-read.csv("live_cancer_Cox.csv")          #读取 R work 中的
View(rawdata)                 #查看数据

str(rawdata)                  #查看数据的类型，非常重要
summary(rawdata)              #数据进行简单描述

rawdata<-na.omit(rawdata)     #删除缺失值
```

数据集区分：

```
dev = rawdata[rawdata$group==1,]
vad = rawdata[rawdata$group==0,]
```

构建的最终 COX 模型：

```
multiCox=coxph(Surv(time,dead) ~ HBV + burden + CTP + PS + NewAFP,data = dev)
```

预测训练集的 riskscore：

```
riskScore=predict(multiCox,type = "risk",newdata = dev)    #type="lp"
```

将 riskscore 按照中位数分为高低风险组：

```
risk=as.vector(ifelse(riskScore>median(riskScore),"high","low"))
```

预测验证集的 riskscore：

```
vadriskScore=predict(multiCox,type = "risk",newdata = vad)
View(vad)    #查看下 vad 数据
```

将 riskscore 按照中位数分为高低风险组，注意这里验证集的风险分组，不是按照验证集的 vadriskScore 的中位数分组，而是按照训练集的 riskScore 的中位数分组：

```
vadrisk=as.vector(ifelse(vadriskScore>median(riskScore),"high","low"))
```

训练集模型可行性验证，如图 7-125 所示：

```
fit1 <- survfit(Surv(time,dead) ~ risk, data = dev)
install.packages("survminer")    #安装 survminer 包
install.packages("ggplot2")      #安装 ggplot2 包
```

```
library(ggplot2)                    # 加载 ggplot2 包
library(survminer)                  # 加载 survminer 包
library(survival)                   # 加载 survival 包

ggsurvplot(fit1,
           pval = TRUE, conf.int = TRUE,
           risk.table = TRUE, # Add risk table
           risk.table.col = "strata", # Change risk table color by groups
           linetype = "strata", # Change line type by groups
           surv.median.line = "hv", # Specify median survival
           ggtheme = theme_bw(), # Change ggplot2 theme
           palette = c("#E7B800", "#2E9FDF")
)
```

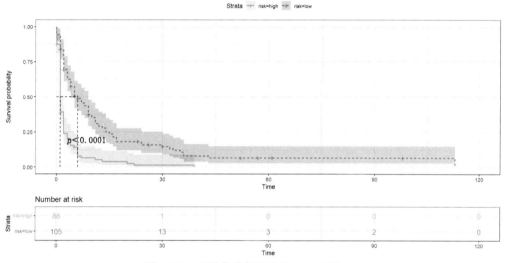

图 7-125　训练集高低风险组 KM 分析（1）

绘制另外一种形式 KM 曲线图，如图 7-126 所示：

```
plot(fit1, xlab="Survival Time in Months",
     ylab="% Surviving", yscale=100,col=c("red","blue"),
     main="Survival Distributions by Gender")
legend("topright", title="Risk",c("High risk", "Low risk"),
       fill=c("red", "blue"))
```

验证集模型可行性验证，如图 7-127 所示：

```
fit2 <- survfit(Surv(time,dead) ~ vadrisk, data = vad)   # 拟合生存函数

ggsurvplot(fit2,
           pval = TRUE, conf.int = TRUE,
           risk.table = TRUE, # Add risk table
```

```
      risk.table.col = "strata", # Change risk table color by groups
      linetype = "strata", # Change line type by groups
      surv.median.line = "hv", # Specify median survival
      ggtheme = theme_bw(), # Change ggplot2 theme
      palette = c("#E7B800", "#2E9FDF"))
```

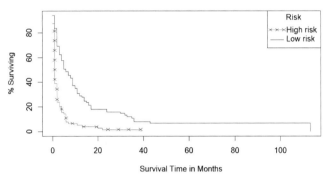

图 7-126　训练集高低风险组 KM 分析（2）

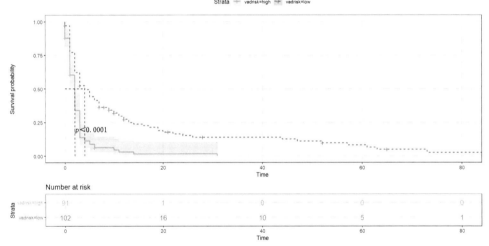

图 7-127　验证集高低风险组 KM 分析（1）

绘制另外一种形式的 KM 曲线，如图 7-128 所示：

```
plot(fit2, xlab="Survival Time in Months",
     ylab="% Surviving", yscale=100,col=c("red","blue"),
     main="Survival Distributions by Risk")
legend("topright", title="Risk",c("High risk", "Low risk"),
       fill=c("red", "blue"))
```

本例仅演示了按照风险评分的中位数进行高低风险分组，也可以按照三分位数分组，分为高风险、中风险和低分险组。也可以按照四分位数分组，大家根据自己的需要自行操作吧！根据松哥的经验，一般分为 2 组，得到 $P < 0.05$ 的概率，要高于 3 组和 4 组，大家自行把握分组的类别。

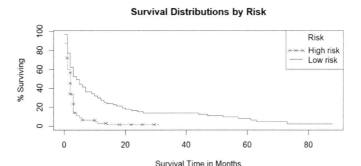

图 7-128　验证集高低风险组 KM 分析（2）

7.9.2　风险得分图

ggrisk 在 Rversion4.1 测试成功，大家练习时注意自己的版本，大于等于 4.1 版本皆可。

```
install.packages("ggrisk")        # 安装 ggrisk 包
install.packages("rms")           # 安装 rms 包，如已经安装，忽略此步

library(ggrisk)                   # 加载 ggrisk
library(rms)                      # 加载 rms
library(survival)                 # 加载生存分析包

rawdata<-read.csv("live_cancer_Cox.csv")        # 读取 R work 中的数据
```

数据集区分：

```
dev = rawdata[rawdata$group==1,]
vad = rawdata[rawdata$group==0,]

fcox<-cph(Surv(time,dead) ~ HBV + burden + CTP + PS + NewAFP,x=T,y=T,surv = T,
        data = dev)
```

如上 cph 函数，采用 coxph 函数也可以执行：

```
fcox<-coxph(Surv(time,dead) ~ HBV + burden + CTP + PS + NewAFP,data = dev)
```

（1）指定 median 为切点风险得分图：

```
ggrisk(fcox,                      # 模型名称
       cutoff.value = "median",
       cutoff.x=145,              #cutoff 标签位置
       cutoff.y=-0.8)             #cutoff 标签位置
```

默认选项作图有问题，会将数据集中所有的变量都作出热图，而不是模型中的变量，后面可以通过设置调整，如图 7-129 所示。

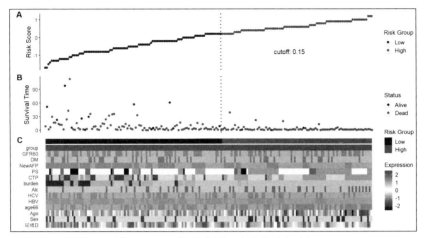

图 7-129　风险得分图（中位数为切点）

（2）采用 roc 找切点，如图 7-130 所示。

```
ggrisk(fcox,                          # 模型名称
       cutoff.value = "roc",          # 指定 roc 切点
       cutoff.x=145,                  #cutoff 标签位置
       cutoff.y=-0.8)                 #cutoff 标签位置
```

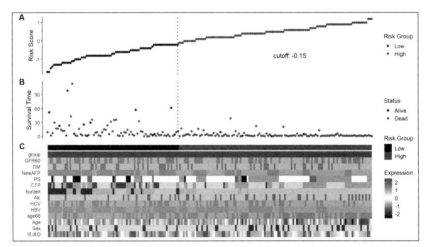

图 7-130　风险得分图（ROC 制定切点）

默认选项作图有问题，会将数据集中所有的变量都作出热图，而不是模型中的变量，后面可以通过设置调整。

（3）指定热图指标

指定热图制作的自变量，下图仅包含模型中 5 个自变量的热图，如图 7-131 所示。

```
ggrisk(fcox,heatmap.genes=c('HBV','burden','CTP','PS','NewAFP'))
```

```
?ggrisk       # 查看 ggrisk 说明，了解更加细致的设置和用法
```

另，ggrisk 一般在做生信分析时常用，本例是普通的临床数据预测模型，价值不大，用于演示 ggrisk 的用法。

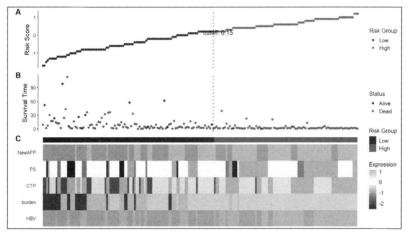

图 7-131　自定义风险的得分图

7.10　生存分析数值变量分类方法

我们在构建回归模型时，数值变量进入模型，有时需要将其分类化，以使专业上更容易解释，这个我们在第 2 章有详细阐述。生存数据是考虑时间的一种统计分析方法，第 2 章中的数值变量分类化方法均没有考虑结局发生的时间。

7.10.1　Time-ROC

```
install.packages("survivalROC")      # 安装 survivalROC
library(survivalROC)                  # 加载 survivalROC 包
data(mayo)                            # 调用实例数据 mayo
head(mayo)                            # 查看 mayo 数据的前 6 行
```

（1）寻找 1 年的切点

```
cutoff <- 365
Mayo4.1= survivalROC(Stime=mayo$time, status=mayo$censor, marker =
mayo$mayoscore4, predict.time = cutoff, method="KM")
plot(Mayo4.1$FP, Mayo4.1$TP, type="l", xlim=c(0,1), ylim=c(0,1), xlab=paste(
"FP", "\n", "AUC = ",round(Mayo4.1$AUC,3)), ylab="TP", main="Mayoscore 4, Method
= KM \n Year = 1")
```

加上对角线：

```
abline(0,1)

cut.op2=Mayo4.1$cut.values[which.max(Mayo4.1$TP-Mayo4.1$FP)]
```

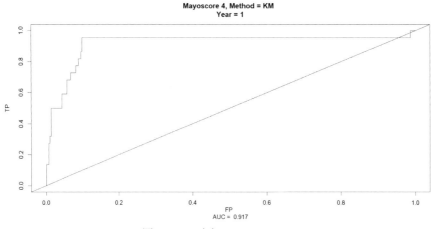

图 7-132 时点 ROC（1 year）

cut.op2 #显示截断值，如图 7-133 所示

help("survivalROC") #可以查看 survivalROC 的帮助

```
> cut.op2
[1] 7.504279
>
```

图 7-133 ROC 切点（1 year）

（2）寻找 5 年的 ROC 切点

```
cutoff <- 1825
Mayo4.2= survivalROC(Stime=mayo$time, status=mayo$censor, marker =
mayo$mayoscore4, predict.time = cutoff, method="KM")

plot(Mayo4.2$FP, Mayo4.2$TP, type="l", xlim=c(0,1), ylim=c(0,1), xlab=paste(
"FP", "\n", "AUC = ",round(Mayo4.2$AUC,3)), ylab="TP", main="Mayoscore 4, Method
= KM \n Year = 5")
```

加上对角线：

```
abline(0,1)
```

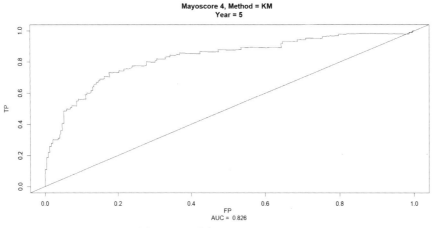

图 7-134 时点 ROC（5 years）

```
cut.op2=Mayo4.2$cut.values[which.max(Mayo4.2$TP-Mayo4.2$FP)]
cut.op2
```

```
> cut.op2
[1] 6.681967
>
```

图 7-135　ROC 切点（5 years）

7.10.2　X-Tile

上述的 Time-ROC 方法寻找某个时间点的切点，然后进行分类，局限就在于是对某个时点的效应进行区分的最佳切点，然而没有其对不同时间点的效应的总体考虑。X-Tile 这个软件，就是可以综合考虑的一种方法，这款软件是免费使用的，感谢开发者的大爱，松哥讲解一下这个软件的应用。

首先打开软件，弹出主界面，如图 7-136 所示。单击"分析"，弹出图 7-137，分析准备界面。单击菜单"File-open"，打开数据文件 xpf 和 txt 形式，其中 xpf 是 X-Tile 专属数据格式。大家打开给大家提供的 xtile.txt 文档，弹出界面如图 7-138 所示，数据准备界面。

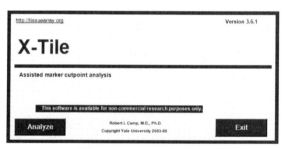

图 7-136　X-Tile 主界面

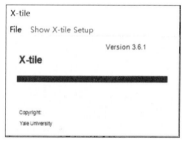

图 7-137　分析准备界面

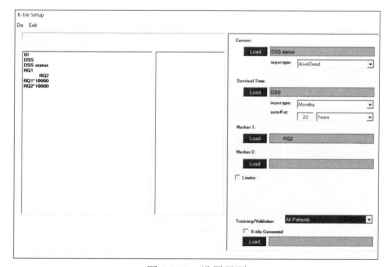

图 7-138　设置界面

我们将 DSS status 放入 censor 状态栏，将 DSS 生存时间放入 Survival Time 栏，将研究因素 RQ2 放入 Marker1 栏，单击"DO"即可运行，如图 7-139 所示。

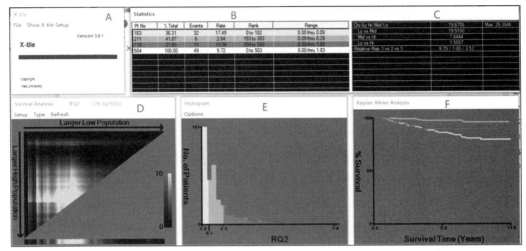

图 7-139　三分类运行界面

在图 7-139 中，单击 D 部分的左上角，即可得到最优三分组的结果，E 部分是三分组时数据的直方图，F 部分是三分组的生存曲线，C 部分是三组比较的卡方值，B 部分是最优三分组的界值，本例三分组界值 0.0 ～ 0.09、0.09 ～ 0.29、0.30 ～ 1.83。

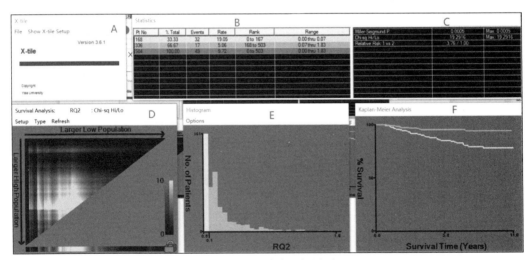

图 7-140　二分类运行界面

如果我们想进行二分类分组，只要在图 7-140 中的 D 部分，单击最下面的那条很窄的绿色条，就可以得到最佳的二分类结果，解释同上，B 部分为最佳二分类界值：0 ～ 0.07、0.07 ～ 1.83。

[1] 周支瑞，李博，张天嵩 . 临床预测模型构建方法学 [M]. 长沙：中南大学出版社，2021.

[2] 彭献镇 .R 语言临床预测模型实战 [M]. 北京：清华大学出版社，2023.

[3] Robert I.Kabacoff.R 语言实战（第二版）[M]. 北京：人民邮电出版社，2016.

[4] 武松 .SPSS 实战与统计思维 [M]. 北京：清华大学出版社，2019.

[5] 汪海波，萝莉，汪海铃 .R 语言统计分析与应用 [M]. 北京：人民邮电出版社，2018.

[6] 马慧慧 .Stata 统计分析与应用（第三版）[M]. 北京：电子工业出版社，2016.